KB111379

한 방에 끝내는
놀이체육수업
40분

한 방에 끝내는
놀이체육수업 40분

편하게 준비하고
Fun! 편하게 수업하자!

김양수 글·사진

지식프레임

따라 하면 한 방에 끝나는 즐거운 체육 시간!
막막했던 체육 수업의 길잡이가 되어 줄
양수쌤의 꿀잼 수업 대공개!

프롤로그 Prologue

5년 만에 다섯 번째 책을 출간할 수 있도록 인도해 주신 하나님께 먼저 감사 드립니다. 20년간 체육 교사로 일할 수 있도록 지켜주시고, 놀이와 체육 수업이라는 매개체를 통해 많은 선생님들과 연수를 통해 만나 교육 나눔을 하고 선한 영향을 끼칠 기회를 주신 것 또한 내게 너무 과분한 하나님의 사랑과 은혜입니다.

그동안 체육 수업을 하며 수많은 아이들과 만나 좋은 체육 수업을 실천하기 위해 몸부림쳤습니다. 그렇지만 돌아보면 조금 더 잘 준비했어야 하는데 하는 아쉬움과 더불어 교사로서의 부족함을 늘 느끼게 됩니다. 이번 책을 집필하면서 그런 반성과 성찰의 시간을 충분히 갖게 된 것 같아서 참 다행입니다.

요즘 아이들은 2000년대에 태어나 모바일과 유튜브에 강한 밀레니얼 Z세대입니다. 교사의 경력과 능력에 상관없이 답이 없어 정말 수업하기 힘든 시대가 되었습니다. 그래도 참으로 다행인 것은 국, 영, 수 중심의 주지 교과와 달리 아이들은 놀이 시간을 언제나 기대하고, 체육 수업은 빠져서는 안 되는 가장 선호하는 교과라는 점입니다. 우리 교사들이 놀이와 체육 수업에 대해 더욱 고민하고 연구해야 하는 이유이기도 합니다.

이번 책은 기존의 놀이 및 체육 도서와 몇 가지 다른 특징이 있습니다.

첫째, 책을 활용해 체육 수업을 바로 실천할 수 있습니다. 기존 놀이 및 체육 관련 도서에서는 각 놀이와 체육 활동이 분절된 형태로 소개되는 형식이었다면, 이번에는 한 차시 수업을 바로 실천할 수 있도록 2~4가지의 연계된 활동을 묶어 소개하였습니다. 아울러 교구 준비도 최소화하였고, 같은 교구로 한 차시 수업이 가능하도록 만들었습니다.

둘째, 기존 놀이와 체육 도서에서 제시되지 않았던 활동 영상을 '큐알(QR)코드'로 제공합니다. 큐알코드 앱(App)을 다운받으면 해당 영상을 확인 후 바로 수업에 활용할 수 있습니다.

셋째, 체육과 영역 중 건강, 도전, 경쟁 활동과 함께 미세먼지 심한 날 교실이나 무용실 등에서 적용하기 좋은 놀이 체육 활동들과 여러 가지 준비운동 아이디어, 집중법 등 체육 수업 이론과 실기 전반에 걸쳐 소개하고자 노력했습니다.

이 책의 내용 그대로 활용해도 좋지만, 학교 현장의 수업 환경과 교사와 만나는 아이들이 모두 다르기에 선생님이 적절하게 재구성하여 실천하길 바랍니다. 그리고 거기서 그치지 말고, 선생님만의 놀이 및 체육활동과 체육 수업 아이디어로 발전시켜 선생님도 한 걸음 성장하는 기회로 삼으시길 바랍니다.

예전에는 수업 내용인 콘텐츠를 자신이 소유하여 연수나 책을 통해 나누었다면 현재는 인터넷과 유튜브에 접속하기만 하면 어마어마한 콘텐츠를 얻을 수 있는 시대가 되었습니다. 놀이 및 체육 교사연구회 등에 가입하여 수업 콘텐츠에 대해 동료 교사들과 끊임없이 나누고 연구하여 집단지성을 통해 더욱 좋은 체육 수업을 실현시켜 나가면 훨씬 힘도 덜고 시너지를 얻을 수 있습니다.

100% 완벽한 수업은 없습니다. 체육 수업도 마찬가지입니다. 다만 교사들의 끊임없는 열정으로 좋은 수업을 향해 한 걸음씩 나아갈 뿐이라 생각합니다.

이 책이 나올 수 있도록 20년간 내조하며 힘이 되어준 사랑하는 아내 현희와 기도의 끈을 놓지 않고 중보해 주시는 박경인 담임목사님께 진심을 담아 감사드립니다. 또한 좋은 출판사를 통해 소중한 책을 낼 수 있도록 흔쾌히 협조해 주신 윤을식 지식프레임 대표님께 감사의 말씀을 전합니다.

이 책이 놀이 실천을 통한 행복한 학급운영과 좋은 체육 실천을 위해 고민하시는 전국의 수많은 선생님들께 소중히 쓰임 받기를 기도합니다.

_2020. 2
모처럼 함박눈이 내리는 오후에

Contents

Intro
체육 수업, 어떻게 할까요?

Part 1
신나는 새 출발! 학년 초 한 방으로 끝내는 놀이 체육

Part 2
미세먼지 걱정 없는 교실 놀이 체육

Part 3

건강 영역 놀이 체육

Part 4
도전 영역 놀이 체육

Part 5
경쟁 영역 놀이 체육

> 답답한 교실을 벗어나 재미있는 체육 수업을 기대하는 아이들을 교사의 열정과 사랑만으로 만족시키는 것은 어렵지요. 더 좋은 체육 수업을 하기 위해 가져야 할 교사의 마음가짐뿐만 아니라 그동안 연구하고 경험했던 다양한 수업 방법과 아이디어를 나누어 봅니다.

Intro
체육 수업,
어떻게 할까요?

01 체육 수업이 고민이에요

운동장이나 강당 등 오픈된 공간에서 진행되는 수업의 특성상 교사의 입장에서는 체육 수업과 관련해 고민되는 일이 한두 가지가 아니다. 그중에서도 많은 선생님들이 공통적으로 고민하는 문제들은 다음과 같다.

선생님도 체육복을 입어야 하나요? ———

체육 교담이 부족한 학교에서는 담임 교사가 체육을 가르쳐야 할 경우가 있다. 체육 수업이 있는 날은 체육복을 입고 수업을 한 후 평상복으로 갈아입는 것이 좋다. 선생님은 아이들의 '롤모델'이라는 것을 꼭 기억해야 한다. 아이들한테도 체육 수업이 있는 날은 '체육복 Day'라고 이야기하고 다 함께 편한 복장으로 수업에 참여할 수 있도록 하자.

피구나 축구만 하자고 졸라요! ———

피구와 축구는 아이들이 좋아하는 대표적인 구기 종목이다. 그래서 교사는 공만 나눠주고 방관한 채 체육 수업이 진행되기도 한다. 이런 수업에 익숙한 아이들은 체육 시간이면 으레 피구와 축구를 할 것이라고 기대한다. 그리고 선생님을 계속 조르면 대부분의 교사들은 하는 수 없이 아이들이 원하는 대로 피구나 축구를 하게 한다. 그런데 이런 방식이 반복되면 다른 수업을 진행해 나가기가 어렵다. 학년 초에 체육과의 5개 영역(건강, 도전, 경쟁, 표현, 안전)을 교과서를 함께 보면서 소개하고, 교사가 다양한 활동을 준비했다고 이야기하자.

앞으로 진행될 체육 수업에 대해 다음과 같이 아이들에게 미리 인지시키고 필요한 부분은 다짐을 받아놓는 것이 좋다.

"체육 수업에는 피구와 축구만 있는 것이 아니란다. 너희들의 몸과 마음을 튼튼하게 하기 위해서는 5개 영역을 골고루 배워야 하고, 새로운 활동을 배우려면 선생님이 규칙과 방법을 소개하는 시간이 있는데, 이때 '피구해요, 축구해요'라고 말하면 그때마다 활동 없이 교실에서 피구와 축구 영상을 보면서 공부하게 될 거야."

아이들 앞에서 시범이 부담돼요!

여자 선생님들은 체육 수업을 할 때 시범 보이는 일을 부담스러워하는 경향이 있다. 남자 선생님들 역시 표현 영역 활동의 시범을 보일 때는 같은 고민을 하게 된다. 교사가 자신이 있는 종목이나 활동이라면 시범으로 정확한 동작이나 자세를 이해시켜주는 것이 가장 바람직하다. 그러나 부담스럽다면 학년 초 학급에서 운동기능이 뛰어난 4~5명을 체육 시간에 '시범이'로 정해 두고 이 아이들의 도움을 받으면 좋다. 이때 아이들한테는 솔직히 이야기하고 다음과 같이 양해를 구하는 것이 바람직하다.

"선생님이 이 활동의 시범은 자신이 없어서 이번 시범은 ○○이가 대신 보여줄 거야. 우리 박수 한 번 크게 쳐주자!"

만약 교사가 체육 수업으로 실천할 여러 활동에 관심을 갖고 있고 재미도 있다면 연습을 할 때 동료 교사에게 핸드폰으로 촬영해 달라고 해서 그 영상을 수업 전에 보여주는 것도 좋다. 촬영한 영상은 선생님이 배우려 노력하는 모습과 도전하는 장면을 보여줄 수 있어 아이들에게 좋은 동기유발 자료가 될 수 있다. 또한 영상으로 시범을 대신할 수 있을 때는 교실에서 유튜브 검색 등을 통해 영상을 찾아 보여주는 것도 좋다.

체육 수업이 끝나면 분위기가 안 좋아요! ———

아이들이 가장 좋아하는 축구나 피구 등은 승패가 나뉘는 구기 종목이다. 그래서 경기 후에 교사의 판정에 대한 불만, 패배를 인정하지 못하는 문제, 승리한 팀이 진 팀을 조롱하는 문제 등 여러 이유로 인해 체육 수업 후를 걱정하는 분들이 많다. 이를 사전에 방지하기 위해서는 다음과 같은 활동을 추천한다.

– 스포츠맨십 서약서 작성 후 함께 선서하기

스포츠맨십 실천 서약서

나는 자랑스러운 ○○초등학교 학생으로 체육 시간 또는 스포츠클럽대회에서 스포츠맨십에 따라 행동하며 이를 학급, 학교, 가정, 사회에서도 실천하고 비신사적인 행동(욕설, 폭행, 따돌림, 무시, 심판 및 교사에 대한 예의 없는 행동 등)을 하지 않겠습니다.

20   년   월   일

학년   반   번   이름: (서명)

- 학년 초나 경쟁 영역에 들어가기 전 교실에서 '스포츠맨십 영상'(유튜브 검색)을 보고 소감을 발표하고 다짐하는 시간 갖기
- 팀 조끼에 인성 문구나 문장을 넣어 게임 전에 함께 외치고 게임 시작하기
- 게임이나 시합 전에 인성 문구를 교사가 말하면 아이들이 따라 말하며 다짐하도록 하기

02 기본 규칙과 신호를 정해요

질서운동1

질서운동2

원활하고 효율적인 체육 수업을 위해서라면 학년 초에 기본적인 질서운동과 수신호를 정한 후 연습하는 것이 좋다. 모이고 흩어지고 원을 만드는 등 질서운동에 많은 시간을 보내면 그만큼 낭비되는 시간이 많아져서 아이들이 즐길 게임이나 체육활동 시간이 줄어들게 되기 때문이다. 이때 질서운동의 필요성을 안내하지 않고 실시하면 아이들은 이런 활동을 벌로 느낄 수 있으므로 학생들의 동의를 얻어 실천하는 것이 바람직하다. 질서운동의 시간을 단축하는 것을 게임처럼 운영하면 아이들 스스로 빠르게 하려고 노력하고, 빨리 움직이지 않는 친구에게 다른 아이들이 무언의 압력을 주는 효과까지 나타난다.

질서운동과 수신호 ─────

학년 초에 질서운동을 연습할 때 2가지를 약속(목소리는 크게, 동작은 빠르게)하고 다음과 같이 실천해 보자(여기서는 모둠별로 선 상태에서의 질서운동을 기준으로 했다).

- 앉고 일어서기
 - 교사가 "앉아!" 하면 아이들은 "체력!" 하며 한쪽 무릎을 세워 앉는다.
 - 교사가 "일어서!" 하면 아이들은 "튼튼!" 하며 일어선다.
 - 교사가 "편히 앉아"라고 하면 아이들은 양반다리로 앉는다.

• 기준 잡기

교사가 한 줄을 손으로 가리키며 "기준"이라고 말하면, 해당 줄 전체가 "기준"이라고 따라 말하며 줄의 맨 앞 사람만 한쪽 팔을 든다.

• 양팔 간격 좌우로 나란히

교사가 두 손을 가슴에 모았다가 양쪽으로 펼치며 호루라기를 "삑" 불거나 호루라기가 없을 때는 "양팔 간격 좌우로 나란히"라고 말한다. 그러면 아이들은 "하나 둘 얏!"하며 가로, 세로로 팔을 뻗어 손끝이 닿을까 말까 하게 선다.

• 좁은 간격 좌우로 나란히

교사가 두 손을 어깨너비로 넓혔다가 안쪽으로 빠르게 모으며 호루라기를 "삑" 불거나 호루라기가 없을 때는 "좁은 간격 좌우로 나란히"라고 말한다. 그러면 아이들은 "하나 둘 얏!" 하며 친구들과 어깨가 닿을 정도로 선다.

• 원 만들기

교사가 호루라기를 "삑" 불고 머리 위에서 두 팔로 원을 만들면 아이들이 원 대형으로 선다.

• 원거리 수신호(교사와 아이들이 멀리 떨어져서 하는 활동일 때)

- 교사가 호루라기를 "삑" 불고 두 손을 들어 주먹을 쥐었다 펴는 동작을 반복하면 아이들은 교사를 바라본다.
- 교사가 호루라기를 "삑" 불고 한 손바닥 중앙에 반대 손으로 'T'자를 그리면 선생님 앞으로 모둠(패)별로 모여 모둠장의 시작 신호에 따라 모둠 구호를 외치며 앉는다("앗싸 하나패", "얼쑤 희망패" 등 학년 초에 미리 모둠 구호를 정한다).

아이들을 집중시키기 위한 신호 정하기 ————

한 음절 집중

침묵 신호

호루라기 강당 집중

• 한 음절로 집중시키기
- 교사가 "주!" 하면 아이들이 "목!" 한다.
- 교사가 "경!" 하면 아이들이 "청!" 한다.
- 교사가 "집!" 하면 아이들이 "중!" 한다.

• 침묵 신호로 집중시키기
교사가 박수를 두 번 치고 한쪽 손가락을 입에 대면 아이들도 박수를 두 번 치고 한쪽 손가락을 입에 댄다. 가장 먼저 따라 한 친구와 잘하는 모둠을 격려해 주면 좋다.

• 호루라기를 활용하여 집중시키기
교사가 호루라기를 두 번(삑-삑) 불면 아이들은 박수를 세 번(짝-짝-짝) 친다.

• 강당에서 집중시키기
교사가 박수를 두 번(짝-짝) 치면 아이들은 발 구름을 세 번(쿵-쿵-쿵) 한다.

• 저학년을 위한 손 집중놀이

코알라

늦게 내는 가위바위보

지렁이 체조

• 콩주머니를 활용한 체육 활동을 할 때

아이들의 한쪽 팔을 가슴 위로 들어 수평이 되게 한 후, 팔꿈치 위에 콩주머니를 올려 떨어지지 않게 유지하도록 한다. 그런 채로 교사를 보게 하면 콩주머니가 떨어지지 않게 지켜가며 조용히 바라보게 된다.

• 구기 경기 활동을 할 때

모둠별로 공을 활용하면 모둠에 1개씩, 개인이 공을 소유하면 개인별로 1개씩 접시콘을 제공한다. 활동 중에 교사가 신호를 주면 접시콘 위에 공을 올려놓고 교사를 바라보도록 한다.

• 집중을 잘할 때 칭찬과 격려하기

- 선생님을 바라봐줘서 고마워.
- 집중하고 바라봐줘서 고맙습니다.

03 수업 전에 알아두면 좋아요

'준비에 실패하면 실패를 준비하는 것이다'라는 명언이 있듯이 본격적인 체육 수업에 들어가기에 앞서 교사에게 1년간의 체육 교육과정을 원활하게 운영할 수 있는 준비가 반드시 마련되어 있어야 한다. 좋은 체육 수업을 실천하고 성공적인 한 해를 이끌어 가기 위해 학년 초 교사가 준비하면 좋을 내용들을 살펴보자.

체육 시간만의 특별한 인사 ———

다른 수업과 달리 체육 시간만의 특별한 인사를 만들어 보자. 체육 전담이라면 일주일에 두세 시간 밖에 학생들을 만나지 못하는데, 마음이 들떠서 뛰어나온 아이들이 차분하게 수업을 시작할 수 있도록 인사를 하며 시작과 끝을 가져보면 좋다.

특별한 인사

• 수업을 시작하는 인사

교사 : 지금부터 체육 수업을 시작하겠습니다. 열심히!

아이들 : 공부하겠습니다!

• 수업을 마치는 인사

교사 : 이제 체육 수업을 마치겠습니다. 몸도!(한 음절씩 끊어)

아이들 : 튼튼!(한 음절씩 끊어)

교사 : 마음도!

아이들 : 튼튼!

교사 : 우리는!

아이들 : 하나다!

박수를 세 번(짝짝짝) 치고 "얏!" 하며 모두 점프하며 끝내기

드래프트 제도를 활용한 패(모둠) 정하기 ────

인문학적인 체육 수업 방법으로 '하나로 체육 수업'을 많은 체육 교사들이 활용하고 있다. '하나로 수업'에서는 '모둠', '조' 등을 '패'라는 용어로 통칭한다.

모둠은 나눈다는 의미만 있지만, '패'라는 말은 우리 고유어로 남사당패, 어울림 패와 같이 함께 무리를 지어 행동하고 한솥밥을 먹는 등 끈끈한 의미가 있어 체육과 더맞아 떨어지기 때문이다.

드래프트 제도는 프로야구나 농구 리그에서 선수를 각 팀에 배분하는 방식을 말한다. 이는 아이들의 마음에 상처를 주지 않으면서 패(모둠)를 정하는 방법으로 활용할 수 있다. 학년 초 드래프트 제도를 통해 체육 모둠을 만들어 길게는 1년, 짧게는 1학기 동안 운영한다.

드래프트 제도로 체육 모둠을 만드는 순서는 다음과 같다.

1 6개 패(모둠)의 패장(모둠장)은 추천을 통해 남학생 3명, 여학생 3명으로 정한다. 6개의 패로 구성하는 이유는 뉴 스포츠 교구가 대부분 6색(빨, 주, 노, 초, 파, 보)으로 나와 교구를 준비할 때 활동 운영상 편리하기 때문이다.

2 패장 후보가 6명이 넘을 때는 후보자들의 얼굴을 다른 친구들에게 보여 주고 뒤로 돌아 눈을 감게 한 뒤 거수로 가장 많은 표를 받은 남녀 3명씩 으로 정한다.

3 뽑힌 6명의 패장은 선생님과 한쪽에 모여 가위바위보로 1~6까지 패의 번호를 정한다. 이후 1패장부터 학급의 출석부를 보고 1명씩을 스카우트해 적는다. 패장이 남학생이면 여학생, 여학생이면 남학생부터 뽑아야 한다.

4 6패장까지 뽑았으면 이제 꼴찌인 6패장부터 2번째 친구를 뽑을 권한이 주어진다. 뽑을 때 순서는 남-여-남-여 또는 여-남-여-남 순서가 되어야 한다.

5 세 번째 친구부터는 3패나 4패처럼 중간 패부터 뽑게 하거나, 패장과 남은 친구들의 성별을 고려해 뽑는 순서를 정한다. 이때 나머지 아이들은 한쪽에서 올해 배울 체육책을 살펴보도록 한다.

6 패장이 드래프트제로 모둠원을 다 뽑았으면 교사는 정해진 모둠별로 이름을 호명하여 발표한다.

7 이후 각 패마다 '역할 분담표'를 나눠주고 이끔이(모둠장), 받침이(이끔이에게 조언), 시범이(하기터의 장, 운동 시범), 컴친이(밴드나 카페 과제 수행), 장단이(음악 선정 및 노래 틀기), 영상이(보기터의 장, 영상기기 다루기), 기록이(쓰기터의 장, 패록 관리), 꼼꼼이(패별 활동의 시간 및 점수 관리)를 정하도록 한다. 한 명이 두 가지 역할을 맡을 수도 있다.

패원들의 역할분담표

( )학년 ( )반 ( )패

역할	이름	수업 중 할일 / 이런 친구가 맡아요!
이끔이 (패장)		- 수업분위기 총 감독 - 전체적인 팀 분위기 조성 - 패원들이 역할을 잘 수행하는 지 감독 - 기한에 맞춰 과제를 수행하도록 역할 얘기해주기 * 리더십이 있는 친구 * 모든 친구들을 포용할 수 있는 친구
받침이		- 이끔이가 제 역할을 하도록 조언 - 하기터에서 연습의 지시 - 선생님과 얘기하고 수업에 대하여 건의하기 * 회장이 있다면 부회장이 있겠죠~ * 남을 잘 돕는 친구 * 회장이랑 다소 친한 친구
시범이		- 하기터의 '장' - 패별 연습 시 선생님처럼 패원에게 조언 및 지도 - 당일의 수업 내용을 전달 * 운동능력이 다소 우수한 친구 * 기능적 상식이 풍부한 친구
컴친이		- 카페에 패 과제를 올려요^^* - 조사에 관한 패 과제를 인터넷에서 찾아오는 역할 * 집에가자마자 컴터를 하는 친구 * 인터넷 활용을 잘하는 친구
장단이		- 즐거운 음악리스트 뽑기 - 폰에 담아오기 - 패의 분위기 메이커-모두 친하게~~아자! - 하기터에서 스피커 가져와서 음악 틀고 끄고~ * 블루투스 스피커를 활용해 음악을 잘 다루는 친구 * 음악에 관심이 많은 친구
영상이		- 보기터의 '장' - 영상기기가 잘 운영되도록 조작 담당 - 패원들이 모두 시청할 수 있도록 함 * 컴터와 티브를 다룰거에요 * 기기조작에 능력이 있는 친구
기록이		- 쓰기터의 '장' 패록을 써요. - 패록을 관리해요~! - 꼭 제출까지!!!! - 수업 중 모든 기록과 관련된 일을 맡는다. * 글씨 쓰는 것을 좋아하는 친구 * 글씨를 잘 쓰는 친구
꼼꼼이		- 패별활동 시 시간관리 (시계소지) - 점수를 세어요~~ - 선생님의 부름에~작은 일들을 맡아 해요~

- 출처 : 하나로체육수업연구회

모둠 구호 및 핸드쉐이크 만들기 ─────

모둠을 드래프트제로 구성했다면 바로 모둠 구호와 핸드쉐이크 만드는 시간을 갖는다. 모둠 구호는 체육 시간에 모둠의 단합과 불필요하게 낭비되는 시간을 줄이기 위해 질서운동을 할 때 꼭 필요하다. 아이들이 교실에서 체육 수업 장소로 나와 한 곳에 모여야 할 때, 수업 중간에 시범이나 설명이 필요할 때, 수업을 정리할 때 모둠 구호를 외치게 하면 좋다.

아이들 핸드쉐이크

모둠 구호를 외치는 방법은 다음과 같다. 교사가 질서 운동 중 원거리 수신호 방법을 사용해 양손으로 'T'자를 만들고 호루라기를 불면 아이들이 교사의 왼쪽부터 오른쪽으로 1~6모둠 순으로 1열로 선다. 그 후 모둠장

선생님 핸드쉐이크

의 시작 신호와 함께 구호를 외치며 제자리에 앉는다.

모둠 구호는 학년 초에 모둠별로 모여 구호를 만들 시간을 별도로 주면 된다. 이때 박수나 액션, 턴 등을 넣어 "멋있는 하나패!", "최강 협력패!" 등으로 구호를 정할 수 있다.

핸드쉐이크는 우리말로 '비밀악수'이다. 프리미어리그에서 활약 중인 손흥민 선수가 골을 넣으면 같은 팀 선수 개개인과 하이파이브나 악수, 점프하여 몸끼리 부딪히는 등 여러 액션을 하며 다 다른 세리머니를 하는 것을 볼 수 있는데 이것을 핸드쉐이크라고 한다.

체육 수업에서는 2명씩 짝을 지어 3~5가지 동작을 넣어 핸드쉐이크를 간단히 만들 수 있다. 모둠 친구 각자가 핸드쉐이크를 만들어 자기가 만든 것을 모둠장에게 가르쳐주고 연습하여 발표하는 것도 좋다. 자신들이 만든 핸드쉐이크는 시합이나 게임에서 골을 넣거나 함께 기뻐할 장면에서 팀원들과 나누면

된다.

여러 학급을 가르치는 체육 선생님이라면 학년 전체 아이들의 핸드쉐이크를 외울 수 없기 때문에 교사가 4~5가지 동작으로 핸드쉐이크를 만들어 아이들에게 소개하고 학교에서 선생님을 만나거나 체육 수업에서 요청할 때 바로 핸드쉐이크를 하도록 약속해도 좋다.

패록(모둠 체육일기) 작성 지도하기 ────

패록은 '하나로 체육 수업'에서 알게 된 아이디어로 체육 수업을 신체로 활동하고 즐겁게 경험하는 것에서 그치지 않고 수업 후에 그 수업을 아이들이 서로 돌아볼 수 있다는 것이 가장 큰 장점이다.

또 체육 수업 중에 안전사고 발생 등으로 교사가 수업을 어떻게 하는지 점검이 나왔다고 가정할 때, 아이들이 정성껏 작성한 패록은 수업의 기록이 그대로 남아 있기 때문에 교사의 든든한 안전장치가 될 수도 있을 것이다. 물론 아이들의 입장에서는 패록이 힘겨운 또 하나의 숙제가 되지 않을까 걱정할 수도 있다. 하지만 패록은 패(모둠)마다 한 권밖에 없기 때문에 1차시 체육 수업이 끝나면 한 번씩 돌아가며 작성하면 되므로 아이들에게 큰 부담이 되지 않는다. 모둠원이 5명이라면 5번 만에 한 번 쓸 기회가 주어지는 것이다.

드래프트 제도를 통해 구성한 모둠에는 남, 여학생이 골고루 분포되어 있고, 학년 초에 전년도 패록을 보는 시간을 갖기 때문에 패록을 예쁘게 그림으로 디자인해야 하는 것을 아이들이 알게 된다. 학년 초 패를 구성하고 난 후, 패장이 된 친구들에게 패록으로 사용할 노트를 1권씩 준비하도록 한다. 수업 첫날 패록은 각 모둠장이 작성하고, 모둠원들은 그 친구의 패록을 읽어 보고 댓글을 1줄 이상 적어야 한다. 각 모둠의 '기록이'는 패록을 작성하면 그 패록을 예

쁘게 디자인해 주는 역할을 한다.

체육 수업에 나올 때마다 모둠장은 패록을 가지고 나온다. 인사 후 교사가 가장 먼저 하는 일은 패록을 검사하는 것이다. 이때, 자세히 읽을 시간이 없으므로 교사는 눈으로 스캔만 하며 얼마나 정성을 들여 썼는지로 보상을 주고 수업을 시작한다. 이렇게 작성한 패록은 학년이 끝날 무렵 모두 걷어 다음 해에 만나는 학년 아이들에게 보여준다. 선배들이 작성한 패록을 통해 체육 수업에 대한 새로운 다짐과 기대를 갖게 되는 효과가 있다.

그룹과 팀 정하기(일회성) ───

학년 초 모둠(패)을 정해 두고 한 학기나 1년을 이어가지 않고 체육 수업을 하는 날마다 그룹이나 팀을 정해야 한다면 누굴 원망할 수 없는 그룹과 팀 정하는 방법들을 활용해 보자.

• 가위바위보 네 코너

4팀으로 나눌 때 4명씩 만나라고 안내한다. 그러면 대부분 친한 친구들 4명이 1그룹을 만든다. 이후 4명씩 가위바위보를 하게 한 후, 강당의 네 코너로 이동해 1등은 1등끼리 4등은 4등끼리 만나 그룹을 짓게 하는 것이다. 자신이 가위바위보로 결정했기 때문에 누구도 원망할 수 없고 여러 친구들과 만날 수 있는 장점이 있다.

• 트럼프 카드 짝짓기

중등의 경우 게임장 중앙에 트럼프 카드를 뒤집어 놓고 1장씩 잡게 한 후, 같은 모양이나 같은 숫자를 든 친구와 만나게 해도 된다.

• 숫자 접시콘 짝짓기

숫자 접시콘의 숫자가 보이지 않도록 뒤집어 놓고 게임장 중앙에서 1개씩 잡게 한 후, 같은 숫자의 친구들끼리 만나도록 한다.

• 두 명씩 만나 가위바위보

비슷한 운동 능력을 가진 친구가 2명씩 만나 가위바위보를 하여, 이긴 친구는 '사과', 진 친구는 '오렌지'로 팀을 나눈다.

• 깍두기 제도

그룹을 지을 때 남은 친구를 자기 그룹에 데려가면 그 그룹이 칭찬과 보상을 받는 제도이다. 학년 초 아이들에게 '깍두기 제도' 설명을 한 후 그룹을 지을 때 적절히 활용하자.

보상으로 주는 선물이 필요할까? ─────

놀이나 체육 수업에서 아이들에게 주는 보상은 '독'이 될 수 있다. "선생님 이번에는 뭐 줘요?" 하고 점점 더 큰 보상을 바랄 수도 있고, 물질적 보상이 끊기면 아이들이 활동에 소극적으로 참여하지 않을까 걱정되기도 한다. 학년 초 보상에 대한 이야기를 아이들에게 이렇게 풀어가보면 어떨까?

선생님의 특별칭찬법

"선생님이 여러분에게 해줄 수 있는 가장 큰 칭찬은 한 번 머리를 쓰다듬어 주는 '쓰담쓰담', 기뻐하며 손으로 맞장구를 쳐주는 하이파이브나 엄지척 등이야. 그렇지만 선생님은 여러분이 학교에서 가장 기다리는 시간 중 하나가 체

육 시간이라는 것을 알고 있어. 여러분과 선생님에게 체육 시간은 그만큼 달콤한 시간이기 때문에 선생님은 여러분이 좋은 수업 태도를 보일 때마다 달콤한 시간이라는 것을 기억하도록 포인트를 주고 그 포인트만큼 수업 후에 건빵을 나눠주려고 해. 또한 포인트 란을 학년 말에 가장 빨리 채운 모둠 전원에게는 달콤한 아이스크림을 쏠 거야.

이 모든 건 체육 수업에 열심히 참여하는 친구들에게 선생님이 주는 보너스야. 우리는 생선을 던져주면 받아먹고 박수와 재롱을 피우는 물개나 돌고래가 아니잖아. 뭔가 먹을 것을 준다고 열심히 하고, 안 준다고 안 하는 것은 동물과 다를 바가 없다고 생각해. 그리고 '선생님 이번에는 뭐 안 줘요?'라는 말이 나오는 순간 그 학급의 건빵과 아이스크림 약속은 완전히 없던 일이 되는 거야."

질문은 한꺼번에! 중요한 건 콜백! ───────

학년 초 체육 수업 시간에 '규칙 지키기'에 대해 아이들에게 이야기하고 다짐을 받아놓는 것이 필요하다. 선생님이 규칙에 대한 설명을 하고 있는데 중간에 끼어든 아이들의 말과 이어지는 질문으로 집중이 흐트러지는 것을 방지하기 위해 질문은 선생님이 제시한 규칙과 방법을 모두 들은 후 한 번에 받는 것으로 약속한다.

'콜백(Call Back)'이란 아이들이 지켜야 할 중요한 내용이나 안전에 관련된 사항을 교사가 단어나 문장으로 말할 때 자신의 입으로 따라 말하도록 하는 것이다. 자기 입으로 따라 말하면 더 오랫동안 기억하는 효과와 함께 하지 말아야 할 행동을 스스로 제어하고, 지켜야 할 행동이나 활동 공간에 대해 새롭게 인식하게 된다.

또한 아이들이 "선생님, 왜 이렇게 해야 돼요?' 하고 말꼬리를 잡거나 수업에 방해가 될 정도로 묻는다면 한마디로 말해 주자. "이건 규칙이야, 선생님도 이렇게 배웠어!"

그리고 이렇게 말하면 더 이상 그것에 대해서는 이야기하지 않아야 하는 것으로 다짐을 받아놓는다. 필요하다면 질문하는 내용으로 토론을 하게 될 거라고 이야기해도 좋다. 꼭 필요한 질문은 받아야 하겠지만 말장난을 하려는 아이들로 인해 실제 체육 활동 시간이 줄어들고 나머지 아이들도 힘들어하기 때문이다.

활동 공간에 대해 명확하게 안내하기 ─────

교사는 체육 활동 공간이 안전사고의 위험은 없는지 수업 전에 꼭 살펴보고, 위험 요소가 없는 안전한 체육 활동 공간이 되도록 준비해야 한다. 또한 보다 안전한 체육 수업을 위해 수업하기 전 활동 공간과 관찰 공간에 대해 명확히 안내하고 이를 지키도록 지도해야 한다. 아이들에게 설명할 때 이것은 여러분을 구속하려는 것이 아닌 안전한 활동을 위한 보호 장치이며, 수업하는 공간이 규칙과 안내로 편안한 공간이 될 수 있음을 이해시키는 것이 좋다.

활동 공간을 콘이나 마커로 표시해 두고 그 공간 내에서 활동하도록 제한해 줌으로써 무질서해지기 쉬운 체육 활동이 질서 있고 더욱 안전해지도록 만들어주자. 또 몸이 아파 참관만 하는 아이도 체육 활동의 보조자 역할(점수 넘기기, 시간 측정 등)로 참여하거나 정해진 참관석이나 공간에서 지켜보도록 안내한다. 스탠드에 앉아 응원을 할 때는 응원하는 구역을 정해주어야 하고, 패자부활 또는 아웃된 친구가 부활할 때는 원마커를 몇 개 깔아주고 밟고 대기하다가 참여할 수 있도록 하자. 발야구 공격 시에는 공격팀 대기자들이 자리를 이탈하면 타자가 아웃되는 규칙을 정한다든가, 구기 경기의 기능 익히기나 숙달 연습을 할 때도 정해진 공간 안에서 하도록 지도하는 것이 좋다.

기쁨의 세리머니는 규칙 속으로! ———

교사가 재미있고 신나는 체육 활동을 열심히 준비해서 실천했는데 아이들이 아무 반응도 없다면 교사는 '내가 뭘 잘못했나?' 하고 자신의 탓으로 돌리며 점점 체육 수업 준비에 대한 열정도 식게 된다. 물론 학급 분위기에 따라 교사가 재미있는 체육 활동을 준비하고 열정을 다해 수업해도 분위기 자체가 올라오지 않는 학급도 있긴 하다. 그래도 대부분의 아이들은 체육 시간 자체를 좋아하고 기대하기 때문에 교사가 유도를 잘해 수업을 진행하면 수업 분위기를 한껏 끌어올릴 수 있다.

체육 수업 분위기를 쉽게 끌어올릴 수 있는 몇 가지 방법을 소개한다.

먼저, 체육 전담 교사라면 다른 학급의 수업 분위기를 살짝 이야기하거나 칭찬과 격려를 통해서 분위기를 유도할 수 있다.

"앞에 반은 이런 분위기가 아니었는데, 그냥 교실에 가서 이론 수업을 할까?"

운동장이나 강당으로 수업하러 즐겁게 왔다가 다시 교실로 가자고 하면 거의 대부분의 아이들이 억지로라도 적극적으로 참여하는 모습을 보인다. 비록 분위기가 좋지 않아도 조금씩 잘하는 모습에 칭찬과 격려를 하면 아이들은 더 잘하려고 노력하게 된다.

두 번째 방법은 너희 학급만의 특별한 활동이라고 이야기해주는 방법이다.

"다른 반은 이렇게 재미있는 활동 안 했어. 너희 반만 이 활동하는 거 알지? 다른 반 친구들에게는 쉿! 비밀이야."

고학년 아이들이라면 선생님이 모든 반에게 다 해준 활동이고 게임인 것을 알고 있다. 그렇지만 교사가 우리 반이 특별하다고, 더 사랑한다고 이야기해주는 것 자체에 아이들은 감동을 받아 수업에 더욱 적극적으로 참여하는 모습을 보인다.

마지막으로, 교사의 의도가 담긴 세리머니를 규칙 안에 넣어 활용하는 방법이다.

보통 고학년들은 친구들 앞에서 반응하고 기뻐하는 것 자체를 유치하거나 창피하다고 생각해 세리머니를 꺼리는 경향이 있다. 그러면 교사 역시 수업에 대한 열정이 점점 식을 수밖에 없다. 그러므로 모둠이나 팀 대항 게임을 하기 전에 골을 넣거나 성공했을 때 팀 전원이 함께 기뻐하는 세리머니를 하지 않으면 해당 점수를 획득하지 못하는 것으로 규칙을 만들어보자. 선생님이 경기를 보고 있다가 "세리머니가 약해!", "리액션 최고!" 하며 독려와 격려를 하면 아이들은 환호와 하이파이브 등을 하게 된다. 규칙으로 만들어 억지로 하는 것일 수도 있지만, 환호하는 아이들의 모습을 보는 교사의 입장에서는 수업에 좀 더 애정을 갖고 몰입하게 되는 효과가 있다.

"오늘 게임에서 골이 들어갔는데 '와!' 하는 함성과 함께 팀원들과 하이파이브하며 기뻐하는 세리머니를 하지 않으면 그 골은 무효가 된다. 이건 규칙이야!"

"오늘 달리기 시합에는 특별한 규칙이 있다. 마지막 주자는 바로 결승선으로 들어오지 말고 반환점에 서 있어야 해. 팀원들이 모두 반환점으로 마중을 나가 마지막 주자의 양쪽 손을 잡은 후 두 손을 들고 환호하면서 결승선으로 달려 들어와야 순위가 인정되고 점수도 얻는 거야."

처음에는 어색해하지만 의도적인 세리머니에 익숙해지면 아이들이 거부감 없이 세리머니 하는 모습을 볼 수 있을 것이다. 아이들의 뜨거운 체육 수업 반응을 기대한다면 체육 수업에 교사의 의도가 담긴 세리머니를 활용해 보길 추천한다.

어드밴티지와 핸디캡 활용하기 ────

체육 시간에 아이들이 가장 좋아하는 영역은 '경쟁' 영역으로 대부분이 공을 가지고 하는 공놀이 중심의 구기 경기이다. 운동기능이나 능력이 우수한 아이들 중심으로 이루어지는 구기 경기에서는 잘하는 아이들이 대부분 공을 소유하고 있기 때문에 그렇지 못한 아이들은 공을 가져볼 기회가 거의 주어지지 않는다.

예를 들어, 학교에서 일반적인 규칙과 방법으로 축구 경기를 시켜보면 축구를 잘하는 소수의 아이들만 개인 드리블과 패스로 공을 점유하여 다수의 아이들은 공을 건드려 볼 기회를 얻지 못해 축구에 흥미를 잃거나 참여율이 점점 떨어진다.

교사들은 체육을 잘하는 아이들이 돋보일 수 있는 장을 열어주는 것도 필요하지만, 운동기능이 부족하거나 떨어져 체육을 싫어하거나 기피하는 아이들에게 더 많은 관심과 참여 기회를 제공하는 방법을 늘 고민해야 한다. 그 방법 중 하나가 '어드밴티지'와 '핸디캡'을 활용하는 것이다.

'어드밴티지'는 운동기능이 부족하거나 떨어지는 아이에게 구기 경기에서 유리한 환경이나 권한 등을 주도록 규칙을 변형하여 운영하는 것이고, '핸디캡'은 운동기능이 뛰어난 아이에게 불리한 환경이나 조건을 주어 운동기능이 부족한 아이들이 대등한 게임을 할 수 있도록 하는 것이다.

• 어드밴티지를 적용한 '슈퍼맨 & 원더우먼 피구'

양 팀에서 정한 슈퍼맨과 원더우먼은 상대 팀이 던진 공에 맞아도 아웃되지 않고 자기 팀원을 몸으로 방어해 줄 수 있다. 단, 자기 팀 전원이 공에 맞아 아웃되면 그때부터는 공에 맞으면 아웃된다. 이런 게임에서는 대부분 운동기능이 좋은 아이들이 슈퍼맨과 원더우먼 역할을 자처하게 된다. 그렇지만 이 아이들이 활약해 줌으로써 다른 아이들이 이 게임에서 아웃되지 않고 더 오랫동안 게임에 참여하게 되는 효과가 있다.

• 어드밴티지와 핸디캡을 적용한 '수호천사 피구'

남자는 상대 남자, 여자는 상대 여자를 공으로 맞춰야 아웃시킬 수 있는 변형 피구로 상대 남자가 던질 때는 우리 편 여자가, 상대 여자가 던질 때는 우리 편 남자가 보호해 주게 된다. 이 게임의 특징은 남자들이 공을 빠르게 던지기 때문에 양 팀 모두 남자들이 먼저 아웃된다는 것이다. 자연히 여자들만 남기 때문에 남자들이 공을 잡아도 아웃시킬 수 없으므로 우리 팀 여자들에게 공을 패스하게 되어 여자 아이들이 공을 던질 기회가 많아지고 결국 그들에 의해 게임 승패가 결정된다.

• 핸디캡을 적용한 '퇴장 축구'

퇴장 축구 게임에서는 골을 넣으면 퇴장당한다. 퇴장당한 친구는 그늘에서 쉬고 있다가 자기 팀에서 또 골을 넣은 친구가 퇴장당해 밖으로 나오면 그 친구와 교대하여 다시 게임에 참여할 수 있다. 축구에서 골을 넣는 아이는 대체로 축구를 잘하는 아이기 때문에 이 친구가 퇴장당해 나가 있을 때 다른 친구들이 공을 소유해 볼 기회를 더 갖게 되는 특징이 있다.

• 어드밴티지를 적용한 '나 슛할 거야! 농구'

양 팀에서 농구를 잘 못하는 친구들을 1~2명씩 정해 '나 슛할 거야!' 역할을 준다. 이 친구들이 골대 주위에서 공을 패스받았을 때 "나 슛할 거야!"라고 외치면 상대 팀은 모두 그 친구 주위에서 떨어져 슛을 편하게 할 수 있도록 비켜 줘야 한다. 이 농구를 적용할 때의 유의점은 이 친구들을 뽑아놓고 농구를 못한다고 패스를 하지 않을 수도 있다는 것이다. 따라서 2회의 슈팅 중 1회는 꼭 이 친구들이 슛을 해야 한다고 규칙을 정하는 것이 좋다.

고학년이 될수록 남자와 여자의 운동기능 차이가 심해져 함께 축구나 농구, 뉴 스포츠 등의 게임을 같이 하다 보면 여학생들은 거의 공을 잡아보지 못하는 경우가 생긴다. 운동기능이나 능력의 차이가 심한 종목이라면 학급을 두 팀으로 나누고, 전반전과 후반전을 남자와 여자 팀으로 나누어 진행하는 것이 좋다.

이때, 같은 팀 남자와 여자 팀 점수를 합산하여 승패를 결정지어 보자. 이렇게 하면 남학생들이 자기 팀 여학생들의 게임에 코치를 자처하고 열심히 응원하는 모습을 볼 수 있다. 단, 게임 전 패배를 팀 친구들의 탓으로 돌리지 않는 것으로 규칙을 정한 후 실시해야 한다.

체육 수업에 따라 재미있는 준비운동 실천하기 ────

체육 수업할 때마다 같은 체조, 같은 준비운동만 매번 실시하는 것보다는 해당 차시와 관련이 있는 준비운동을 구상해 실천하는 것이 좋다. 체육 수업에서 준비운동은 동기유발과 같기 때문에 본 수업에 대한 기대감을 가질 수 있도록 준비해 보자.

• 체조형

체조 대형에서 바로 활용할 수 있는 준비운동을 말한다.

몸 따로 마음 따로 체조   물개 체조   런닝맨

• 구기 운동형

구기 게임이나 구기 수업을 할 때 간단하게 활용할 수 있는 준비운동이다.

피구형
투명 피구공 피하기 ①

피구형
투명 피구공 피하기 ②

축구형
드리블 가위바위보

야구형
베이스런닝 가위바위보

• 술래형

준비운동으로 활용할 수 있는 재미있는 술래 게임이다.

반창고 술래   톰과 제리 술래   VIP 술래

04 체육 시간 문제 상황, 이렇게 해결해요!

체육 시간에 교사는 여러 가지 문제 상황에 직면하게 된다. 이러한 고민과 문제 상황을 교사가 슬기롭고 유연하게 대처해 나갈 때 좋은 체육 수업 실현도 가능하다. 체육 시간에 발생할 수 있는 몇 가지 문제 상황에 대한 대처법을 알아보자.

친한 아이들끼리만 그룹을 지을 때 ────

'가위바위보 네 코너' 활동을 활용해 보자. 그룹이나 팀을 네 팀으로 만들고 싶다면 우선 4명씩 모이게 한다. 그러면 친한 아이들끼리만 모이는데, 이때 가위바위보로 순위를 정해 네 코너로 이동하여 같은 등수끼리 만나도록 하면 자신들이 결정한 일이라 불만 없이 다 나뉘게 된다.

또 다른 방법으로는 자신의 손으로 팀을 뽑게 하는 방법이 있다. 속이 보이지 않는 통에 4색 공기를 담아 1인당 1개씩 공깃돌을 빼내 같은 색 공기끼리 팀을 이루게 하거나 베스킨라빈스 스푼 안쪽에 A, B팀으로 적어두고 1개씩 뽑아 같은 팀이 되도록 운영해도 좋다.

체육 수업 도중 친구 간의 다툼 해결은 '인.사.약'으로! ────

학교에서 가장 많이 활용하는 구기 게임인 피구나 축구 도중 상대의 얼굴이나 머리에 공을 맞혔을 때, 술래놀이에서 술래가 친구를 세게 치며 아웃시켜 다툼이 일어날 때 가해 학생은 "미안!"이라고 간단히 사과하고 다시 게임을 하려고 하는 것이 일반적이다.

심한 경우 맞은 아이는 울고, 간혹 형식적인 사과에 더 흥분하여 싸움을 하려는 아이도 생긴다. 체육 수업에서 이런 일이 발생하면 '마법의 인.사.약'을 활용해 보자.

맞거나 피해를 본 친구에게 직접 가서 잘못을 인정하며 "내가 피구공으로 네 얼굴을 맞혀서(인정) 정말 미안해!(사과) 앞으로는 던질 때 머리 쪽으로 안 던지도록 정말 노력할게(약속)." 하고 말하도록 한다. 그런 뒤, 공에 맞아 아파하는 친구가 괜찮아져서 게임장으로 다시 들어올 때까지 옆에서 함께 있어 주도록 해보자. 게임에 다시 참여하고 싶어서라도 진심으로 사과를 하게 된다.

다인수 학급의 아이들, 교사 혼자 가르치기 벅차요! ─────

30명이 넘는 아이들, 한 번씩만 피드백을 주고 다녀도 40분의 체육 수업 시간이 금방 지나간다. 또 아이들의 운동 수준과 능력이 모두 다르기 때문에 교사 혼자 많은 아이들을 일일이 가르치기 어려운 종목들이 있다. 예를 들어 줄넘기, 저글링, 스포츠스태킹 등은 개인적인 운동기능과 노력 등으로도 쉽게 기능 향상이 되지 않는 종목들이다. 이때 교사 혼자 아이들 전원을 지도하고 가르치기보다는 운동기능이 뛰어난 아이나 선행학습으로 잘하는 아이들에게 '친구 선생님(친쌤)'이나 '꼬마 선생님(꼬쌤)' 역할을 주어 그 친구들이 교사와 함께 아이들을 돕고 가르치도록 하여 함께 성장해 나갈 기회를 주는 것이 필요하다. 이렇게 서로 가르치고 배우는 동료학습을 통해 아이들끼리 더 관계가 돈독해질 수 있으며 선생님의 수업 부담에 대한 부분을 일정 부분 해결할 수 있다. 아이들도 선생님이 옆에서 가르쳐주면 부담을 느끼기 쉬운데 친구가 가르쳐 주면 부담 없이 배우는 수업 분위기가 조성된다.

몸이 아파서 참관만 한다는 아이는 어떻게 하나요?

학년 초 첫 체육 시간에 오리엔테이션을 할 때 참관하는 것에 대해 이야기해 준다.

"체육 시간은 일주일에 두 번밖에 없는(초등 체육과 교육과정 상에는 3시간 해야 하는 것임에도 불구하고!) 너희에게는 보물 같은 시간이야. 선생님은 너희가 항상 건강하길 바라고 특히 체육 수업이 든 날은 아프지 않아서 보물 같은 체육 시간에 꼭 참여할 수 있기를 바란단다. 그렇지만 몸이 불편해서 꼭 참관해야 하는 친구는 그냥 앉아서 구경만 하는 것이 아니라 '체육 수업 참관록'을 작성해서 수업 후에 선생님께 제출하고 가야 해."

참관록을 쓰게 하는 이유는 체육 시간에 간접적으로라도 수업에 참여하도록 하고, 아이들이 활동하는 것을 본 것과 자신이 참여하지 못해 느낀 점 등을 적게 하여 다음 시간에는 꼭 참여해야겠다는 생각이 들도록 하기 위해서다. 또한 그냥 수업만 보게 하면 그 시간에 장난을 치거나 관심을 끄는 행동을 해서 수업하는 아이들이 집중을 못 할 수 있기 때문에 환자들을 위한 참관록을 준비하고, 다음과 같은 팁을 활용해 보자.

- 여러 명이 수업에 참여하지 못하게 되면 서로 이야기하지 못하도록 간격을 멀리하여 떨어뜨려 앉게 한다.
- 참관하는 아이도 정신을 집중할 수 있도록 체육 교구 중 짐볼에 앉아 참관 하면서 참관록을 쓰게 하는 방법도 고민해 보자.
- 여자 아이 중에 "저 그날이에요!"라고 말하면 무조건 앉아서 쉬게 하는 것보다 가볍게 걷기 등을 하는 것이 더 네 몸에 좋은 거라고 이야기해 줘서 신체적인 변화를 겪는 아이도 최소한의 운동을 하도록 해주자.
- 체육복을 입지 않아서 혼날까봐, 재미없는 활동이라 하고 싶지 않아서 꾀병

체 육 관 찰 일 기	확인	담임선생님	체육선생님

대전○○초등학교 ( )학년 ( )반 ( )번 이름 ( )

관찰 이유	관찰 방법
① 몸이 아파서 ② 체육복이 없어서 ③ 벌을 서느라 ④ 기타 :	1) 반 전체, 모둠, 친구 한 명 등 관찰할 대상을 정합니다. 2) 반드시 오늘 배우는 내용을 중심으로 적습니다. 3) 그림, 글 등을 이용하여 자유롭게 그리거나 적습니다. 4) 의견을 간단히 적습니다. 5) 담임선생님의 확인 도장을 받아옵니다. 6) 체육선생님 마음에 들지 않으면 다시 적고 확인을 받을 수 있습니다.

오늘 배우는 내용을 보고 글이나 그림으로 자유롭게 작성해주세요.

오늘 참관한 느낌 적어보세요.

을 피워 아프다는 녀석이 가끔 나온다. 아이들이 하는 걸 보니 재미있어 보이니까 이제 다 나았다고 하면서 참여한다고 말할 때 "다음부터는 아파도 체육복을 입고 와서 아프다고 하고, 중간에 나았으니까 참여한다고 말해도 네 안전을 위해 수업 참관만 하게 될 거야!"라고 지도한 다음 참여하도록 허락해 주자.

- 체육 수업 중 배드민턴(스매시)이나 농
구(슬램덩크), 배구(하이큐) 등 수업을 할
때 그 종목에 관련된 만화책을 읽기 자
료로 준비해 참관하는 아이들이 그 종
목에 대해 이해하고 용어와 규칙을 알

고 관심도 가질 수 있도록 해주자. 또 이 만화책은 체육관 한쪽 서재에 꽂아두고, 하나로 체육 수업으로 진행할 때 읽기터 자료로 함께 활용하는 것이 좋다.

05 체육 교과 교육과정, 어떻게 반영하나요?

어떤 체육 수업이 좋은 체육 수업일까? 체육 교과 교육과정을 충실히 반영한 수업, 그래서 교과서 그대로 가르치는 것이 최고의 체육 수업일까? 내 생각은 이와 좀 다르다. 체육 교과는 교사가 교육과정 재구성을 통해 충분히 달리 가르칠 수 있다. 그리고 그것이 오히려 지금 시대의 흐름과 맞는 것이라 생각한다. 체육 교과서는 참고를 위한 것이지 이에 의존해 가르치는 체육 수업은 지양해야 한다고 생각하며, 교사 자체가 가장 좋은 체육과 교육과정이라고 믿고 있다. 교사가 교육과정 재구성을 통해 충분히 좋은 체육 수업을 실천할 수 있다면 그것이 가장 이상적이고 그렇기에 과감히 실천하길 추천해 본다.

뉴 스포츠 붐이 한참 일었을 무렵 나는 학교 현장에서 티볼, 킨볼, 플로어볼, 축볼 등을 도입하여 수업을 재구성한 뒤 가르쳤는데, 뒤늦게 교과서에 소개된 것을 본 적이 있다. 그러면서 체육과 교육과정이 현장의 교사들보다 더 늦게 시대의 흐름을 뒤따라가고 있는 건 아닌지 하는 생각이 들었다.

기존의 육상, 수영, 체조 등 기초 종목은 여전히 중요하지만 이제 학교 현장에서 예전과 같이 수업하기가 힘든 현실이다. 수영 수업을 가르칠 수영장도 마련되지 않았는데 교과서에는 수영 수업이 제시되어 있다. 매트나 뜀틀에서 구르기 몇 번에 아이들 손목과 목에 깁스를 해야 하는 상황에서 안전사고의 위험을 무릅쓰고 기계운동 수업을 꼭 실천해야만 하는가? 미세먼지는 심하고 강당은 없고, 운동장에 나갈 상황이 아님에도 교육과정 안 어디에도 교실 체육 수업을 위한 내용이나 방법, 프로그램 등이 구체적으로 제시된 것을 본 적이 없다.

다행히 체육 교과서가 검인정이 되면서 현장의 교사들 의견을 많이 반영한 체육 수업 내용과 프로그램을 교과서가 다루고 있는 것은 고무적인 일이다. 그러나 학교 현장이 모두 다르고 체육 교구를 모두 마련할 수 없는 상황에서 기존 체육과 교육과정을 수업에 담아내 그대로 가르치는 것이 무리인 것만은 분명하다. 교사 개인이 교육과정을 면밀히 연구하여 학교 실정에 맞고 아이들의 신체 활동을 통한 전인교육에 가장 걸맞은 교육과정을 마련하는 것이 바람직하다고 생각한다.

체육과 교육과정을 체육 수업에 그대로 반영할 때나 교사가 학교 실정에 맞게 맞춤형 체육과 교육과정을 계획할 때 참고할 점을 알아보자.

좋은 체육 수업을 위한 교사 자신만의 목표를 설정하자 ──────

좋은 체육 수업을 위한 교사 자신만의 분명한 철학을 가지고 한 가지 목표를 설정하라고 권하고 싶다. 나는 초등 체육 교육의 목표를 아이들이 다양한 신체 활동과 체육 활동, 스포츠 문화를 경험하도록 하는 것에 둔다. 거창하게 체육 교육을 통해 심동, 인지, 정의적인 성장이나 전인교육을 이루는 것보다는 현실적으로 1주일에 2~3회 체육 수업을 통해 만나는 아이들에게 다양한 신체 활동과 체육 경험을 갖게 해주는 것에 목표를 두고 실천한다.

그와 더불어 흥미와 재미가 있는 체육 수업을 지향한다. 아이들이 다양한 체육 수업을 경험해야 하는 이유는 중, 고등학교에 가면 일반적으로 종목 중심으로 체육을 배우게 되고, 체육 평가가 아직도 중요한 부분을 차지하기 때문에 평가를 위한 체육 수업에 그쳐 다양한 체육 활동을 경험하기 쉽지 않기 때문이다. 초등체육은 그러한 면에서 자유롭기에 교사의 역량에 따라 체육 수업을 재구성하여 아이들이 다양한 체육 활동 경험을 갖도록 기회를 제공해 줄 수 있다.

예를 들면 강당 바닥에서 바퀴가 달린 썰매를 타고 쌩쌩 달리며 여러 가지 활동이 가능한 스쿠터 활동, 낙하산을 펼쳤다 숨고 돌고 당기며 즐겁게 놀 수 있는 파라슈트 활동, 두 줄을 교차해서 돌릴 때 그 안에 들어가 뛰며 여러 동작에 도전하는 더블덧취 등 초등체육에서 즐겁게 경험한 체육 활동은 평생 잊지 못할 추억이 됨은 물론 평생 체육으로 가는 귀한 출발점이 될 것이다. 그래서 초등체육을 낭만 체육이라고 하는지도 모르겠다.

체육 교육 중 교사 자신이 어떤 점에 가치와 중요도를 둘 것인지에 따라 그에 대한 목적도 달라질 것이다. 한 가지 분명한 목적을 가지고 좋은 체육 수업을 위해 실천하는 것이 필요하다.

주제가 있는 체육 수업을 준비해 보자 ────

체육과 5개 영역 중 1개 영역을 체육 수업으로 정해 실천하고자 할 때 '축구', '달리기', '킨볼' 등 단순하게 종목이나 단원을 정하는 것에서 그치지 말고 해당 종목과 단원을 배운 뒤 아이들에게 기대하는 변화나 교사와 아이들이 수업 목표를 향해 나가야 할 지향점 등이 나타나도록 주제를 정해 보자. 모든 체육 수업을 이렇게 할 수는 없을지라도 1년에 1~2개 영역에 주제를 정한 체육 수업을 실천해 보길 추천한다. 이를 통해 교사 자신이 수업 과정에서 지향해 나가는 목표점을 잃지 않고 나아갈 수 있고, 주제 목표에 도달하기 위해 아이들과 함께 호흡하며 수업하는 경험을 하게 될 것이다.

아래는 중등체육 선생님들이 체육 수업할 때 정한 주제들이다.
- 저글링 : 나, 너, 우리가 함께 어울리는 저글링
- 스포츠스태킹 : 스태킹과 함께하는 언어 순화 프로젝트 '고운말 Up! 욕설

Down!'

- 배구 : 강스파이크로 편견을 깨자

- 탁구 : 가는 공이 고와야 오는 공이 곱다

- 음악 줄넘기 : 음악과 줄로 세상과 이야기하자

- 플라잉디스크 : 자신의 불만스러움을 던져라!

참고로 주제가 있는 체육 수업을 하기 좋은 체육 수업 모형은 '하나로 체육 수업'이니 참고하기 바란다.

'하나로 체육 수업'을 적절히 활용하자 ────

서울대 최의창 교수님이 개발한 '하나로 체육 수업' 모형을 체육 교육과정에 적절히 활용하길 추천한다. 오래전 하나로 워크숍을 다녀온 후 인문적 체육 수업이 일반 체육 수업의 부족한 부분을 잘 메워줄 수 있다는 확신을 갖게 된 나는 현재도 하나로 체육 수업의 여러 가지 좋은 아이디어를 계속 활용하고 있다.

초등에서는 대부분 중등의 조를 모둠이라고 하는데, 하나로 수업의 영향으로 6개 패(하나, 믿음, 협력, 사랑, 우정, 희망패 등)로 나누고, 패원의 역할 분담도 그대로 활용하고 있으며 수업 후 간접 활동으로 패록도 꾸준히 작성하도록 하고 있다. 하나로 수업을 수박 겉핥기식으로 운영해 보고 나서 느낀 점을 나눈다면 실제 체육 활동이나 게임을 해보는 하기터 중심으로 운영하되, 단원이나 종목에 따라 적절하게 창작터, 쓰기터, 읽기터를 함께 활용하면 학습에 참여하는 실제 학습시간을 충분히 확보할 수 있고, 아이들은 해당 종목에 대한 깊은 이해와 다양한 접근을 통해 온전히 체육을 경험할 수 있다는 장점이 있다.

내가 플라잉디스크 수업을 할 때 활용했던 하나로 수업 1차시는 다음과 같다.

수업 주제는 '꿈을 향해 플디를 날려라!'로 6개 패를 3개 패씩 나누어 3개 패는 쓰기터에서 포스트잇에 자신의 꿈과 그 꿈을 이루고 싶은 이유를 간단히 적어 고깔콘에 붙인다. 다른 3개 패는 하기터에서 플라잉디스크를 날려 고깔콘을 맞히는 기능연습을 한다. 이후 터를 바꿔 3개 패씩 서로 다른 활동을 한 후, 본 활동으로 책상 위에 아이들의 꿈을 적은 콘을 2~3개 올려놓고, 플디를 날려 콘을 맞히는 게임을 진행한다.

게임 전 아이들에게 이런 멘트를 한다.
"이제 여러분의 꿈을 적어 붙인 목표를 향해 플디를 날려 맞히는 게임에 도전합니다. 꿈을 향해 플디를 날려 한 번에 맞힐 수도 있지만 맞히지 못해도 로테이션으로 돌아가며 던질 기회가 계속 주어지니까 꿈을 이룬다는 마음가짐으로 끝까지 도전하기 바랍니다. 그리고 자신의 꿈을 이루기 위해 노력할 때 같은 팀원이 내 꿈을 붙인 목표물을 맞혀 줄 수도 있습니다. 여러분이 살아가는 세상은 더불어 가는 세상으로 다른 사람을 도와주며 그 꿈을 함께 이루어 나가는 것입니다."

이 수업을 했을 때 아이들이 평소보다 더 진지하게 활동에 참여하는 것을 느낄 수 있었다.

체육과 평가에 대한 생각 ————

중등체육 연수를 가면 아이들에게 재미있고 의미 있는 체육 활동이나 종목이라 하더라도 평가에 대한 명확한 기준이나 방법이 제시되어 있지 않으면 수업으로 실천하기 어렵다는 선생님들을 만나 뵙게 된다. 초등체육에서는 평가에 대한 부분은 자유롭고 상대평가가 아니기 때문에 부담스럽지 않아 다행이다. 다만, 1년에 체육과 5개 영역 수업을 실시한 다음에 수행평가를 3단계나 5단계로 체크하여 제출해야 하는데 교사 대부분은 아이들을 긍정적으로 평가해주는 것이 일반적이다. 왜 우리 아이가 'A+(매우 잘함)'가 아니냐고 물어오거나 항의할 때 그것에 대한 명확한 답변을 해주기가 쉽지 않고 귀찮기 때문이다. 이론 평가라면 평가한 기록이나 학습지 등을 가지고 있어야 하고, 교사가 체육 수업에 참여할 때마다 체크리스트에 출석이나 복장, 기능, 적극성, 스포츠맨십 등을 일일이 체크해서 점수를 주고 평가해야 하는데 개인적인 생각으로 이런 체육 평가가 무슨 의미가 있는지 모르겠다.

체육 수업 평가는 심동(기능), 인지(이해), 정의(태도) 3가지로 대부분 나누어 평가하는데 이 부분도 애매하기는 마찬가지다. 체육 기능(운동기능)에 대한 평가에 대해 생각해 보면 운동기능은 노력에 의해 향상될 수 있지만, 선천적으로 타고난 능력의 영향이 훨씬 더 크다. 운동기능이 좋은 아이들 대부분이 모든 체육 활동에서 두각을 나타내기 때문에 기능으로만 보면 부모의 운동기능이 뛰어난, 유전적인 영향을 받은 아이에게 더 좋은 평가를 줘야 하는데 이것이 옳은 것인지도 의문이다. 또한 지금은 체육 수업 현장의 운동기능 평가가 많이 개선되었지만 예전과 같이 농구 수업의 경우 자유투를 가르쳐주고 몇 개중 몇 개 이상이 들어가야 'A'를 주는 식으로 평가한다면 그 아이가 배운 농구기능을 농구 코트에서 얼마나 발휘하거나 활용할 수 있을지 생각해 봐야 할 것이다.

농구 수업이라면 드리블, 패스, 슛 등 농구의 전반적인 기술을 모두 가르쳐 주고 농구 시합을 통해 어시스트나 개인 득점, 스포츠맨십 등을 코트 안에서 얼마나 발휘할 수 있는지 체크리스트를 통해 기록하고 평가하는 것이 바람직할 것이다. 또 진단 평가를 통해 드리블이나 패스, 슛 기능이 떨어지는 아이가 노력에 따라 향상되었다면 그 노력의 가치를 평가에 반영해 주는 것이 당연하다고 생각한다. 그래서 내 수업에서는 이런 방식으로 평가하고 있다.

조종헌 선생님이 활용해 보고 추천한 매우 신선한 체육 평가 방법을 소개한다. 아이들이 목표로 하는 운동기능을 충분히 연습한 다음 핸드폰으로 실기 영상을 찍어 교사에게 카톡으로 보내는 영상평가 방법이다. 먼저 종이에 학년, 반, 번호 이름을 적어 본인이 들고 평가대상이 누구인지 교사에게 확인시켜 준 후, 평가 종목이 3구 저글링이라면 저글링 하는 영상을 찍어 보낸다. 평가 기준이 15초 이상 3구 저글링에 성공하면 'A'라고 했을 때 핸드폰 타임테이블의 시간으로 목표 기록 달성 여부를 확인할 수 있다. 이런 영상평가 방법을 추천하는 이유는 소중한 체육 수업 시간을 평가로 채우지 않기 때문에 낭비되는 체육 시간을 줄일 수 있고, 아이들도 교사 앞에서 긴장감을 가지고 평가에 응하지 않아도 되며, 평가 기간 내에 부단히 연습하여 평가에 계속 도전할 수 있기 때문이다. 저글링, 스포츠스태킹, 줄넘기, 구기 종목의 드리블 등 개인 기능을 평가한다면 아이들의 부담은 줄여주고 교사도 여유를 가지고 평가할 수 있는 방법이라 눈여겨볼 만한 평가 방법이다.

또 하나의 평가 방법으로 짝과 함께 1명은 수행평가를 실시하고, 다른 1명은 핸드폰으로 영상을 촬영하여 서로 피드백을 주고 자기의 수행 장면을 보고 동작이나 자세를 수정하도록 하는 방법도 추천해 본다.

06 즐거운 체육 수업을 위한 꿀팁

즐거운 체육 수업을 위해 저자가 고민하고 실천해 본 여러 꿀팁을 소개한다. 사소한 팁이라고 생각할 수도 있지만 즐거운 체육 수업을 위해 꼭 필요한 내용이란 생각이 들면 모방하여 실천해 보고 교사 자신만의 노하우로 성장시켜 나가길 바란다.

효율적인 체육 교구실 운영 ——

체육 수업을 실천하는 장소인 운동장과 강당으로 나누어 각각 사용되는 교구들을 보관하는 체육 교구실을 별도로 운영한다. 교구실에는 체육 교구를 담는 바구니 사이즈에 맞춰 앵글로 짠 교구함을 만들어 놓는다. 운동장 교구실에는 운동장에서 주로 활용하는 교구를 구비해 놓자.

• 운동장 교구실에 준비할 체육 교구들
라인기, 백회, 티볼과 야구 수업 장비, 육상 장비, 축구공, 플라잉디스크, 디스크 캐처, 팀 조끼, 점수판, 부메랑 등

강당에는 그 외 모든 실내나 실외에서 활용할 수 있는 대부분의 교구를 준비하면 좋은데, 체육과 5개 영역에 필요한 교구와 전래놀이 및 실내 체육 교구 등과 강당이 있는 학교라면 누릴 수 있는 스쿠터 보드와 패러슈트 등은 꼭 준비해서 아이들이 다양한 활동을 경험하도록 해주자.

또한 강당이 있는 학교라면 강당 벽면에 교구함도 되면서 아이들이 앉을 수 있는 의자를 제작하면 별도의 교구실을 만들지 않고 바로바로 교구를 꺼내 쓰고 넣을 수 있어 징밀 편리하니 가구점이나 체육사를 통해 알아보기 바란다. 아래는 내가 2년간 교장 선생님을 설득해서 제작하여 활용했던 교구함 사진이다.

체육 교사 외에 학교의 담임 교사들도 학교의 교구를 쉽고 편하게 활용하도록 강당에 교구 배치도를 간단히 작성하여 어디에 가서 어떤 교구를 편하게 찾아 쓸 수 있는지 학년 초에 안내해 주면 더 좋겠다. 또한 담임교사도 학교의 땀내 나는 팀 조끼를 빌려 입고, 공놀이를 할 때마다 공을 빌려오라고 하는 것보다 학급에서 편하게 활용하도록 기본 체육 교구를 구비해 놓고 활용하길 바란다.

• 담임교사가 준비해 놓으면 좋을 체육 교구

인성 팀 조끼, 풍선공, 교실 네트, 폼피구공, 미니 점수판, 계란판과 탁구공, 공

기, 미니 원마커, 숫자 원마커, 숫자 접시콘, 펀스틱 등

학교 교구 1석 3조 활용하기 ————

한 가지 체육 교구를 체육 수업에서 1석 3조로 활용할 수 있다면 적은 체육 예산으로 효율적인 체육 수업이 가능해진다는 장점이 있다. 학교 예산으로 기본 교구(인성 팀 조끼, 숫자 원마커, 고깔콘, 접시콘, 빈백, 후프, 공, 점수판 등)를 구입했다면, 우선적으로 추가 구입해야 할 교구는 단연 다방면으로 활용도가 높은 '플라잉디스크'이다.

플라잉디스크는 체육과 영역 중 건강, 도전, 경쟁 3개 영역에 다양하게 수업할 수 있어 1석 3조의 교구라 할 수 있다. 양 팀으로 나누어 손들고 있는 상대 팀을 통과시키면 점수를 내는 '거츠' 게임,
플디를 날려 볼링핀을 맞히거나 게임장 바닥에 그린 곳에 넣는 윷놀이 등에 활용할 수도 있고, 운동장 시설과 교구로 여러 홀을 만들어 즐기는 '디스크 골프', 플디를 날려 상대 영역 안에서 우리 팀이 날린 플디를 잡아내면 득점하는 '얼티밋' 게임 등 활용할 만한 아이디어가 다양해 꼭 구입해야 하는 교구 중 하나다.

또 하나 추천하는 교구는 최근에 나온 '펀스틱'이다. 펀스틱은 폼 재질의 스틱으로 외국에서는 '누들'이라는 이름으로 오래전부터 활용해오던 놀이 및 체육 교구이다. 펀스틱은 간단히 술래 게임에서 태그하는 용도와 함께 발목 사이에 펀스틱을 끼고 점프하여 도망 다니는 '캥거루 술래', 머리에 펀스틱을 대고 쫓

아오는 술래에게 태그되면 모기에 물리는 '모기 술래', 숫자 접시콘에 끼워 재밌게 즐길 수 있는 '코끼리 술래'와 '화장실 뚫어 펑 술래' 등으로 활용하면 좋다. 또한 달리기와 릴레이에서는 배턴 대용

은 물론 다리 사이로 전달하거나 발목 사이에 끼고 점프하는 릴레이, 펀스틱 2개 위에 공을 없고 달려오는 릴레이 등 여러 가지 방법으로 활용이 가능하다. 구기 게임으로는 닷지비를 격추하는 '닷지비 격추 피구'와 고리를 걸어 안전하고 운동량이 엄청난 '고리 하키', 다리 사이에 펀스틱을 끼고 즐기는 '해리포터 앵글볼' 등에 활용할 수 있다.

모기 술래　　　　　캥거루 술래　　　　　코끼리 술래　　　　　화장실 뚫어 펑 술래

체육 교구 예산 확보를 위한 팁 ———

학교의 체육 예산은 한정되어 있다. 그러나 양질의 체육 교육을 위해서는 좋은 교구의 구입이 필수적이다. 체육 교구를 조금이라도 여유 있게 구입하여 활용하기 위한 예산 확보의 팁을 몇 가지 소개한다.

우선 교육청의 체육과 및 다른 부서 예산 중 우수스포츠클럽 활동이나 여학생

체육 활동, 건강 체력반 운영, 체육교과연구회, 놀이통합 등 여러 사업에 적극적으로 신청서를 제출해 보자. 채택되면 관련 예산을 받을 수 있으니 그 예산으로 체육 교구와 아이들 간식, 교내 스포츠클럽대회 운영에 필요한 활동 교구 등을 여유 있게 구입해 활용하자.

또 한정된 학교 예산이기에 부서별 예산을 늘리기 쉽지 않지만 관리자들에게 체육 활동에 꼭 필요한 예산을 반영해 달라고 미리 부탁해서 매년 조금씩 더 확보할 필요가 있다. 나는 킨볼이나 앵글볼, 츄볼 등 교구가 비싸지만 꼭 구입해서 수업해야겠다고 생각하는 종목은 매주 수요일 교직원 체육 연수(초등 입장)를 활용해 관리자들과 함께 즐겁게 게임하는 시간을 갖는다. 이런 활동들을 통해 왜 이런 고가의 교구가 체육 수업에 필요한지 관리자들을 설득하는 데 도움을 얻을 수 있다.

강당(체육관) 꾸미기 ─────

강당은 체육 교사들에게는 교실과 같다. 체육 수업과 학교 스포츠클럽 활동을 즐길 수 있는 분위기로 꾸며보길 바란다.

강당 입구에는 강당 사용 설명서 등을 제작해 강당을 쓰는 학년과 지켜야 할 일 등을 학년 초에 함께 읽어보고 1년 동안 아이들에게 지켜나가도록 안내하자. 강당에 들어서자마자 볼 수 있도록 '체육 게시판'을 만들어 놓거나 큰 화이트보드를 게시판으로 바로 활용해도 좋다. 여기에는 학년의 체육 수업 안내나 스포츠클럽 부서원들이 지킬 일 등 수업 시간에 전달하지 못한 내용과 아이들이 바로 실천할 수 있는 내용을 적어서 게시해 의사소통을 할 수 있는 공간으로 활용한다.

학교 스포츠클럽대회에서 학급 응원용으로 제작했던 응원기를 아이들이 졸업하기 전 제출하도록 하여 응원기와 학교 스포츠클럽대회에 나가서 받은 플래카드 상장 등을 벽면에 게시해 두자. 대회에 참가했던 아이들에게는 성취감을 주고, 체육 수업 시간에 참여하는 아이들에게는 스포츠클럽 활동 부서에 들어가고 싶은 동기부여를 줄 수 있다. 또 입학식이나 졸업식 등 학교 행사에 학부모님들이 오셨을 때 강당에 볼거리가 있고, 학교 체육과에서 거둔 교육 활동 결과를 보여줄 수 있어 학교 체육부에 대한 신뢰감 등도 줄 수 있을 것이다.

강당 한쪽에 농구 슈팅 오락기나 학교 벽을 활용해 간이 농구 골대를 구입 또는 제작해 활용하는 것도 한 번 고려해 보자.

여러 반이 동시에 강당을 사용할 때 ————

다인수 학급이거나 체육(전담) 교사가 1명 이상일 때에는 플래카드로 파티션을 만들어 활용하면 좋다. 미세먼지로 인해 야외 체육 활동이 어려운데 체육

활동이 가능한 곳이 강당(체육관) 한 곳밖에 없을 때 제작하면 잘 활용할 수 있다.

플래카드에는 스포츠 명언이나 체육 수업을 통해 아이들에게 길러졌으면 하는 문구를 넣는다. 높이는 배드민턴 지주 높이에 맞추고 길이는 강당 가로 길이에 맞춰 현수막 제작 업체에 의뢰하여 제작할 수 있다. 양쪽 끝은 배드민턴 지주를 세우고 줄로 연결해 묶으면 된다.

플래카드 파티션이 좋은 점은 동료 교사와 수업할 때 서로 수업 장면이 보이지 않기에 아이들의 떨어질 수 있는 집중력을 높여 주고 공이나 플라잉디스크 등이 수업할 때 옆으로 넘어가는 것을 방지하는 효과가 있다. 동료 교사와 함께 체육 수업을 해야 하는 상황이라면 플래카드 파티션을 한 번 고민해 보면 좋겠다.

교내 스포츠클럽대회 열어주기 ────

교사가 체육 수업으로 실천한 종목은 교내 스포츠클럽대회를 열어주는 것도 적극 추천한다. 교육청 단위의 학교 스포츠클럽대회는 운동기능이 우수한 아이들 위주로 선발, 지도하여 출전하는 것이 일반적인데 반해 교내 스포츠클럽대회는 체육을 못하고 싫어해도 학급을 대표하여 모두가 출전해야 하기 때문에 아이들이 많은 경험을 쌓을 수 있다.

초등체육이 평생체육의 출발점이라고 봤을 때 스포츠클럽활동에 적극적으로 참여하고 즐겁게 경험해봐야 성인이 되어서도 스포츠 활동에 더 쉽게 다가갈 수 있기 때문이다. 실제로 킨볼, 츄볼, 빅발리볼, 앵글볼, 단체 줄넘기 등 체육 수업으로 실천한 종목을 학교 스포츠클럽대회로 열어주었을 때 아이들이 보다 스포츠 활동에 많은 관심을 갖고 적극적으로 참여하는 것을 볼 수 있었다.

교내 스포츠클럽대회 종목이 꼭 뉴 스포츠 종목이나 구기 종목일 필요도 없다. 나는 6학년 대상으로 우유갑 1000ml로 양면딱지를 500장 정도 접어서 학급당 60장 정도씩 점보스택에 담아 나누어주고, 6학년 8개 학급 전체가 강당에서 일대일로 다른 학급 친구들과 딱지치기 대결을 하는 방법으로 스포츠클럽대회를 한 적이 있었는데 개인적으로도 기억에 많이 남는 대회였다. 전래놀이 중 딱지치기는 팔과 어깨 운동량이 많다는 장점도 있지만 8개 학급 전원이 동시에 강당에서 시합을 할 수 있는 종목이 거의 없기에 정말 추천하고 싶은 종목이기도 하다.

스포츠클럽대회는 학교 자투리 시간을 활용하여 개최하면 좋다. 아침 자습 시

간을 활용한 '굿모닝 학급대항 킨볼 대회', 점심 먹고 난 이후의 시간을 활용한 '교내 학급대항 축볼 런치리그' 등을 개최하는 것이다. 예선 첫 경기나 결승전은 교장 선생님의 시축이나 시타로 시작하여 대회 분위기를 고조시키고 관리자에게도 스포츠 활동에 더욱 관심을 갖게 하는 계기로 활용할 수 있다. 경기를 중계하는 해설자와 캐스터를 두어 마이크로 편파 방송을 할 수 있도록 운영하는 것도 재미있다. 우승한 학급 상품은 쌀 10kg, 20kg 등으로 정한 후 그 학급 이름으로 가까운 경로당이나 불우이웃에게 쌀을 기부하도록 하면 더욱 의미 있을 것이다.

체육 수업에 음악 활용은 필수! ──

준비운동으로 달리기나 조깅을 할 때는 심장 박동과 비슷한 빠르기의 경쾌한 음악을 활용하는 것이 좋다. 그 후 스트레칭을 할 때는 원래 심박수로 되돌릴 수 있도록 조용하고 차분한 음악을 준비한다. 활동 음악으로는 빠르고 밝은 동요와 유행을 타지 않는 외국의 컨트리 음악, 박자가 빠른 클래식 음악을 사용하고, 중등에서는 경쾌한 댄스 음악 등을 준비하면 좋다. 점프밴드, 원마커 펌프, 계단 댄스, 음악 줄넘기 등의 활동에서는 박자가 딱딱 떨어지는 4분의 4박자의 경쾌한 음악을 활용할 것을 권한다.

건강 체력 평가나 심폐 지구력 측정 및 향상을 위해 양쪽 출발선을 왕복하며 달리는 셔틀런을 실시할 때는 신호음만 있는 것보다 아이들이 좋아하는 최신 곡을 활용해 제작하는 선생님이 올려놓은 것을 다운받아 활용하면 좋다.

체육 수업에 음악 활용은 선택이 아닌 필수이다. 다만 동료 교사들의 수업을 방해하지 않고 학교 주변에 소음으로 인한 민원이 생기지 않는 선에서 활용하자.

점프밴드   원마커 펌프   계단 댄스   음악 줄넘기

팀 조끼 선택과 관리, 착용 팁 ──────

팀 조끼는 단순히 색깔 구분만 있는 것이 아니라, 인성 문구가 새겨진 제품을 활용하면 좋다.

양 팀 주장이 가위바위보를 해서 진 팀만 입는 것으로 규칙을 정할 수도 있고, 공개 체육 수업이나 학급대항 시합일 경우에는 팀별로 같은 팀 조끼를 착용해 단합된 모습을 연출하는 것이 좋다.

팀 조끼를 활용해 규칙을 만들 수도 있다. 예를 들어 팀 조끼를 착용한 팀이 무조건 시합에서 공격권을 갖는다거나 시합이나 경기에서 이긴 팀이 팀 조끼 정리 역할을 맡는 것이다.

팀 조끼를 착용하는 방법도 다양하다. '가위바위보 GO' 게임을 해서 정해진 바퀴 수를 먼저 돌아오는 친구들만 팀 조끼를 착용하게 한다거나 '가위바위보 릴레이' 게임으로 상대 팀 대장을 이기면 바로 옆에 있는 조끼를 착용하지만, 지면 출발선으로 되돌아와 다음 주자와 하이파이브하고 다시 도전하는 방식

등으로 진행한다.

사용한 팀 조끼는 색깔 별로 정리해 이불 빨래집게로 걸고 햇볕이 좋은 날 밖에 걸어 통풍과 건조를 시킨다.

체육 교구를 이용한 구기 게임 골대 활용법 ———

- 숫자 접시콘 가운데 구멍에 펀스틱을 꽂아 세워 골대와 반환점, 타깃 등으로 활용
- 농구 골대에 후프를 걸어 수준별 골대로 활용
- 점보스택을 원통형이나 성으로 쌓아 골대로 활용
- 고깔콘을 성으로 쌓거나 맞춰 사이로 통과시키는 골대로 활용
- 접시콘 위에 공을 얹어 그 공을 맞히는 것을 목표로 활용
- 디스크 캐처를 세워 핸드볼 게임에서 공을 던져 그 안에 넣기로 활용
- 높이뛰기 매트나 탁구대를 세워 핸드볼형 게임 골대로 활용

- 높이뛰기 매트를 뉘여 원바운드 시킨 공이 매트에 닿으면 골로 허용(높이뛰기 매트로 몸을 던져 공을 쳐내는 방어도 가능하다)
- 후프 6개나 11개로 후프 캐슬을 만들어 핸드볼 게임의 골대로 활용

구기 게임 골대 활용법

운동장 라인과 게임장 표시 ───

운동장 라인을 그릴 때는 라인기를 양손으로 잡고 양다리로 중심을 잡은 후 표시하고자 하는 라인 끝의 나무나 학교의 시설 등을 보고 그대로 라인기를 밀고 나가면 선을 곧게 그을 수 있다. 사각형 게임장을 표시할 때에는 줄자로 대고 그리면 정확하지만 매번 그럴 수 없기에 발의 보폭으로 거리를 재서 지형지물을 보고 라인을 긋는 것이 일반적이다.

원을 표시할 때는 운동장 교구실에서 못이나 막대기 등에 줄자나 줄을 묶어 1명이 그릴 원의 중앙에서 밟고, 나른 1명은 바깥쪽에서 원을 그린다. 또 접시콘을 학급 아이들에게 2개씩 나눠주고 손을 잡고 원을 만들게 한 후, 자기 양발 아래 지면에 내려놓게 해도 쉽게 표시할 수 있다.

강당에서 기존 바닥 라인을 활용할 때는 접시콘이나 원마커로 게임장 크기를 조절해 표시하고, 교실에서는 미니 원마키를 게임장 라인에 맞춰 내려놓는 방법으로 표시하여 활용하자.

벌칙 대신 신체 활동 과제를! ───

체육 수업 시간에 '벌 받았어!', '벌칙 받았어!'라고 하면 받은 아이나 학부모

모두 기분이 좋지 않을 것이 당연하다. 또 벌칙을 받는 아이가 여러 사람 앞에서 창피함이나 수치심을 가질 수 있고, 그 아이를 제물로 만들고 있는 건 아닌지 우리 교사들은 주의할 필요가 있다.

'벌'이나 '벌칙'이 아닌 '신체 활동 과제'로 바꿔 부르는 것은 어떨까. 예를 들어 "욕했으니까 벌칙으로 앉았다 일어서기 10회 해라!"가 아니고 "다음부터는 바른말을 사용하자, 이번에는 네 다리 근력을 위해 신체 활동 과제로 스쿼트 10회 하자, 시작!" 같은 말로 활용해 보자. 체육 수업 시간이니까 '신체 활동 과제'라고 불러도 어색하지 않고 벌칙보다 거부감이 덜하다. 그리고 모둠 대항 시합에서 꼴찌를 하거나 기준 점수에 못 미쳤을 때, 체육 활동에 도전해서 실패했을 때 신체 활동 과제를 하는 것으로 미리 약속하면 동일한 수업 시간에 아이들에게 많은 신체 활동을 기대할 수 있다.

- 점핑잭 : 팔 벌려 높이뛰기
- 스쿼트 : 허리를 펴고 상체를 세워 허벅지가 수평이 되게 앉았다 일어서기
- 버피 : 두 손을 바닥에 대고 앉았다 두 다리를 뻗으며 엎드린 후 다시 다리를 접었다 일어서기
- 점프턱 : 두 무릎이 가슴에 닿도록 점프하기

현명한 '타임아웃' 주기 ————

체육 활동 중 규칙을 지키지 않고 다른 친구들을 방해하거나 교사를 힘들게 할 때 가해 아이에게 가장 쉽게 줄 수 있는 벌칙이 수업에서 배제하고 정해진 장소에 보내는 '타임아웃'이다. 그러나 수업을 진행하다 보면 그 아이를 타임아웃시킨 것을 모르고 한참 동안 방치하는 경우가 생기기도 한다. 이럴 때 타

이머를 준비해서 5분이나 정해진 시간이 경과하면 다시 활동 공간으로 돌아오는 것으로 약속하자. 또한 모래시계 몇 개를 준비해 정해진 타임아웃 장소에 두고 그 안에 들어가면 모래시계를 돌려놓고 모래가 다 떨어지면 돌아오도록 해도 좋다.

때로는 타임아웃을 시키고 그 아이와 그 공간에 가서 짧게 이야기를 나누어도 좋다. 분명 그 아이 내적으로 갈등이나 불만이 있기 때문에 체육 수업 시간에 몸으로 표현하는 것이니만큼 3분 내외로 아이들에게 양해를 구하고 그 아이의 이야기를 들어주고 "아이들이 지금 너와 함께 체육 활동을 하고 싶어 기다리고 있는데 이제 가서 제대로 한 번 해볼래?" 하고 옆구리를 살짝 찔러보자.

아웃 대신 체력 충전소 ────

체육 수업 시간에 피구나 술래 게임 등을 시키면 운동기능이 떨어지거나 달리기가 늦은 아이들이 표적이 되어 가장 먼저 공에 맞거나 술래에게 태그되어 게임장 밖으로 나가게 된다. 아웃된 아이들이 게임장 밖에 나가서 공격을 열심히 하거나 게임을 잘 관전하면 다행인데, 대부분은 체육 활동 이외의 활동에 관심을 보이거나 앉아서 땅파기를 하게 된다. 그래서 피구나 술래 게임 등을 할 때 아웃 대신 '체력 충전소'를 만들어 활용해 보길 추천한다.

'체력 충전소'란 공에 맞거나 술래에게 태그되어 아웃되면 정해진 장소 (체력 충전소)로 이동하여 그 안에서 교사가 정해준 신체 활동 과제를 수행한 뒤 다시 살아 돌아와 게임에 참여하는 제도이다.

체력 충전소 제도를 활용할 때는 피구 게임에서 공을 가장 잘 피했거나 쫓아오는 술래를 잘 피해 신체 활동 과제 수행을 한 횟수가 가장 적은 친구들을 칭찬해 주는 것으로 게임 전에 꼭 약속해야 한다. 일부러 공이나 술래에 맞거나 태그되어 신체 활동 과제를 하려는 아이들이 있기 때문에 최선을 다한 친구들을 칭찬해 주는 것이다.

피구 게임의 경우 미니 점수판을 체력 충전소 옆에 두고, 한 번 아웃될 때마다 정해진 신체 활동 과제를 수행한 후, 점수판의 자기 팀 점수를 1점 올리고 게임장에 다시 들어가도록 안내한다. 자기 팀이 1명 아웃될 때마다 1점씩 올리는 방법으로 운영해 정해진 시간 동안 게임하여 점수(아웃된 인원수)가 높은 팀이 패하는 것으로 하면 좋다.

배려와 협력이 필요한 술래 게임 활용하기 ──────

체육 수업을 할 때 술래 게임만큼 준비운동으로 좋은 아이디어는 없을 듯하다. 아주 짧은 시간에 최고 심박수까지 도달하게 하고 거기에 재미와 흥미 요소가 많은 게임이기 때문이다. 그러나 인성 교육이 강조되는 미래 시대에는 술래 게임에도 변화가 필요하다. 배려와 협력이 필요하도록 게임 규칙을 변형해 활용해 보자.

'배려와 협력' 술래 게임에서는 술래에게 태그되면 교사가 정한 불편한 동작이나 자세로 그 자리에 멈춰 있어야 하고, 이때 도망가던 다른 친구들이 정해

바나나 술래   하늘 땅 술래   연필깎이 술래   바이러스 술래

진 방법으로 그 친구를 도와주면 태그된 친구가 다시 게임에 참여하게 된다. 이때 중요한 규칙과 방법은 다음과 같다.

첫째, 술래는 도와주는 친구는 태그할 수 없고 그 앞에서 태그하려고 기다릴 수도 없다. 그래야 술래에게 쫓기던 아이들이 도망 다니다가 태그되어 불편한 동작으로 있는 친구들을 자연스럽게 도와줄 수 있다.

둘째, 아웃이 없는 배려와 협력 술래 게임에서는 술래를 1명 이상 두어야 한다. 아이들이 서로 도움을 주고받으며 다시 게임에 참여하기 때문에 술래를 1명만 두면 짧은 시간에 지쳐 게임 진행이 어렵게 된다. 술래를 2~3명 정해 1

술래가 지치면 2술래가 바로 들어가 쫓는 방법으로 이어가는 것이 좋다.

셋째, 배려와 협력 술래 게임 후에는 이 게임에서 서로 도움을 주고받았던 친구들이 자기 느낌을 발표하도록 하여 협력과 배려가 가치 있다는 것을 느끼고 수업을 마무리하는 것을 추천한다.

체육 수업의 8가지 이동 방법 ──────

체육 수업에서 이동 방법은 몇 가지나 될까? 대부분의 교사들은 '걷기'와 '달리기' 이외에 다른 방법을 거의 활용하지 못하는 듯하다. 체육과의 이동 방법은 8가지다. 우리말로 해석하여 쓰기가 어려운 부분이 있지만, 일반적으로 활용할 수 있는 방법들은 다음과 같다.

1   워킹 : 걷기

2   러닝 : 달리기

3   스키핑 : 한쪽 무릎을 들어 두 번 연거푸 뛰는 방법

4   갤로핑 : 한쪽 발을 앞으로 내밀어 앞발을 뛰면서 뒷발도 이어 뛰는 방법(말이 뛰는 것을 연상하자)

이동 방법 1~4

5   호핑 : 한 발로만 뛰는 방법

6   점핑 : 두 발로 동시에 뛰는 방법

7   슬라이딩(사이드 스텝) : 옆으로 뛰는 방법

8   리핑 : 한 발씩 발을 바꿔 넓게 하여 뛰는 방법

이동 방법 5~8

학년 초 아이들에게 8가지 이동 방법을 가르쳐주고 체육 수업에 자주 활용하면 좋다. 특히 준비운동이나 술래 게임, 달리기 등을 할 때 위에서 설명한 이동

방법 중 하나를 활용할 수 있다. 예를 들어 술래 게임을 할 때 달리기로만 쫓고 도망가던 것에서 8가지 이동 방법을 활용하면 8가지 활동 아이디어로 확장하여 활동이 가능해져 교사가 여러 아이디어를 고민하지 않고 활동을 쉽게 재구성할 수 있다.

체육과 기본 움직임 기술 가르치기 ──

체육과 기본 움직임 기술(FMS, Fundamental Motor Skill)은 저학년에서부터 놀이와 간단한 체육 활동 등을 통해 즐겁게 익힐 수 있도록 해야 한다. 기본 움직임 기술에는 '걷기', '달리기', '점프', '치기', '차기', '던지기', '받기' 등이 있고 이런 기본적인 움직임 기술을 저학년에서부터 제대로 익혀 고학년에 올라가야 본격적인 구기 활동이나 스포츠 활동에 참여할 때 자신의 움직임 기술을 통해 운동기능을 마음껏 발휘할 수 있게 된다.

체육 수업에 필요한 8가지 이동 방법과 함께 기본 움직임 기술 7가지도 담임 및 체육 교사가 놓치지 말고 가르치도록 노력하자.

달리기 수업할 때 알아두면 좋을 팁 ──

- 원형 트랙을 접시콘이나 원마커로 쉽게 표시하려면 학급 전원에게 접시콘을 2개씩 나누어주고 손을 잡고 원을 크게 만든 후 자기 앞에 접시콘을 놓게 하자.
- 반환점을 돌아오는 이어달리기 게임을 할 때 배턴 터치나 하이파이브를 하기 전 미리 출발하는 문제와 줄을 안 서는 무질서함을 예방하려면 주자가 줄을 서 있는 자기 팀원을 한 바퀴 돌아 다음 주자의 어깨를 터치하거나 배턴

을 전해주는 방법으로 바꿔 운영하자.

- 좀 더 활기찬 분위기로 달리기 게임을 운영하려면 마지막 주자가 반환점을 돌아 달려오는 대신 반환점에서 손을 들면 같은 팀 전원이 반환점까지 달려 나가 다 함께 양손을 잡고 두 손을 들고 "와~" 하는 세리머니를 하면서 들어 오도록 규칙을 정하자.

- 원형 트랙에서 릴레이할 때 안쪽 진로를 상대 주자가 막고 있을 경우 어깨를 터치하면 바깥쪽으로 나가 안쪽 진로를 내주는 것으로 하자.

- 달리기 수업에서 팀별 인원이 맞지 않을 때는 인원이 적은 팀에서 부족한 인원만큼 더 실시하게 하고, 공이나 교구를 전달하는 달리기나 릴레이에서는 출발선이나 반환점의 거리에 차이를 주어 공평한 게임이 되도록 보완해야 한다.

- 주자가 달려 반환점이나 트랙을 돌아오는 시간이 걸릴 때 대기하는 친구들은 '제자리 무릎 들어 뛰기' 10회, '점프턱(무릎이 가슴에 닿도록 점프하기)' 2회 등 신체 활동 과제를 수행하기로 규칙을 정하자. 농구나 축구, 핸드볼 등 구기 게임의 드리블을 하면서 하는 릴레이에서는 대기자들이 자기 몸 주위로 공을 돌리거나 다리 아래로 8자 돌리기, 축구공에 한 발을 올려 양발 5회 바꾸기 등의 과제를 수행하기로 운영할 수 있다.

교사가 심판을 볼 때 ───

체육 수업 중 게임이나 시합, 스포츠클럽대회 운영을 하게 되면 당연히 교사가 심판을 보게 된다. 중등의 경우 아이들이 심판을 봐도 크게 걱정이 안 되지만, 초등의 경우는 아이들에게 심판을 맡겼다가 아이가 판정을 잘못 내리기라도 하면 울고 따지고 할 것을 생각하면 쉽게 내릴 결정이 못 된다. 이렇듯 심판이 부는 호루라기 한 번과 판정 한 번에 따라 아이들과 학급의 희비가 크게 엇갈리기에 심판을 볼 때는 교사인 나도 긴장하게 된다.

시합 전(심판을 보기 전)에 아이들에게 이렇게 이야기하고 시작하길 권한다.

"선생님은 ○반과 ○반에게 오늘 게임이 얼마나 중요한지, 그리고 너희가 이 게임에 얼마나 관심이 높은지도 알고 있어. 그래서 오늘 게임에서 모두가 최선을 다해 실력을 발휘하길 바라. 선생님도 오늘 게임에서 최대한 공정하게 심판을 보기 위해 노력할 기야. 단, 선생님도 사람이니까 실수를 할 수 있고 여러 친구들에게 가려 플레이가 보이지 않거나 못 볼 수도 있어. 심판의 실수 또한 게임의 일부분이라는 이야기 알고 있지? 선생님이 완전한 실수나 잘못된 판정을 내렸을 때는 판정을 번복할 거야. 단, 선생님이 옳게 판정을 내렸다고 생각한 것을 여러분이 항의하거나 따지면 게임 진행을 할 수 없어. 선생님을 믿고 게임에만 집중해서 참여하자!"

심판을 볼 때 교사는 일관성을 가져야 한다. 양 팀에게 반드시 같은 규칙을 적용하여 심판 판정에 불만을 가질 빌미를 주지 말자. 점수판은 양 팀 주장이나 학급 임원이 1명씩 나와 올리도록 하고, 판정을 잘못 내렸다고 확신이 들 때는 아이들에게 선생님의 실수라고 솔직하게 이야기하고 게임을 이어가자.

야구 수업 중 루나 홈에서의 아웃과 세이프에 대한 판정은 심판과 아이들이 가장 민감하게 반응하는 것 중 하나이다. 교사 혼자 결정하기 힘들 것 같으면 야구를 좋아하고 잘 아는 아이들을 양 팀에서 1명씩 뽑아 1루심으로 배치하고 교사도 못 보고 애매한 경우에 합의한 결과를 교사에게 알려주게 할 수 있다.

때로 심판 판정이 마음에 들지 않을 때 손가락으로 네모를 그리며 '비디오 판독(VAR, 챌린지)'을 요청하는 아이들이 있다. 핸드폰으로 촬영을 한다고 해도 전 게임을 모두 촬영할 수 없고, 여러 방향에서 슬로우로 촬영한 화면을 보여줄 수도 없기에 아이들의 귀여운 시그널로만 생각해 주자.

아이들에게 점수판을 맡겼는데 점수에 민감한 양 팀 아이들이 점수를 보려 점수판 근처로 몰리고 어수선해진 분위기에서 아이들이 제때 올리지 못한 점수를 내가 기억하지 못해 어려움을 겪은 적이 있다. 아이들이 못 미더울 때는 미니 점수판을 한 손에 들고 교사가 심판을 보면서 점수도 함께 올릴 수 있다. 또한 남은 게임 시간에도 민감한 아이들을 위해 타이머 큰 것을 준비해 마지막 10초가 남았을 때 함께 남은 시간을 카운트하도록 하자.

타깃형 게임은 유산소 운동으로! ─────

초등학교에서 놀이나 체육 활동으로 고리 던지기, 투호, 콩주머니 던져 넣기 등을 많이 활용한다. 이때 대부분 아이들에게 교구를 1개씩 나눠주고 자신이 던지고 자신이 주워와 다시 도전하도록 하거나, 한 아이에게 교구 모두를 주고 던져 넣기에 도전하게 한다. 뒤에서 대기하는 아이들은 자신의 차례가 올 때까지 앉아서 놀거나 야외라면 땅을 파며 논다. 이렇게 대기하는 시간이 많은 놀이나 게임은 아이들을 본 활동에 집중하지 못하게 하고 오히려 다른 활동에 관심을 갖게 만든다. 즐거워해야 할 체육 수업 시간에 아이들이 교사가 준비한 활동이 아닌 다른 활동에 푹 빠져 있다면 그것만큼 교사를 힘 빠지게 하는 것이 없다.

타깃형 놀이나 게임은 진행 방법을 조금 달리하면 운동 효과도 높이고, 훨씬 재미있게 운영할 수 있다. 타깃형 놀이나 게임을 유산소 운동 방법으로 진행하려면 타깃 뒤에 팀의 1번 친구를 세우고 2번 친구부터 타깃을 향해 던져 넣기에 도전하게 한다. 1번 친구는 타깃을 향해 던진 교구를 집어들어 팀의 3번 친구에게 전달하고 줄 끝으로 가고, 2번 친구는 자신이 던진 교구에 목표물이 맞아 넘어졌으면 세우고 1번 친구가 서 있던 자리로 간다. 이런 방법으로 로테이션으로 돌며 계속 이어가 음악 한 곡이 끝날 때까지, 혹은 정해진 시간 동안 운영하여 얻은 점수의 총합이 팀의 기록이 된다.

이런 타깃형 게임을 할 때 함께 적용하면 좋을 또 하나의 아이디어를 소개한다. 한 번 게임을 실시한 후 팀별로 획득한 점수를 말하게 한다.

"A팀 200점요!" "B팀 120점요!" "C팀 430점요!" "D팀 250점요!"

점수를 다른 팀들에게 공개하면 아이들로부터 단성과 단식이 흘러나온다. 이때 교사는 선생님을 따라 말하라고 안내한다. "언제나, 어디서나 첫 번째 게임은 연습 게임이지!"

점수가 낮은 팀에서는 환호가 나오고 점수가 높은 팀에서는 실망과 아쉬움을 표현하게 된다. 이어서 교사가 "자! 이제부터 진짜 게임을 시작한다. 연습과 같은 시간 동안을 게임을 하게 될 거야. 그리고 자기 팀 점수 기록을 깬 팀이 선생님께 칭찬을 받게 될 거야."라고 말하면 연습 게임에서 점수가 낮았던 팀은 '와~ 우리도 할 수 있겠는데!' 하는 분위기로, 점수가 가장 높았던 팀은 '어떻게 430점을 넘지?' 하는 작은 부담을 갖고 게임을 시작하게 된다.

이처럼 자기 팀의 이전 기록에 도전하는 방법이 좋은 점은 점수가 낮은 팀도 자기 팀 기록만 넘어서면 칭찬을 받을 수 있기에 포기하지 않고 최선을 다하게 되고, 점수가 높은 팀은 끝까지 긴장감을 놓지 않고 최선을 다하며 팀의 기록을 넘어섰을 때 높은 성취감을 느끼게 되기 때문이다.

연습 게임에서 3분 정도 경쾌한 음악을 틀고 실시했다면 진짜 게임에서는 기존보다 30초 정도 시간을 더 주어 대부분의 팀이 모두 자기 팀 기록을 넘어서도록 운영하는 것이 좋다. 아이들은 게임에 집중하느라 시간이 얼마나 흘렀는지 모르기 때문에 약간의 시간을 더 주어 많은 팀이 성공을 경험하도록 운영해 주자.

말썽쟁이에게는 당근과 채찍을 동시에! ———

여러 학급의 체육 수업을 진행하다 보면 늘 반응이 좋고 뭘 해도 재미있게 참여해 기다려지는 학급이 있는 반면, 자주 화를 내게 되고 힘이 두세 배로 드는 학급도 있다. 말썽쟁이 녀석들이 몰려 있는 학급일 확률이 높다. 이 아이들은 혼나고 벌을 서는 데 면역이 되어 한마디로 교사의 말을 타지 않는다. 나는 이 아이들을 수업 후에 남긴다. 그리고 아이의 두 손을 잡고 눈을 바라보며 이렇게 이야기한다.

"○○아, 선생님은 네가 오늘 같이 이렇게 하니까 정말 힘들다. 너도 잘하고 싶고 노력하고 있는 거 아는데 여러 친구들 앞에서 선생님께 자주 혼나서 많이 힘들지? 오늘 ○○의 수업 태도 점수를 선생님이 준다면 50점 정도밖에 못 주겠어. 우리 70점 정도만 되도록 한 번 노력해 볼까? 다음 수업 때는 70점 기대할게."

다른 아이들 몰래 건빵을 쥐어주며 단둘이 이야기한 다음 시간, 이 아이의 수업 태도는 어땠을까? 정말 거짓말처럼 수업에 집중하려고 노력하며 수업을 방해하는 일이 확 줄어들었다. 이 일 이후로 나는 가끔은 채찍보다는 당근을, 비난보다는 격려와 사랑을 주는 것이 좋은 효과를 거둘 수 있다고 느꼈다.

수업 시간에 말썽을 부려 얄밉기도 하지만 가끔은 선생님이 다정히 잡아주는 두 손이 필요한 아이들이 있다. 그런 아이들을 지그시 바라보며 두 눈을 마주치고 어깨를 토닥이는 격려와 사랑에 도전해 보자.

수업에 열심히 참여하는 아이들을 바라보자! ———

체육 수업을 할 때 각 학급마다 수업에 집중하지 않고 딴짓을 하는 녀석이 있는가 하면 무기력하게 아무 체육 활동에도 참여하지 않는 녀석, 다른 친구가 체육 활동하는 것을 방해하는 녀석들까지 다양한 유형의 수업 방해꾼(?)이 있다. 그렇지만 대다수 아이들은 주지 교과에 비해 체육 교과에 높은 관심과 기대감을 가지고 체육 활동에 즐겁게 참여한다.

선생님들께 드리고 싶은 말은 체육 활동에 열심히 참여하는 대다수 아이들에게 희망을 갖자는 것이다. 준비한 체육 수업에 아이들이 적극적으로, 즐겁게 참여하면 체육 교사에게 그것만큼 위로와 격려가 되는 것이 없다. 반면에 교사가 열심히 준비한 활동에 아이들이 아무 반응이 없고, 흥미와 재미를 느끼지 못할 때 교사는 '내가 뭘 잘못 준비했나? 나는 체육 교사로 정말 능력이 부족한 것 같다.'고 스스로 자책하고 회의감을 가질 수도 있다. 그래서 수업 규칙 내에 교사의 의도가 담긴 세리머니를 넣어 실천하고, 리액션을 잘해 주는 아이들과 학급에 칭찬과 격려를 더 많이 해주는 것이 중요한 팁이 될 수 있는 것이다.

교사가 준비한 체육 수업에 70~80%의 아이들이 호의적이고 즐겁게 참여한다면 소수의 수업 방해꾼들을 바라보기보다는 대다수 열심히 참여하는 아이들에게 희망과 기대감을 가지고 바라보길 바란다. 그래야 교사의 체육 수업에 대한 열정이 계속 이어지게 되고, 아이들에게 소중한 체육 수업을 준비하고 실천하는 것에 더욱 보람을 느끼게 될 것이다.

체육 수업에 활용하면 좋은 스마트폰 앱 ─────

체육 수업을 할 때 수업에 도움을 줄 수 있는 앱을 폰이나 패드에 다운로드하여 활용해 보길 바란다.

- 스코어보드판 : 점수와 휘슬 기능

- Referee Tools : 옐로우 카드(경고), 레드 카드(퇴장), 스코어, 휘슬 기능
- Finger Timer : 스포츠스태킹 기록 체크 기능

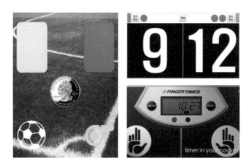

스마트폰의 작은 화면으로는 여러 아이들에게 점수나 전술 등을 보여주기 어렵기 때문에 패드나 탭이 있다면 기기에 다운받아 큰 화면으로 점수나 전술을 익힐 때 활용하면 좋다. 또한 뉴 스포츠나 새로운 구기 게임 등을 수업으로 실천할 때 동기유발 자료로 활용할 수 있는 영상 자료, 아이들의 표현 활동 작품이나 도전 및 경쟁의 기술을 익히기 위한 동작을 보여주거나 아이들의 자세 수정이 필요할 때 촬영해 보여주는 등 체육 수업에 휴대용 전자기기를 잘 활용하는 것도 교사의 수업을 편하게 만드는 좋은 팁이다.

체육 수업의 마무리 ——

체육 수업의 시작만큼이나 체육 수업의 마무리도 중요한데 그 시간을 잘 활용하는 것은 무척 어렵다. 체육 수업을 즐겁게 마무리하기 위해 교사들이 알고 있으면 도움이 될 몇 가지 내용을 소개한다.

• 교구 정리도 아이들의 힘을 빌리자!

2명씩 짝을 지어 가위바위보를 하게 한 뒤, 과일이나 동물 이름 2가지를 정한다. 이긴 친구는 '딸기(호랑이)', 진 친구는 '사과(사자)'로 정한 후 '딸기'는 팀

조끼를, '사과'는 콘을 모두 걷어 와서 체육 교구실에 넣도록 하자. 아이들에게는 책임감과 봉사정신 등을 길러줄 수 있고 교사는 일손을 덜 수 있다.

• 정리운동은 간단히!

체육 수업 시간에 아이들이 즐겁게 활동하고 있는데 중간에 끊기가 쉽지 않다. 그래서 나의 경우 수업 종이 칠 때까지 수업을 할 때가 대부분이다. 당연히 정리운동도 생략하고 수업 정리도 하지 못하고 끝날 때가 부지기수다. 그러나 정리운동과 수업 정리도 체육 수업에서 꼭 필요한 과정인 만큼 교사가 활동에 대한 욕심을 조금 내려놓고 정리운동과 수업 정리를 꼭 하길 바란다. 정리운동은 수업 시간에 많이 활용한 신체 부위 위주로 간단히 스트레칭을 해주도록 한다. 공개수업이라면 조용하고 차분한 음악을 준비해 음악에 따라 스트레칭을 하길 추천한다.

• 수업 정리는 '배느실'로!

- 오늘 새롭게 (배)운 것은 무엇인가요?
- 오늘 새롭게 (느)낀 것은 무엇인가요?
- 꼭 (실)천해 보겠다고 생각한 것은 무엇인가요?

• 수업 후 자기평가

수업 후 자기 노력 및 인성 실천 점수를 주게 하자. 점수를 준 뒤에는 왜 그렇게 생각하는지 발표하고 듣게 하는 것이 좋다.

- 엄지 척 평가 : 엄지손가락을 이용해 '잘했다(엄지 척)', '보통이다(손가락 옆으로 누이기)', '부족했다(엄지 손가락을 아래로 돌리기)' 등으로 표현한다.

- 별 다섯 평가 : 별 다섯 개 중에서 몇 개를 줄 수 있는지 말한다.
- 손바닥 스펙트럼 : 손바닥의 넓이로 표현한다. 두 손바닥이 가까우면 0점이나 낮은 만족도를 의미하고, 두 손바닥을 끝까지 멀리 넓히면 100점이나 만족도가 높은 것을 의미한다.

• 질문공과 발표공 활용하기
체육 수업의 특징을 살려 티볼공이나 작은 폼볼을 준비해 질문이나 발표할 내용이 있어 손을 드는 아이에게 교사가 공을 던져주면 그 아이가 질문이나 발표 후 다시 손을 드는 친구에게 패스하는 형식으로 질문공과 발표공을 활용해 보자.

MEMO

66

낯설고 어색한 새 친구들과의 만남, 그 불편한 감정을
한 방에 깨뜨릴 수 있는 학년 초에 활용하면 좋을 재미
난 놀이들을 소개합니다. 몸으로 부딪치며 놀다 보면
어느새 신나게 웃으며 친해져 있는 아이들을 볼 수 있
을 거예요.

99

Part 1
신나는 새 출발!
학년 초 한 방으로
끝내는 놀이 체육

— Class 1
몸과 마음이 열리는
아이스브레이크

여러 친구들과 만나 친교 놀이와 협력 게임을 함께하며
학년 초 아이들 간의 서먹한 분위기를 깨고 1년 동안 신나게 펼쳐질
체육 수업에 대한 기대감을 갖게 해주세요.

1 고기-빵-햄버거

- **장소** 교실, 강당
- **준비물** 없음

진행 방법

1 전체 가위바위보로 술래를 1명 정한다.

2 3명씩 모둠을 만든 후 가위바위보로 모둠 내 순위를 정한다.

3 1등과 2등은 빵이 되어 두 손을 맞잡고, 3등은 고기가 되어 빵끼리 연결
   된 팔 안으로 들어간다.

4   교사의 시작 신호에 맞춰 술래는 게임장 중앙에서 고기, 빵, 햄버거 중 하나를 외친다.

- 고기 : 빵은 그대로 있고, 고기만 빠져나와 다른 빵으로 들어간다.
- 빵 : 고기는 그 자리에 멈춰 서서 한 손을 들고, 빵이 이동해 손들고 있는 고기를 가둔다. 이때, 손들고 있던 고기도 빵이 오지 않으면 빵을 찾아 들어갈 수 있다.
- 햄버기 : 고기가 빵이 되거나 빵이 고기가 되어도 관계없지만, 3명 모두 흩어져 새로운 친구들과 만나야 한다.

5   짝을 이루지 못한 친구가 새로운 술래가 되어 게임을 이어나간다.

- 모둠당 인원이 3명씩 딱 맞을 때는 교사가 첫 술래를 하면서 진행하고 이후에 교사도 계속 게임에 참여한다. 1명이 남을 때는 그 친구가 술래가 되고 교사는 게임을 진행한다. 2명이 남을 때는 2명이 가위바위보하여 이긴 친구

가 술래가 되어 외치고, 진 친구는 게임에 함께 참여하게 한다. 혹은 2명이 가위바위보하여 이긴 친구가 1 술래가 되어 외치고, 진 친구는 2 술래가 되어 게임장 밖에서 원마커를 밟고 한 게임 쉰다. 1 술래가 짝을 이루면 2 술래가 다음 술래가 된다.

- 술래를 하고 싶어 최선을 다해 참여하지 않는 친구들이 나올 것에 대비해 술래가 되면 '점핑잭(팔 벌려 높이뛰기)'이나 '스쿼트(앉았다 일어서기)' 10회 실시 등 신체 활동 과제 수행하기로 규칙을 정한다.
- 고학년 대상의 게임에서는 남학생끼리 빵이 되면 고기는 여학생만, 여학생끼리 빵이 되면 고기는 남학생만, 빵이 남, 여학생이면 아무나 들어가기 등의 규칙을 정해 이성 친구들끼리도 적극적으로 만나도록 유도한다.

한 걸음 더! 🏃

- 놀이의 제목만 바꿔도 아이들에게는 새로운 느낌이 전해진다. '소-외양간-소 외양간', '조개-껍데기-진주', '노른자-흰자-계란프라이' 등으로 제목을 바꾸어 보자.
- 게임을 반복할 때는 구성을 조금 변형해 보자. '다람쥐-나무-나무-다람쥐' 게임으로 진행하여 다람쥐는 나무 아래에 숨어 앉고, 나무는 한 손씩 앞으로 뻗어 손끝끼리 댄 후 삼각기둥을 만드는 등 제목과 동작을 바꾸어 보자.
- 3명씩 그룹을 지을 때 그룹 간 간격을 멀리하면 술래 게임으로 진행해도 재미있다.

2 돌고-위로-아래로-통과

- **장소** 강당
- **준비물** 없음

진행 방법 🕐

1 3명씩 모둠을 정한다.

2 2명은 두 손을 맞잡고, 한 명은 밖에서 출발 준비를 한다.

3 출발 신호에 맞춰 아래와 같은 순서로 실시한다.

- 돌고 : 2명이 손을 잡고 있으면 그 주위를 1명이 반시계 방향으로 한 바퀴 빠르게 돈다.

- 위로 : 2명이 손을 잡고 쪼그려 앉아 팔을 내려주면 1명은 팔 위로 한 발씩 넘는다.

- 아래로 : 2명이 손을 잡고 일어나 두 팔을 위로 들면 1명은 팔 아래로 지나간다.

- 통과 : 2명이 손을 잡고 팔을 위아래로 넓혀 터널을 만들면 1명은 그 사이로 통과한다.

4 나머지 2명도 같은 방법으로 번갈아 활동한 뒤 함께 종료 구호를 외치며 앉는다.

5 활동을 먼저 끝낸 몇 개 그룹을 찾아 칭찬한다.

- '고기-빵-햄버거' 놀이 후 이어서 실시하면 모둠 편성 시간을 줄일 수 있다.

- 실시하는 친구가 나머지 2명의 팔을 넘고 통과할 때 안전사고가 일어나지

않도록 시범을 통해 지도한다.

- 체육 수업할 때 준비운동으로 바로 실천해도 좋은 활동이다.

한 걸음 더! 🏃

- 팀 조끼, 스카프, 줄넘기를 가지고 수업할 때 교구를 두 손으로 잡고 같은 방법으로 운영해도 좋다.
- 운동 효과를 높이려면 모든 활동을 두 번씩 하도록 변형한다.
- 2명이 하는 방법은 아래와 같다. 서로 역할을 바꿔 한 번씩 실시한다.
  - 돌고 : 1명이 점핑잭(팔 벌려 높이뛰기)을 하면 짝이 그 친구 주위를 한 바퀴 돌기
  - 위로 : 1명이 게 자세(두 팔을 땅 짚고 하늘을 보며 테이블 동작)를 만들면 그 위로 짝이 한 발씩 넘어가기
  - 아래로 : 1명이 엎드려 몸 터널을 만들면 짝이 그 사이로 통과하기
  - 통과 : 1명이 일어서서 두 다리를 넓히면 짝이 다리 사이로 통과하기

3 마당을 나온 암탉

- **장소** 강당, 운동장
- **준비물** 집게 플래그

진행 방법 ⏱

1 3명씩 모둠을 만들고 가위바위보를 하여 순위를 정한다.

2 3위는 술래로 족제비가 되고, 1위는 암탉, 2위는 청둥오리가 된다.

3 암탉은 입고 있는 옷 양옆과 뒤쪽에 집게 플래그를 꽂고 청둥오리와 한 손을 잡은 후 그 뒤에 선다.

4 시작 신호에 맞춰 족제비는 양쪽으로 돌며 암탉의 플래그를 떼려고 노력하고, 청둥오리는 손으로 방어하며 암탉의 플래그를 지켜준다.

5 족제비가 암탉의 플래그를 떼거나 암탉과 청둥오리의 잡은 손이 떨어지면 서로 역할을 바꿔 실시한다. 정해진 시간 동안 승부가 나지 않아도 서로 역할을 바꿔 실시한다.

- 집게 플래그가 없을 때는 팀 조끼나 스카프 등을 옷에 꽂고 실시한다.
- 게임 공간을 확보하여 다른 모둠 친구들과 충돌하지 않도록 하자.

한 걸음 더! 🏃

- 풍차 술래 방식으로 변형해 보자. 3명이 가위바위보를 하여 1위(VIP), 2위(보디가드), 3위(스토커)를 정하고 그 순서대로 손을 잡고 가로로 선다. 시작 신호에 맞춰 3명이 손을 잡은 채로 스토커가 앞이나 뒤쪽으로 돌면서 VIP를 태그하려고 할 때 보디가드가 몸으로 방어한다.

— Class 2
친구와 몸으로 부딪치며
친해지는 놀이

같은 숫자를 가진 운동 친구와 함께 즐겁게 운동하고,
가위바위보 대결로 모두가 환호하는 스포츠 스타가 되어 보며
짧은 시간에 친구들과 더욱 가까워질 수 있어요.

1 운동 친구를 찾아라!

- **장소** 강당, 운동장
- **준비물** 숫자 접시콘

진행 방법 ⏱

1   아이들이 20명일 때 게임장 중앙에 1~10번까지 숫자가 적힌 접시콘 2세
    트 총 20개를 숫자가 보이지 않도록 뒤집어 놓는다.

2   아이들은 게임장 중앙을 원형으로 천천히 돌다가 시작 신호에 맞춰 중앙
    으로 걸어 들어가 접시콘 1개를 집어 들고 번호를 확인한다.

3 자기 접시콘 숫자를 크게 말하며 같은 숫자 접시콘을 든 친구를 찾는다.

4 모든 아이들이 운동 친구를 찾으면 교사는 짝과 함께 할 수 있는 운동과 운동 횟수를 순서대로 안내한다.
  - 짝과 두 손 잡고 스쿼트 5회
  - 짝과 마주 서서 점핑잭 10회
  - 짝과 제자리에 엉덩이 대고 앉아 무릎 세워 발을 겹쳐 윗몸 일으키기 10회
  - 짝과 잎드려 푸시업 5회

5 첫 번째 짝과 만나 스쿼트 5회를 한 후, 숫자 접시콘을 게임장 중앙에 다시 뒤집어 놓고 게임장 중앙을 천천히 돈다.

6 시작 신호에 맞춰 다시 원 중앙으로 들어가 접시콘 1개를 집어 들고 동일한 방법으로 같은 숫자의 접시콘을 든 친구를 찾는다.

7 두 번째 짝과는 마주 서서 점핑잭 10회를 한 후, 접시콘을 다시 게임장 중앙에 뒤집어 놓고 게임장 중앙을 천천히 돈다.

8 교사의 신호에 같은 방법으로 원 중앙의 접시콘을 1개 들어 숫자를 확인 후 자기와 같은 숫자를 가진 세 번째 친구를 만나 발을 겹치고 윗몸 일으키기를 10회 실시한다.

9 이렇게 친구들을 만나 정해진 몇 가지 운동을 실시한 후, 교사는 "자! 지금부터 운동 친구를 찾아 다시 운동을 하도록 하겠습니다."라고 말하고, "첫 번째 운동 친구를 만나 그 친구와 했던 운동을 같은 횟수로 실시합니다."라고 지시한다.

10 아이들은 각자 돌아다니면서 첫 번째 운동 친구를 찾아 그 친구와 첫 번째 운동인 스쿼트 5회를 실시한다. 같은 방법으로 교사의 지시에 따라 두 번째와 세 번째 운동 친구를 만나 점핑잭 10회, 윗몸 일으키기 10회를 실시한다.

11 활동 후 격려해 주고, 이 게임을 해본 느낌을 서로 나누는 시간을 갖는다.

- 숫자 접시콘 대신 종이에 숫자를 적어 카드로 만들어 활용하거나 트럼프 카드를 2세트 준비해 참여하는 아이들의 인원만큼 빼서 실시한다.
- 참가자가 홀수여서 운동 친구 짝이 맞지 않으면 교사가 함께 참여한다.
- 학년이나 학생 수준에 따라 운동의 종류와 횟수를 교사가 적절하게 조절하되, 고학년이라면 운동의 종류를 5~6가지 정도로 늘리는 것이 좋다.
- 자신의 운동 친구를 빠르게 찾아 짝과 가장 먼저 앉는 친구들은 따로 하이파이브나 칭찬을 해주는 것으로 약속해 적극적인 참여를 이끌어내는 것이 좋다.

한 걸음 더! 🏃

- 짝과 할 수 있는 재미있는 신체 활동도 운동 중간에 넣어주자.
  - 발끝 펜싱 : 짝과 두 손 잡고 친구 발등 먼저 밟기
  - 발 가위바위보 : 짝의 어깨에 두 손 올리고 이긴 친구는 발등을 밟고 진 친구는 피하기
  - 우주비행선 : 짝과 두 손 잡고 같은 방향으로 두 바퀴 돌기
  - 코끼리 코 : 짝과 코끼리 코로 5바퀴 돌기
- 숫자 접시콘을 3~4세트 준비해 여러 친구와 만나 번갈아 가며 함께 운동할 수 있도록 하자.

2 스포츠 스타와 팬

- **장소** 교실, 강당, 운동장
- **준비물** 없음

진행 방법 🕑

1   2명씩 만나 가위바위보를 한다.

2   이긴 친구는 스포츠 스타가 되고, 진 친구는 스포츠 스타의 팬이 된다.

3   5명에게 이겨 5번 스포츠 스타가 된 친구 5명을 먼저 칭찬해 주는 것으로 약속한다.

4   스포츠 스타는 손가락으로 V자를 그려 멋진 스타의 포즈를 취하고, 팬은 스포츠 스타의 이름을 크게 3회 연호한다. 스포츠 스타가 된 친구 이름이 박찬호라면 "박찬호! 박찬호! 박찬호!" 하고 외친다.

5   포즈 취하기와 스타 이름 3회 연호가 끝나면 그 친구와 서로 하이파이브를 하고 헤어지고 새로운 짝과 만나 다시 가위바위보 대결을 한다.

6   새로운 짝과 동일한 방법으로 놀이를 이어가다가 5회 승리한 친구가 5명 나오면 칭찬해 준 뒤 놀이를 마치고 소감을 나누어 본다.

tip

- 스포츠 스타가 되었을 때는 자신 있는 모습으로 포즈를 취하고, 팬이 되었을 때는 실제 스타를 좋아하는 팬이 된 것처럼 친구의 이름을 크게 외치기로 약속한다.
- 참여 인원이 홀수라서 3명이 된 그룹에서는 3명이 가위바위보를 해서 이긴 스포츠 스타 1명의 이름을 2명의 팬이 연호하는 것으로 정한다.

한 걸음 더! 🏃

- 체육 수업 시간에는 스포츠 스타로, 다른 교과나 놀이 시간에는 학생들이 좋아하는 연예인이나 아이돌 스타가 되는 방법으로 운영하자.

3 스포츠 스타와 팬클럽

- **장소** 교실, 강당, 운동장
- **준비물** 없음

진행 방법 ⏱

1 2명씩 만나 가위바위보를 한다.

2 이긴 친구는 스포츠 스타가 되고, 진 친구는 스포츠 스타의 보디가드 겸 팬클럽 회장이 된다.

3 이긴 친구는 손가락으로 V자를 그려 멋진 스타의 포즈로 걸어 다니고, 진 친구는 이긴 친구보다 앞서 걸어가며 보디가드 역할과 함께 스포츠 스타의 이름을 크게 연호한다. 스포츠 스타가 된 친구 이름이 류현진이라면 그 친구를 보디가드처럼 엄호하면서 "류현진! 류현진! 류현진!" 하고 외친다.

4 여러 명의 스포츠 스타가 게임장을 누비고 다니는 중에 교사가 "스타끼리 대결하세요!"라고 하면 스포츠 스타끼리 만나 가위바위보 대결을 한다. 이기면 상대 스포츠 스타와 팬클럽 회장이 이긴 쪽의 팬으로 흡수되어 1명의 스포츠 스타를 3명의 팬클럽 회원들이 엄호하며 이름을 연호한다.

5 같은 방법으로 놀이를 이어나가다가 마지막에 남은 2명의 스포츠 스타가

대결할 때는 5판 3선승으로 최종 스포츠 스타를 결정한다. 최종 스포츠 스타가 된 친구의 이름을 선생님도 함께 연호하고 박수를 치며 놀이를 마친다.

tip

- 스포츠 스타의 팬들이 이동할 때는 줄을 서서 다니는 것보다 둥그렇게 스타를 둘러싸고 보호하며 다니게 하는 것이 자연스럽다.
- 최종 스포츠 스타 결정전에서는 한 판을 이기고 질 때마다 자기 팀 스타를 연호해 격려와 응원을 불어 넣게 한다.
- 놀이 전에 스포츠 스타가 되면 할 수 있는 포즈를 몇 가지 안내하여 스타가 되었을 때 여러 포즈를 바꾸며 다니도록 하면 더 재미있다.
  - 양손으로 손가락 안경을 만들어 스타의 상징인 선글라스를 쓰고 다니기
  - 팬들에게 받은 사랑을 돌려주는 의미로 손가락 하트나 머리 위로 크게 하트 만들기
  - 팬들에게 받은 사랑을 돌려주는 의미로 손을 입에 댔다가 앞으로 돌리기

한 걸음 더! 🏃

- 이 놀이가 인성교육과 연계되도록 놀이 전에 이렇게 약속해도 좋다.

  "최종 스타가 되면 선생님과 학급 모두가 그 친구 이름을 외쳐주며 함께 기뻐해 줄 거란다. 그렇지만 진정한 스타는 이렇게 많은 팬들의 대접만 받는 사람이 아닌 팬들을 잘 섬기는 사람이겠지? 그래서 이번에 최종 스포츠 스타가 되는 친구는 체육 수업 시간에 교구 정리를 한 달간 함께 하는 것으로 약속하자."

— Class 3
학급 모두가 하나 되는
협력 놀이

모두가 서로 바라볼 수 있는 원 대형으로 선 뒤,
여러 가지 협력 놀이를 진행하여 학급 전원이 하나가 되는
소중한 40분을 만들어 주세요!

1 움직이는 동그라미

- **장소** 강당, 운동장
- **준비물** 없음

진행 방법

1 학급 전원이 손을 잡고 크게 원을 만들면 교사는 원 중앙에 선다.

2 아이들이 원을 동그랗게 유지한 채 전후좌우로 움직이는 교사와 함께 이
   동해 정해진 시간이 끝난 뒤 교사가 원 중앙에 위치하게 하면 성공이다.

3 원 모양이 유지되지 않거나 교사가 원 중앙이 아닌 한쪽에 치우쳐 있으면

실패로 정한다.

4 이 활동이 2~3분 정도 이어지는 동안 교사는 점점 이동하는 속도를 높이고, 아이들은 그 속도에 맞춰 빠르게 이동하면서 교사가 원 중심에 있도록 노력해야 한다.

5 놀이가 끝나고 난 뒤 수고한 아이들을 격려하고 활동 소감을 함께 나누어 본다.

tip

• 교사가 순간적으로 빠르게 이동하면 아이들이 넘어질 수 있기 때문에 처음에는 천천히 이동하다가 조금씩 속도를 높이는 것이 좋다.
• 고학년이라서 이성끼리 손잡는 것을 불편해하면 남학생과 여학생으로 나누어 원을 2개 만든 후 남학생 쪽에는 여자 대표가, 여학생 쪽에는 남자 대표가 들어가 이동하도록 할 수 있다.

한 걸음 더!

- 여러 명에게 기회를 주고 싶다면 번호 순서대로 원 중심에 들어가 10~20초 정도 동그라미를 움직이게 해보자.
- 원 중심의 친구는 안대를 끼고 두 손을 뻗어 원을 만든 친구들을 잡고, 친구들은 원을 유지하며 피하는 술래잡기 놀이로 응용해 보자.
- 움직이는 동그라미를 여러 팀으로 나누어 운영한다면 게임장에 콘이나 빈백, 팀 조끼 등의 교구를 여러 개 흩어 놓고, 원 중심의 친구가 이동하여 더 많은 교구를 획득하는 팀이 이기는 게임으로 이어가 보자.

2 안으로-밖으로-오른쪽-왼쪽

- **장소** 강당, 운동장
- **준비물** 없음

진행 방법

1 학급 전원이 손을 잡고 원을 만든다.
2 교사가 원 중심에 들어가 네 가지 지시어 '안으로', '밖으로', '오른쪽', '왼쪽' 중 하나를 말한다.
3 교사가 말하는 지시어를 아이들 전원이 따라 말한 후 그 방향에 맞춰 모둠발로 점프한다.
  - 안으로 : 전원이 모둠발로 원 안쪽으로 뛴다.
  - 밖으로 : 전원이 모둠발로 원 바깥쪽으로 뛴다.
  - 오른쪽 : 전원이 모둠발로 원의 오른쪽으로 뛴다.

- 왼쪽 : 전원이 모둠발로 원의 왼쪽으로 뛴다.

4 원의 안쪽과 바깥쪽, 오른쪽과 왼쪽으로 뛸 때 지시어에 빠르게 반응하고, 강당일 경우 점프한 후 바닥에 떨어지는 소리가 "쿵!" 하고 일치되는 것을 목표로 정한다.

5 정해진 횟수 동안 실시한 후 칭찬해 주고 활동을 마친다.

- 체육 수업 전 준비운동으로 실시하면 좋다.
- 교사의 지시어를 따라 말하도록 리액션을 강조해야 활기차게 진행되며, 학년 수준에 맞춰 지시어를 말하는 속도를 조절하는 것이 좋다.

한 걸음 더! 🏃

- 청개구리 놀이 방법으로 진행해 보자. "안으로" 하면 "밖으로", "밖으로" 하면 "안으로", "오른쪽" 하면 "왼쪽", "왼쪽" 하면 "오른쪽"으로 말과 점프 방향을 모두 거꾸로 하는 방법이다.

3 애플-바나나-오렌지

- **장소** 교실, 강당, 운동장
- **준비물** 없음

진행 방법

1   학급 전원이 같은 방향을 보고 원을 만들어 앞사람 어깨에 손을 얹는다.

2   교사가 원 중심에 들어가 세 가지 지시어인 '애플', '바나나', '오렌지' 중 하나를 말한다.

3   교사가 말하는 지시어를 아이들이 모두 따라 말한 후 지시어에 맞춰 점프한다.

  - 애플 : 전원이 동시에 모둠발로 앞으로 뛴다.

  - 바나나 : 전원이 동시에 모둠발로 뒤로 뛴다.

  - 오렌지 : 전원이 동시에 모둠발로 뛰어 180도 회전한다.

4   교사가 "애플 시작!"이라고 말하면 아이들은 "애플"이라고 따라 말하며 앞으로 한 칸씩 뛴다.

5   교사가 "애플-바나나 시작!"이라고 하면 아이들은 "애플-바나나"라고 따라 말하며 앞으로 한 칸 이동했다가 뒤로 한 칸 뛴다.

6   교사가 "애플-바나나-오렌지 시작!"이라고 하면 아이들은 "애플-바나나-오렌지"라고 말하며 앞으로 한 칸, 뒤로 한 칸 이동하고 180도 회전하여 뒷사람 어깨에 손을 얹는다.

7   이런 방법으로 지시어를 학년 수준에 따라 1개에서 5개까지 늘려 가며 놀이한 후, 칭찬해 주고 활동을 마친다.

- 학급 전원이 마음을 맞춰 동시에 뛰어야 앞, 뒤 친구의 발을 밟지 않게 된다는 것을 활동 전에 안내한다.
- '오렌지' 지시어에는 다 같이 원의 바깥 방향으로 돌도록 정하는 것이 좋다.

4 협력 어깨 두드림

- **장소** 교실, 강당, 운동장
- **준비물** 없음

진행 방법

1 학급 전원이 같은 방향을 보고 원을 만들어 앞사람 어깨에 손을 얹는다.

2 교사가 원 중심에 들어가 "준비 시작!"이라고 말하면 아이들은 앞사람 어깨를 양손으로 가볍게 5회 두드리며 거기에 맞춰 숫자를 센다.

3 두드리고 난 후 뒤로 돌아서 앞사람 어깨를 다시 5회 세면서 두드린다. 다시 뒤로 돌아서 앞사람 어깨를 4회 두드리고 또다시 뒤로 돌아 앞사람 어깨를 4회 두드린다.

4 이런 방법으로 돌아가며 양쪽 사람의 어깨를 5~1회까지 다 두드린 사람은 그 자리에 빠르게 앉는다.

5 교사는 시작 신호와 함께 기록을 재기 시작해 모두 다 앉을 때까지의 기록을 아이들에게 안내하고 학급 전원은 학급의 기록을 단축해 나간다.

6 기록 단축에 성공하면 학급 전원을 격려해 주고 활동을 마친다.

- 뒤로 돌 때 한 방향으로만 도는 것이 빠른 동작과 여럿이 협력하는 데 도움이 된다.
- 어깨를 두드리고 숫자를 셀 때 자신이 빠르면 조금 천천히, 늦으면 조금 서두르며 친구들과 함께 속도를 맞춰가는 희생과 배려가 필요한 활동임을 안내한다.
- 학급의 기록 단축을 위해 아이들이 최선을 다해 도전하는 모습과 경험 자체도 물론 소중하지만, 놀이 진행에서의 융통성을 발휘해 아이들이 기록 도전에 성공하여 협력의 가치를 느낄 수 있도록 하자.

한 걸음 더! 🏃

- 모둠별로 원을 만들어 실시하면 어느 모둠이 먼저 끝냈는지 바로 알 수 있어 모둠 협력 놀이로도 활용할 수 있다.
- 양쪽 사람의 어깨를 두드리는 횟수를 '8회-4회-2회-1회' 순으로 절반씩 줄어들게 해보자.

— Class 4
기록 단축에
도전하라

기록을 단축하기 위해서
학급 친구들과 한마음으로 최선을 다하는 협력 놀이를 통해
하나 된 학급을 만들어 주세요.

1 시계 게임 ①

- **장소** 강당, 운동장
- **준비물** 원마커, 스톱워치

진행 방법 ⏱

1 학급 전원이 손을 잡고 원을 만든다.

2 12시, 3시, 6시, 9시 친구를 정하고, 그 친구들은 원마커를 밟고 선다.

3 게임 전에 몇 가지 규칙을 정한다.

  - 손을 잡고 달리다가 원마커를 밟지 않고 지나가면 한 개를 밟지 않고 지

날 때마다 1초씩 기록이 증가한다.

- 손을 잡고 원을 돌다가 잡은 손을 한 번 놓칠 때마다 1초씩 기록이 증가한다.

- 손을 잡고 원을 돌다가 누군가 넘어지면 전원이 점핑잭(팔 벌려 높이뛰기)을 5회 실시 후 재도전해야 한다.

4 출발 신호에 맞춰 모두 손을 잡고 반시계 방향으로 한 바퀴를 빠르게 달린다. 교사는 12시 친구가 출발할 때부터 전원이 한 바퀴를 돌아 12시 친구가 처음 밟고 있던 원마커를 다시 밟을 때까지의 기록을 잰다.

5 학급의 기록을 아이들에게 안내하고 이전 기록을 단축하기 위해 다시 도전하게 한다.

6 기록을 단축하면 학급 전원을 칭찬해 준 후, 소감을 나누고 마친다.

- 학생들 스스로 도전해 봐야겠다는 분위기를 유도하는 것이 좋다. "25초! 아깝다! 옆 반은 이 게임에서 23초 나왔는데… 우리 반은 어렵겠지? 그냥 교실로 가자."라고 하면 바로 아이들에게서 도전 반응이 나오게 될 것이다.
- 학급 인원이 10명 이하라면 2바퀴를 돈 기록에 도전하도록 변형할 수 있다.

한 걸음 더!

- 원마커를 4개 두는 대신 12시와 6시에 두 개만 두고 실시하거나 12시 원마커 한 개만 두고 실시해 아이들이 창의적으로 기록을 단축할 수 있는 방법을 생각하고 도전해 보도록 하자.
- 게임의 특성상 일반 릴레이와 달리 학급 모두가 함께할 수 있고, 기록을 단축하지 못했어도 누구 때문인지 알 수 없기 때문에 모두가 부담 없이 참여할 수 있어 좋다.

2 시계 게임 ②

- **장소** 강당, 운동장
- **준비물** 원마커, 공

진행 방법

1   학급 전원이 원을 만든다.

2   12시, 3시, 6시, 9시 방향에 원마커를 1개씩 놓고, 원마커가 놓인 자리의

친구 4명은 공을 1개씩 가지고 준비한다.

3 시작 신호에 맞춰 4명은 가지고 있던 공을 공중으로 가볍게 던지고 반시계 방향으로 한 칸씩 이동한다.

4 공을 던지는 4명의 왼쪽에 있던 친구들은 공이 지면에 떨어지기 전에 그 공을 받아야 한다. 공을 떨어뜨리면 그 공을 던진 친구가 다시 원래 위치로 돌아와 다음 친구가 공을 받을 때까지 던져야 한다.

5 공을 받아내면 그 친구도 공을 공중으로 가볍게 던지고 반시계 방향으로 한 칸씩 이동하기를 반복한다.

6 12시 친구가 한 바퀴를 돌아 공을 받게 되면 활동이 끝난다.

7 연습을 마친 후, 4명의 친구가 공을 던지면서 시작해 전원이 한 바퀴를 돌아 12시 친구가 원래 자리에서 공을 받아낼 때까지의 기록을 잰다.

8 학급의 기록을 안내한 후 이전 기록을 단축하기 위해 다시 도전하게 한다.

9 기록을 단축하면 학급 전원을 칭찬해 준 후, 소감을 나누고 마친다.

- 원마커 위쪽으로 공을 던지고 옆으로 빠지도록 지도하여 왼쪽 친구에게 공이 직접적으로 전달되지 않도록 한다.
- 기록을 단축하는 방법을 서로 나누어 보고 연습한 후 도전하도록 하자. 처음에는 다음 친구가 공을 잡기 편하도록 높이 띄우게 되지만, 이전 기록을 단축하려면 공을 낮게 던지고 빠르게 이동해야 한다는 것을 알게 된다.

한 걸음 더! 🏃

- 아이들이 게임에 참여하는 기회를 늘려 주려면 12개의 공을 준비해 1시부터 12시까지 12명의 친구가 동시에 공을 던지고 이동하는 방법으로 운영할 수 있다.
- 저학년이나 중학년은 바운드가 되는 공을 준비해 반시계 방향으로 한 칸씩 이동하면서 지면에 튕기고, 바운드되어 올라오는 공을 다음 친구가 받는 방법으로 놀이의 난이도를 낮춰 보자.

3 에브리바디-롤

- **장소** 강당, 교실, 운동장
- **준비물** 공

진행 방법 🕐

1 학급 전원이 원을 만들고 몸 앞에서 팔을 엇갈리게 하여 양옆의 친구들과 손을 잡는다.

2 12시, 3시, 6시, 9시 4명을 정해 그 친구들 팔 위에 공을 올린다.

3 출발 신호에 맞춰 4명의 친구들은 반시계 방향으로 몸과 팔을 기울여 팔 위의 공을 옆 친구에게 전달한다.

4 공을 전달하다가 지면에 공을 떨어뜨리면 그 이전 친구가 손으로 공을 들어 떨어뜨린 친구의 팔 위에 다시 올려 준다.

5 12시 친구에게서 출발한 공이 다시 12시 친구에게 도착할 때까지의 기록을 잰다.

6 학생들에게 학급의 기록을 안내한 후, 그 기록을 단축하는 시합을 통해 단축에 성공하면 전원을 칭찬해 주고 협력 놀이의 소감을 나눈 후 마친다.

tip

- 팔에서 떨어진 공을 발로 차올리면 다른 친구 몸에 맞을 수 있기 때문에 떨어지는 공을 발로 차지 않는 것으로 규칙을 정한다.
- 빠르게 전달하는 것에만 초점을 두면 공을 계속 떨어뜨리게 되므로 공을 주고받을 때 주는 쪽은 몸을 기울여 낮춰주고, 받는 쪽은 팔을 수평이 되도록 하는 등 서로의 배려가 필요한 활동임을 안내한다.

한 걸음 더! 🏃

- 학급 인원이 10명 이하라면 공을 1개만 준비해 12시 친구의 팔 위에 올려놓고 시작해 전원이 집중해서 그 공을 보며 한마음이 되도록 해보자.
- 학급 협력 놀이 후에는 12시와 6시 친구들을 기준으로 두 팀으로 나누고, 그 친구들의 팔 위에 공을 올려놓고 서로 반대쪽(6시는 12시까지, 12시는 6시까지)에 먼저 도착하는 팀이 이기는 속도 경쟁 게임으로 변형해 보자.

— Class 5
함께 뛰며
즐거워지는 놀이

학년 초 행운과 노력이 뒤따라야
좋은 결과를 가져올 수 있는 협력 놀이 3가지로
신나게 단합하는 모둠을 만들어 주세요.

1 온몸 참참참

- **장소** 교실, 강당, 운동장
- **준비물** 스캐터볼 밴드

진행 방법 🕐

1 학급 전원은 스캐터볼 밴드를 2개씩 손목에 차고 체조 대형으로 교사와
  마주하여 선다.

2 준비 시작 신호에 교사와 아이들 전원이 제자리에서 2회 점핑하며 "참!",
  "참!"을 외치고, 왼쪽이나 오른쪽 중 한쪽으로 90도 방향을 바꿔 "참!"이라고 외치며 멈춰 선다.

3   교사와 같은 방향으로 멈춰 선 친구는 손목의 밴드를 1개 벗어 옆으로 내려놓고 다시 게임에 참여한다.

4   같은 타이밍에 방향을 바꾸지 않았거나 늦게 방향을 바꾼 친구도 밴드를 1개 벗어놓는 것으로 정한다.

5   같은 방법으로 게임을 이어가 교사와 몸의 방향이 같게 참참참 게임을 한 친구들은 밴드를 1개씩 벗어놓고 밴드가 없으면 그 자리에 앉는다.

6   최종까지 살아남은 친구들이 3~5명 정도 되면 게임을 끝내고 칭찬해 준다.

- 스캐터볼 밴드가 없을 때는 문구점에서 고무 밴드를 구입해 기회를 더 주는 놀이 체육 수업의 기회 팔찌로 활용하면 좋다.
- 참관하는 아이가 점핑을 할 수 있으면 그 친구의 의사를 물어 교사 대신 그 친구와 상대하여 온몸 참참참 게임을 할 수 있도록 기회를 주자.

한 걸음 더! 🏃

- 행운의 숫자 점핑 게임으로 변형할 수 있다. 교사가 1~12까지의 숫자 카드나 트럼프 카드를 준비해 그중 1장을 보지 않고 뽑는다. 4명씩 모둠을 만들어 발로 가위(2), 바위(1), 보(3)를 하여 4명이 발로 낸 가위바위보 숫자를 모두 더한 후 교사가 보지 않고 뽑은 카드와 가장 가까운 팀이 득점하는 게임이다. 교사가 뽑은 카드와 가위바위보로 만든 숫자가 딱 맞을 때는 더블 점

수를 획득하는 것으로 한다.

- 점핑잭 가위바위보(송성근 선생님의 아이디어)로 변형해 실시해 보자. 팔 벌려 높이뛰기로 2번 점핑 후, "가위바위보" 구령에 맞춰 움직인다. 가위는 두 팔을 'V자'로 벌리고, 바위는 두 팔로 머리 위에서 동그라미나 하트를 그리고, 보는 두 팔을 양옆으로 벌리는 동작에서 멈추는 것으로 정한다.

2 하나-둘-셋 콩콩콩

- **장소** 강당, 운동장
- **준비물** 없음

진행 방법 ⏱

1 모둠별로 가로로 서서 도전한다.

2 이 활동에서 모둠장은 '하나, 둘, 셋'을 말하고, 모둠원들은 실시한 횟수를 센다.

3 두 팔을 옆구리에 붙이고 모둠장의 "준비 시작! 하나, 둘, 셋" 소리에 맞춰 제자리에서 모둠발로 3회 점핑한다.

4 모둠원들은 점핑을 하면서 4회째에 횟수를 센다. 모둠장이 "하나, 둘, 셋"을 외치며 뛰면 4회째에 모둠원들은 "하나!"라고 외치고, 다시 모둠장이 "하나, 둘, 셋"을 외치면 4회째에 모둠원들은 "둘!"이라고 외친다. 이런 방법으로 계속 이어간다.

5 모둠원들이 숫자 20을 외칠 때까지 모두 함께 맞춰서 뛰는 것을 목표로 하며 3의 배수(3, 6, 9, 12, 15, 18)에는 박수를 치고, 5의 배수(5, 10, 15, 20)에

는 왼쪽으로 90도 방향 전환을 한다.

6 함께 뛰다 3의 배수에서 박수를 쳐야 할 때 안 치거나 안 쳐야 할 때 칠 경 우, 5의 배수에서 방향 전환을 하지 않거나 하지 않아야 할 때 할 경우에 는 처음부터 다시 도전한다.

7 모둠원 전원이 한 번도 안 틀리고 숫자 20을 외칠 때까지 점핑을 하는 팀 순으로 칭찬해 준다.

- 처음에는 교사의 시범을 통해 안내해 주고, 각 모둠끼리 연습할 시간을 준 뒤에 실시하자.
- 이 놀이는 학년 초에 협력 놀이로 실천하고, 체육 수업할 때에는 체조 대형 에서 준비운동으로 활용하면 좋다.
- 강당에서 할 때는 바닥 라인을 활용해 가로로 서서 실시한다.

한 걸음 더! 🏃

- 5의 배수에 90도 방향 전환을 할 때는 재미있게 "뾰숑!"이라고 외치며 돌게 해보자.
- 모둠의 단합과 집중력 강화를 위해 "준비, 시작!"만 모둠장이 외치고 침묵으 로 20까지 뛰면서 박수와 방향 전환을 하는 방법으로 도전해 보자.
- 3의 배수에 90도 방향 전환, 5의 배수에 박수를 치는 방법으로 바꿔 보자.

3 아바타 콩콩콩

- **장소** 강당, 운동장
- **준비물** 원마커

진행 방법 ⏱

1 원마커를 바닥에 4×6 대형으로 깔아둔다. 가로와 세로의 간격은 학생들이 점프로 가볍게 이동할 수 있는 수준을 고려해 정한다.

2 원마커 첫 줄 왼쪽에 모둠별로 일렬종대로 선다.

3 교사의 시작 신호에 따라 1명이 첫째 줄로 입장한다. 두 박자 동안 왼쪽 두 개의 원마커를 밟고 두 번 가볍게 점핑을 하고, 점프하여 오른쪽으로 원마커 한 개씩 이동하는 방법으로 점핑을 한다.

4 같은 방법으로 첫째 줄 끝에 있는 원마커까지 점핑 후, 원래 위치로 점프를 하며 되돌아온다.

5 첫 번째 친구가 처음 시작 위치로 돌아와 두 번째 줄로 올라갈 때 뒤로 돌면서 180도 방향을 바꿔 점핑한다. 이때 두 번째로 입장하는 친구는 첫째 줄로 입장할 때 첫 번째 친구의 아바타가 되어 뒤로 돌며 같은 방향과 방법으로 입장해 점핑한다.

6 같은 방법으로 2명이 2줄을 오른쪽으로 점핑했다가 돌아와 두 번째와 세 번째 원마커로 점핑하여 옮길 때에는 다시 방향을 180도 바꿔 앞을 보면서 점핑한다.

7 이때 세 번째로 입장하는 친구도 첫 번째 친구의 아바타가 되어 같은 방향과 방법으로 입장하고 점핑을 이어간다.

8 모둠 전원이 함께 점핑을 이어가다 줄의 맨 끝까지 가게 되면 1명씩 박자에 맞춰 점핑하며 퇴장한다. 퇴장 후 다시 처음 시작한 곳으로 와서 놀이

를 이어갈 수도 있고 친구들이 뛰는 모습을 보는 시간을 가져도 된다.

- 모둠장이나 박자감이 있는 리더를 따라 점핑하는 활동이기 때문에 점핑과 회전할 때 아바타가 된 친구들의 박자와 방향까지 일치하는 것을 목표로 한다.
- 원마커가 부족하다면 모둠별로 하는 대신 남, 여학생 두 그룹으로 나누어 진행해도 좋다.

한 걸음 더! 🏃

- 경쾌한 4분의 4박자 음악을 준비해 음악에 맞춰 뛰게 하면 더욱 신나게 활동할 수 있다.
- 원마커를 활용한 표현 활동인 '원마커 펌프' 활동을 할 때 준비운동이나 활동으로 연계하는 방법도 고려해 보자.

— Class 6
함께 움직이며 호흡을 맞추는 놀이

친구들이 서로의 신체를 잡거나 공을 전하며
함께 이동하는 4가지 협력 놀이를 통해
신나는 모둠 세우기 시간을 만들어 주세요.

1 인간 봅슬레이

- **장소** 강당
- **준비물** 콘

진행 방법 ⏱

1   출발선에 모둠별로 일렬종대로 서고, 10m 앞쪽에 콘으로 결승선을 표시
    한다.
2   모두 엉덩이를 바닥에 대고 다리를 구부려 앉은 후 뒷사람의 발목을 잡
    는다. 이때, 서로의 간격을 좁혀 앞으로 당겨 앉게 한다.

3 출발 신호에 맞춰 손으로 잡은 뒷사람의 발목과 자기 엉덩이를 끌었다 당기며 앞으로 나간다. 모둠의 맨 끝 친구는 손으로 바닥을 밀어준다.

4 놀이 중간에 뒷사람의 발목을 놓치는 팀은 결승선을 통과한 순위에 상관없이 꼴찌가 되는 것으로 규칙을 정한다.

5 결승선까지 가장 먼저 도착한 순서로 순위를 정한 후 칭찬해 준다.

- 놀이 전 나무 바닥의 가시에 찔릴 위험은 없는지 바닥 상태를 확인하고 실시하자.
- 모둠별 인원이 차이가 날 때는 인원이 많은 모둠이 불리하지 않도록 출발 지점을 앞당겨 준다.
- "영차, 영차" 함께 구호를 외치는 것이 팀원들과 호흡을 맞추는 데 도움이 됨을 아이들에게 안내한다.

한 걸음 더! 🏃

- 결승선에 모둠별로 공이나 펀스틱을 1개씩 놓고, 도착하면 두 발로 공이나 펀스틱을 먼저 드는 팀이 이기는 게임으로 해도 재미있다.
- 결승선을 게임장 중앙으로 정해 펀스틱이나 뿅망치 등 교구를 준비해 두고 양쪽에서 출발해 먼저 도착한 팀의 선두가 교구를 들면 이기는 게임으로 운영해도 좋다.

2 봅슬레이 공 전달

- **장소** 강당
- **준비물** 콘, 공

진행 방법 🕐

1 출발선에 모둠별로 일렬종대로 서고, 결승선은 10m 앞쪽에 콘으로 표시한다.

2 모두 엉덩이를 바닥에 대고 다리를 구부려 앉은 후 맨 앞사람은 공을 1개 가지고 준비한다.

3 시작 신호에 맞춰 맨 앞 친구가 들고 있던 공을 양손으로 뒤로 보내는 방법으로 맨 끝 친구까지 전달한다.

4 맨 끝 친구는 그 공을 받으면 일어나서 앞으로 빠르게 달려가 다시 맨 앞에 앉아 공을 뒤로 보낸다.

5 이런 방법으로 놀이를 이어가 가장 먼저 결승선에 공을 든 친구가 도착한 모둠 순으로 순위를 정한다.

tip

- 모둠이나 팀별로 인원이 맞지 않을 때는 인원이 많은 팀이 불리할 수 있기 때문에 인원이 많은 팀은 조금 앞에서 출발할 수 있도록 해준다.

한 걸음 더! 🏃

- 공 대신 풍선으로 게임을 하여 결승점에 도착하는 대로 풍선을 터트리는 게

임으로 변형해 보자.

- 짐볼이나 킥런볼 등 전달하기 어려운 공을 활용해 게임하면 더 재미있다.

3 인간 조정 경기

- **장소** 강당
- **준비물** 콘

진행 방법 🕐

1 출발선에 모둠별로 일렬종대로 선 후 뒤로 돈다.
2 모두 엉덩이를 바닥에 대고 다리를 반 정도 구부려 앉은 후 뒷사람의 발목을 잡는다. 이때 서로의 간격을 좁혀 앞으로 당겨 앉게 한다.
3 출발 신호에 맞춰 손으로 잡은 뒷사람의 발목과 자기 엉덩이를 끌었다 당기며 계속 뒤로 나간다.

4 뒤로 나아가다가 잡고 있는 친구의 발목을 놓치는 팀은 결승선에 통과한 순위에 상관없이 꼴찌가 되는 것으로 규칙을 정한다.

5 콘으로 세워둔 결승선을 가장 먼저 손으로 터치한 팀 순으로 순위를 정한 후 칭찬해 준다.

tip

- '인간 봅슬레이' 게임이 끝난 후 그 자세에서 뒤쪽으로 출발하도록 게임을 운영하면 시간을 효율적으로 활용할 수 있다.
- 결승선에 가까워질 때 맨 앞사람이 뒤로 누우며 손을 뻗으면 갑자기 순위가 바뀌게 될 수 있음을 안내한다.

한 걸음 더! 🏃

- 모둠 친구들끼리 조금씩 간격을 두고 다리를 뻗어 앉아 맨 끝 친구 발목 사이에 펀스틱 1개를 끼워 뒤로 누워 허리를 젖혀서 다음 친구 발목 사이로 펀스틱을 전달하고, 전달한 친구는 맨 뒤로 달려가 이어받는 방법으로 운영하는 협력 놀이도 함께 운영하면 좋다.

4 협력 깨금발 콩콩콩

- **장소** 강당, 운동장
- **준비물** 콘

진행 방법 🕐

1   출발선과 결승선의 거리를 10m 이내로 정하여 콘으로 표시한다.

2   모둠별로 출발선에 일렬종대로 선다.

3   준비 신호에 맞춰 앞사람 어깨를 왼손으로 짚고, 오른발을 뒤쪽으로 들어 주면 뒷사람이 그 발목을 오른손으로 잡는다. 이때, 모둠의 맨 끝 친구는 오른발을 잡아 줄 친구가 없기 때문에 혼자 다리를 뒤로 든다.

4   출발 신호에 따라 함께 호흡을 맞춰 뛰며 결승선을 향해 나간다. 중간에 연결된 손이나 발이 떨어지면 팀 전원은 그 자리에서 멈춰 다시 동작을 만든 후 재출발한다.

5   순위와 관계없이 연결된 손과 발을 놓치지 않고, 결승선을 통과한 모든 모둠을 칭찬해 준다.

tip

- 이 놀이는 팀 간의 경쟁보다는 정해진 결승 지점까지 포기하지 않고 끝까지 안전하게 들어온 팀 전원을 칭찬하는 방향으로 진행하는 것이 좋다.

한 걸음 더! 🏃

- 학급 전원이나 남, 여학생 양 팀으로 나눈 후, 원을 만들어 협력 놀이로 도전

해 보자. 원을 만들면 학급 전원이 앞 친구의 왼쪽 어깨를 짚고, 오른쪽 발목을 잡을 수 있다. 원마커를 바닥에 1개 놓고, 체육부장이 밟고 출발해 전원이 한 바퀴를 돌아 체육부장이 다시 원마커를 밟을 때까지의 기록을 재고 이전 기록을 단축하는 방법으로 운영하거나 남, 여학생 양 팀으로 나누어 한 바퀴를 먼저 돌아오는 기록으로 협력 놀이를 운영할 수 있다.

— Class 7
모두의 기록이
모둠의 기록으로

모둠 친구들과 손을 잡고
원을 만들어 진행하는 협력 놀이를 통해
더욱 단합된 모둠을 만들 수 있어요.

1 통통 협력 바운스

- **장소** 교실, 강당
- **준비물** 빅발리볼 또는 풍선

진행 방법

1   모둠별로 원을 만들어 손을 잡고 선다.

2   교사가 원을 향해 공을 띄워 주면 모둠 친구들과 맞잡은 손과 팔로만 공
    을 띄우며 함께 횟수를 세어 본다.

3   이번에는 모둠 친구들과 머리로 헤딩만 해서 공을 띄우며 함께 횟수를 세

어 본다.

4   연습을 마친 후에는 손과 팔, 머리를 함께 사용해 공을 띄운 횟수를 함께
    세어 본다.

5   공을 띄우는 높이는 머리 높이 이상으로 정하고, 위험하기 때문에 발로
    차는 것은 금지한다.

6   공을 가장 많이 띄운 모둠 순으로 순위를 정한 후 칭찬해 준다.

- 모둠별로 연습할 시간을 충분히 준 다음 실시하고, 어려워하면 모둠별로 2
  회씩 기회를 줘서 2회 바운스한 횟수를 합해 모둠 기록으로 삼는다.
- 풍선으로 할 때는 바람의 영향을 받지 않는 실내에서만 실시한다.

한 걸음 더! 🏃

- 모둠 전체가 띄운 횟수를 모두 더해 친구들에게 안내하고, 학급의 공동 목
  표 횟수를 정해놓고 그 목표 횟수를 돌파하는 협력 놀이로 운영해 보자.
- 성공 경험을 높여주기 위해 공이 지면에 떨어지기 전에 치는 방법과 함께
  원바운드된 공도 띄운 횟수에 합치게 해보자.

2 손에 손잡고 드리블

- **장소** 강당, 운동장
- **준비물** 빅발리볼이나 풍선공, 고깔콘

진행 방법 🕐

1 출발선에서 반환점까지의 거리를 10m 이상으로 정한다.

2 모둠별로 손을 잡고 원을 만들어 그 안에 공을 1개 넣고 준비한다.

3 출발 신호에 맞춰 손을 잡고 걷거나 뛰며 공이 원 밖으로 빠져나가지 않도록 서로 공을 몰면서 반환점을 돌아온다.

4 반환점을 돌고 오는 중에 공이 원 밖으로 빠져나가면 그 자리에서 멈춰 서고 한 명이 공을 가지고 와서 원 안에 넣은 후 다시 출발하는 것으로 규칙을 정한다.

5 반환점을 돌아 출발선으로 되돌아온 모둠 순서대로 순위를 정한 후 칭찬해 준다.

tip

- 모둠 간의 간격을 넓혀서 안전하게 게임에 참여하도록 한다.
- 공을 여러 개 넣어 몰고 오도록 하거나 실내라면 풍선을 여러 개 넣어 몰고 오도록 해보자.

한 걸음 더! 🏃

- 반환점 중간에 콘을 여러 개 세우고, 공을 몰아 콘을 지그재그로 통과하여

돌아오는 게임 방법으로 운영하자.

3 인공지능 청소기

- **장소** 강당, 운동장
- **준비물** 바구니 또는 점보스택, 빈백

진행 방법 ⏱

1 한 팀 인원을 5~6명 정도씩 정한다.

2 게임장 안 곳곳에 빈백을 50~60개 정도 준비해 바닥에 흩어 놓는다.

3 출발선에 팀별로 원을 만들어 손을 잡고, 팀장은 원 안에 점보스택 1개를 들고 준비한다.

4 출발 신호에 맞춰 각 팀은 팀장이 이동하는 방향으로 함께 이동한다. 빈백이 있는 곳을 지나칠 때 팀장은 빈백을 주워 점보스택에 담는데, 원을 만들고 있는 팀원들은 빈백을 들거나 담을 수 없다.

5   빈백이 있는 곳으로 팀장과 팀원이 함께 이동하고 팀장은 점보스택에 빈백을 계속 담아 나간다.

6   정해진 시간 동안 가장 많은 빈백을 획득한 팀 순으로 순위를 정하여 칭찬해 준다.

tip

- 원이 방향을 바꿔 이동할 때 뒤로 걷거나 달리게 되는 친구가 생기기 때문에 넘어지는 안전사고가 발생하지 않도록 게임 전에 지도해야 한다.
- 원 안에서 빈백을 담는 역할을 팀장만이 아닌 여러 친구들이 돌아가며 하는 방법도 고려해 보자.
- 모둠 대항으로 시합하는 대신 모든 팀이 함께 빈백 전체를 청소할 목표 시간을 정해두고 그 기록에 도전하도록 운영해도 좋다.

한 걸음 더! 🏃

- 정리할 교구를 빈백과 함께 체육 시간에 활용하는 여러 콘이나 팀 조끼, 공 등으로 다양하게 하고, 교구마다 점수를 달리하여 운영할 수 있다.

— Class 8
기억하고 말하며
마음이 하나 되는 놀이

숫자 카드를 활용하여 함께 숫자를 기억하며
팀원들과 소통하고 왕복 달리기까지 하게 되는 협력 놀이를 통해
팀원 간의 단합과 협력의 가치를 느끼는 시간을 만들어 주세요.

1 숫자 카드 번호순 찾기

- **장소** 강당
- **준비물** 1~10까지의 숫자 카드

진행 방법 ⏱

1   팀별로 출발선에서 10m 정도 떨어진 지점 바닥에 10장의 숫자 카드를
　　숫자가 보이지 않게 뒤집어서 서로 겹치지 않도록 펼쳐 놓는다.

2   출발 신호에 맞춰 각 팀의 1번 친구가 달려가 숫자 카드 1장을 집어 든다.
　　카드를 집은 친구는 숫자를 볼 수 없고 자기 팀 친구들에게 보여줄 수만

있다.

3 이 놀이는 숫자 카드를 1~10번까지 번호 순서대로 먼저 완성하는 놀이다. 처음에 든 카드가 1번이 맞으면 자기 팀으로 가져올 수 있지만, 다른 번호면 바닥에 놓여 있던 그대로 다시 내려놓고 달려온다. 이때, 팀원들은 팀 친구가 든 카드가 번호 순서에 맞으면 두 팔을 머리 위로 올려 동그라미 표시를 하고, 틀리면 가슴 앞에서 양팔로 엑스 표시를 하는 등 의사소통을 나눌 수 있다.

4 팀원들은 팀의 전 주자가 들었던 카드의 숫자와 위치를 기억하고 있다가 다른 친구가 달려가 카드를 들기 전에 서로 가르쳐 줄 수 있다.

5 이런 방법으로 1번부터 9번까지 숫자 카드를 찾는다. 마지막 10번 카드를 찾으면 팀 전원이 뛰어나가 옆 친구와 손을 잡고 "와!" 하고 세리머니를 하며 같이 달려 돌아오도록 규칙을 정한다.

6 1~10번 숫자 카드를 먼저 찾아 세리머니를 하며 달려온 팀 순으로 순위를 가리고 칭찬해 준다.

tip

- 팀별로 숫자 카드 놓는 위치를 넓혀 숫자 카드가 서로 섞이지 않도록 해야 한다.
- 숫자 카드를 찾으러 갔을 때 바로 들지 말고, 팀 친구들과 같이 기억을 더듬으며 서로 묻고 답하는 등 협력과 소통을 하는 팀이 유리함을 안내하자.
- 규칙 안에 교사의 의도가 담긴 '의도적인 세리머니'를 넣으면 분위기도 살아나고, 아이들도 서로 눈치를 보지 않고 세리머니를 하게 되어 수업이 더욱 활발해진다.
- 교실과 같이 좁은 공간에서 할 때는 숫자 접시콘을 뒤집어서 활용하면 좋다.

한 걸음 더!

- 숫자 카드를 찾아오는 거리가 짧다면 찾아오는 대신 찾은 숫자 카드를 그 자리에 뒤집어 놓는 방법으로 바꿀 수 있다.
- 숫자를 1부터 10까지의 순서가 아닌 10에서 1까지 역순으로 찾아오는 방법으로 바꿔 보자.

2 오늘의 매직넘버는?

- **장소** 강당
- **준비물** 1~10까지의 숫자 카드

진행 방법 ⏱

1 출발선에서 10m 정도 떨어진 지점 바닥에 10장의 숫자 카드를 보이지 않게 뒤집어 서로 겹치지 않도록 펼쳐 놓는다.

2 교사는 오늘의 매직넘버를 안내한다. 예를 들어 "오늘의 매직넘버는 20 이야!" 하고 말하면 각 팀에서 3장의 숫자 카드에 적힌 숫자를 더해 '20' 을 맞추는 놀이다.

3 출발 신호에 맞춰 각 팀의 1번 친구가 달려가 숫자 카드를 1장 고른다. 카 드는 1장만 들 수 있고, 자기 팀 친구들에게 보여주어 카드를 가져올지 말 지 정한다. 가져오지 않게 되면 원래 자리에 그대로 놓고 온다.

4 2번 친구도 달려가 같은 방법으로 1장의 카드를 들어 보여주고 가져올지 말지 정한 후 달려온다.

5 3번 친구부터는 카드를 보여주지 않고 그대로 들고 와서 팀 전원이 "하나, 둘, 셋"을 외치는 것과 동시에 숫자 카드를 뒤집어 본다.

6 3장의 숫자 카드의 합이 20이 넘거나 모자라면 다음 주자가 3장의 카드 중 1장을 들고 가서 내려놓고 새로운 카드 1장을 가져오는 방법으로 놀이 를 이어간다.

7 숫자의 합이 20이 된 팀은 종료 구호를 외치고, 매직넘버를 먼저 맞춘 팀 순으로 칭찬해 준다.

tip

- 교사 혼자서 여러 팀의 숫자 카드를 깔면 아이들의 대기시간이 길어지고 시간이 비효율적으로 낭비된다. 팀장들이 나와서 카드를 10장씩 들고 서로 상대 팀 카드를 섞어 놓는 방법으로 운영하는 것이 좋다.
- 3번째 카드를 들어 보여주었을 때 숫자의 합이 맞지 않으면 실망하고 카드를 든 친구에게 관심을 주지 않기 때문에 3번째 카드를 출발선까지 가져와 친구들과 함께 오픈하는 방법을 추천한다.

한 걸음 더!

- '홀수가 좋아' 놀이로 진행해 보자. 숫자 카드를 1장만 들어 자기 모둠 친구들에게 보여주는 방법으로 숫자 카드가 1, 3, 5, 7, 9인 홀수면 가져올 수 있지만 짝수면 가져올 수 없다. 이때, 찾은 홀수는 번호 순서와 관계없이 가져올 수 있다.

3 뒤죽박죽 카드 쟁탈전

- **장소** 강당
- **준비물** 1~10까지의 숫자 카드

진행 방법

1   출발선에서 10m 정도 떨어진 게임장 중앙 지점 바닥에 참가 팀의 숫자 카드 전부를 모아 보이지 않게 뒤집어 서로 겹치지 않도록 펼쳐 놓는다. 6팀

이라면 1~10까지의 숫자 카드 6벌, 총 60장을 뒤집어 깔아둔다.

2 출발 신호에 맞춰 팀별로 1명씩 달려 나간다.

3 1명이 1장의 카드만 들 수 있고, 자신은 보지 못하며 들어서 팀 친구들에게 보여줄 수만 있다. 이 놀이에서는 10에서 1까지 역순으로 숫자 카드를 찾아야 한다.

4 숫자 카드 10을 먼저 찾은 팀의 친구들은 자기 팀과 다른 팀 친구들이 든 숫자 카드를 보고 있다가 순서에 맞춰 팀에 필요한 카드를 찾아 든다.

5 10에서 1까지 숫자 카드를 먼저 찾는 팀 순서대로 순위를 정하고 칭찬해 준다.

- 숫자 카드는 문구점에서 두꺼운 도화지를 구입한 후 유성펜으로 숫자를 써서 팀 수만큼 만들어 활용하길 추천한다.
- 달리다가 나무 바닥에 깔린 카드를 밟고 갑자기 멈추려 하면 미끄러져 다칠 수 있기 때문에 카드를 밟지 않도록 지도한다.
- 숫자 카드를 게임장 중앙에 놓고 하는 게임의 특성상 외곽에서 출발하는 팀이 불리하므로 출발선의 팀 간 간격을 좁혀 주는 것이 좋다.

한 걸음 더! 🏃

- 몇 가지 미션 카드를 만들어 활용하자.
  - '얼음' 카드 : 팀에서 얼음 카드를 들고 "얼음!"이라고 외치면 다른 팀을 얼릴 수 있다. 다른 팀을 얼음으로 만들어 움직이지 못하게 한 뒤, 자기 팀이

찾는 카드를 1장씩 뒤집어가며 찾는다. 원하는 카드를 찾고 나면 "해동"이라고 말해 다시 놀이를 이어간다.

- '찬스' 카드 : 팀에서 찬스 카드를 들면 "찬스!"라고 외친다. 다른 팀은 놀이에 그대로 참여하지만 찬스를 사용한 팀은 카드를 한 장씩 뒤집어가며 원하는 카드를 찾을 수 있다.

- '모든 카드 체인지' 카드 : 숫자 카드를 바꾸고 싶은 팀에게 '모든 카드 체인지' 카드를 보여주며 팀원 전원이 가서 "미안해! 모든 카드 체인지!"라고 말하면, 가지고 있는 두 팀의 숫자 카드를 모두 바꿔야 한다.

- '리셋' 카드 : 리셋 카드를 든 팀은 모든 카드를 원래대로 가져다 놓고 처음부터 다시 시작해야 한다.

Bonus Tip 1

아이들이 체육 활동에 더 많이 참여하도록 하는 방법은 없나요?

• • •

재미있는 놀이를 실천할 때나 체육 수업을 진행할 때 아이들이 대기하는 시간이 많아지면 활동에 흥미를 잃기 쉽고 수업에 대한 집중력도 현저히 떨어진다. 교사는 아이들의 대기시간을 최대한 줄여 실제 체육 활동에 직접적으로 참여하고 경험하도록 수업 전에 면밀한 계획을 세워야 한다.

1. 대기시간에 신체 활동 과제 운영하기

달리기나 릴레이 시합이라면 주자가 달릴 때 대기자들이 그대로 보고만 있는 것이 아니라 무릎을 들어 뛰는 활동을 정해진 횟수만큼 하도록 운영한다. 피구 게임에서 공에 맞으면 아웃되던 것에서 공에 맞으면 자기편 게임장 뒤편에 20m 떨어진 콘을 두 바퀴 돌아온 후 다시 참여하도록 하거나 술래 게임에서 태그되면 아웃되던 규칙을 없애고 '체력 충전소' 구역을 만들어 그 안에서 정해진 신체 활동 과제를 수행하면 다시 게임에 참여하도록 해보자.

2. 하나로 수업의 '터 활동' 활용하기

하나로 체육 수업에서는 몸으로 실제 해보는 '하기터', 수업에 관련된 읽기 자료를 읽는 '읽기터', 활동지나 감상문 등을 써보는 '쓰기터' 등 여러 가지 터 활동을 운영한다. 예를 들어 격렬한 심폐 지구력 운동을 할 때 전원이 함께 뛰고 함께 쉬는 것보다는 두 그룹으로 나누어 한 그룹이 심폐 지구력 운동을 직접 해볼 때 다른 그룹은 심폐 지구력과 관련된 자료를 읽거나 쓰게 하면 그 시간을 더 의미 있게 보낼 수 있다.

또한 평균대나 뜀틀 등은 안전사고의 위험이 높아 한두 대만 놓고 활동하기 때문에 대기시간이 많은 종목인데, 이때 두 그룹으로 나누어 한 그룹은 실제 평균대와 뜀틀 운동을 하고 나머지 그룹은 경험한 느낌을 시로 적어 보도록 운영해도 좋다.

3. 체육 교구 숫자를 늘리거나 모둠이나 팀 인원 줄이기

아이들의 실제 활동 시간을 늘려주는 가장 좋은 방법은 체육 교구를 1인당 1개씩 돌아가도록 하거나 팀이나 모둠 인원을 줄여주는 것이다. 교구 구입 비용이 많이 들어 현실적으로 어려운 상황이라면 팀원끼리 역할을 정해 서로 자리를 바꿔가며 로테이션으로 활동하여 유산소 운동이 되도록 운영하길 추천한다.

4. 교구 준비와 정리를 아이들과 함께하기

체육 활동 전에 여러 가지 공, 빈백, 후프, 콘, 볼링핀 등을 교사 혼자 활동 공간에 배치하려면 시간이 꽤 걸린다. 그 시간에 아이들은 대기하면서 본 활동보다 다른 것에 더 관심을 갖게 될 수 있다. 이럴 때 각 모둠장을 모두 나오도록 하여 교사를 도와 준비 교구를 함께 배치하거나 정리하도록 하면 낭비되는 시간은 줄고 아이들의 활동 시간은 그만큼 늘어난다.

5. 거꾸로 체육 수업의 디딤 영상 활용하기

체육 수업에서 아이들이 배울 체육 활동이나 과제를 교사가 디딤 영상으로 제작하거나 다른 교사가 제작한 영상을 찾아 아이들에게 보여주고, 수업 전에 게임이나 수업 규칙을 디딤 노트에 작성하게 하면 설명할 시간을 줄일 수 있어 좋다.

기백샘 체육 교실

“
미세먼지 때문에 밖으로 나갈 수 없다고 답답해하지 마세요. 실내에서 즐기는 술래잡기는 물론 다양한 교실 공놀이까지, 교실에서 즐길 수 있는 다양한 놀이 체육들을 하다 보면 어느새 교실이 운동장보다 더 신나고 활기찬 공간이 될 거예요.
”

Part 2
미세먼지 걱정 없는
교실 놀이 체육

— Class 9
시끌벅적
실내 술래잡기

교실이나 소강당에서 이리저리 자리를 바꾸는 활동,
긴장감이 흐르는 술래놀이를 통해 시끌벅적 놀면서
서로 친밀해지고 다 같이 협력할 수 있는 소중한 시간을 만들어 주세요.

1 선생님을 이겨라!

- **장소** 교실, 강당
- **준비물** 숫자 원마커, 미니 양면 원마커

진행 방법 ⏱

1 참가자 인원보다 1개 부족한 숫자 원마커를 준비해 원을 표시한 후 원마커 위에 1명씩 선다. 미니 원마커로 원 중심에 지름 2~3m 정도의 원을 표시한다.

2 원 중앙에 선 교사의 시작 신호에 따라 "선생님을 이겨라, 가위바위보"라

고 외치며 교사와 전체 가위바위보 대결을 한다.

3 교사와의 대결에서 지거나 비긴 친구들은 모두 자리를 바꿔야 하는데 이
   때, 원 중심의 작은 원을 밟고 자리를 바꿔야 한다.

4 교사도 가위바위보 후 지거나 비긴 아이들이 이동하는 틈에 자리를 바꿔
   다른 원마커를 밟고 선다. 원마커를 차지하지 못한 친구가 새로운 술래가
   된다.

5 술래가 된 아이가 "준비 시작!"이라고 외치면 아이들 모두 "친구를 이겨
   라, 가위바위보"로 바꿔 말한 후 가위바위보 대결을 한다. 원마커를 차지
   하지 못한 친구가 술래가 되는 방법으로 놀이를 이어간다.

6 정해진 놀이 시간이 지난 후 술래 역할을 하지 않은 친구들을 찾아 칭찬
   해 준다.

tip

- 원 중심에 작은 원이나 사각형을 표시하여 그곳을 밟고 가도록 규칙을 정해
  야 아이들의 활동량이 증가한다.

- 자리를 바꾸는 게임 중 '네 이웃을 사랑하십니까?' 같이 서로 묻고 답하는
  약간 부담스러운 형태의 게임을 하기 전에 마음을 여는 활동으로 활용해도
  좋다.

- 술래가 되어 원 중앙에서 진행해 보고 싶어 빈 원마커가 있어도 들어가지
  않는 아이들이 나올 것에 대비해 술래가 되면 '점핑잭 10회'나 '스쿼트 5회'
  등 신체 활동 과제를 수행 후 술래 역할을 하는 것으로 규칙을 정해도 된다.

한 걸음 더! 🏃

- "선생님과 비겨라, 가위바위보"를 함께 말하고 교사와 같은 가위바위보를 낸 친구들만 자리를 바꾸거나 교사를 이기는 친구들만 자리를 바꾸는 방법으로 변형할 수 있다.

2 한 걸음 개미구멍 막기

- **장소** 교실, 강당
- **준비물** 원마커

진행 방법 ⏱

1 원을 만든 후 아이들 인원수보다 1개 많은 원마커를 원형으로 놓고 그 위에 1명씩 선다.

2 원 중심에 선 교사는 '개미'가 되어 한쪽 발끝에 반대 발뒤꿈치를 대고 빠르게 발을 바꿔 가며 걸어 '개미구멍'인 빈 원마커를 밟아 탈출하도록 한다.

3 아이들은 자유롭게 걸어 개미가 밟으려는 원마커를 먼저 밟아 개미가 탈출하지 못하도록 개미구멍을 막는다.

4 1분 이내에 개미가 탈출하면 개미가 이겨 아이들 전원이 스쿼트 10회 후 재도전한다.

5 1분 이상 개미가 탈출하지 못하도록 서로 구멍을 막아내면 아이들 전원을 칭찬해 주고 놀이를 마친다.

- 공동의 목표를 향해 아이들이 도전하는 놀이나 게임에서는 아이들이 노력하는 모습을 보일 때 교사가 아슬아슬하게 아이들이 이기도록 승패를 조정해 주는 것이 필요하다.
- 개미의 몸을 손으로 막거나 여러 개의 원마커를 양발로 막아서는 양다리 걸치기 등은 놀이 전에 반칙으로 정해 정정당당하게 도전하도록 안내한다.
- 게임 전에 "개미가 1분 이내에 탈출하면 개미의 승리로 여러분이 졌으니까 스쿼트 10회씩, 개미가 1분 안에 탈출하지 못하도록 서로 협력해 막아내면 모두가 승리한 거니까 모둠별로 5포인트 받겠습니다!"라고 규칙을 정해 공동의 목표를 주고 시작하자.
- 개미가 구멍으로 탈출하려고 할 때 구멍과 가까운 친구들이 와서 막으면 개미가 방향을 바꿔 새로운 구멍이 된 원마커를 향해 탈출하기 쉬우므로 그 구멍과 먼 친구가 이동해 막아내는 것이 좋다.

한 걸음 더! 🏃

- 교실 곳곳에 학생 수보다 1개 많은 의자를 놓고, 전원이 의자에 앉은 후, 개미(교사)가 빈 의자에 앉으려고 걸을 때 아이들이 일어나 개미구멍인 빈 의자를 막아내는 협력 놀이로도 활용해 보자.

3 한 걸음 술래

- **장소** 교실, 강당
- **준비물** 펀스틱, 원마커

진행 방법 ⏱

1 원형으로 원마커를 놓아 게임장 영역을 표시한다.

2 전체 가위바위보를 하여 술래 1명을 정한다. 술래는 펀스틱을 들고 게임
  장 중앙에 선다.

3 학급 전원은 술래와 떨어져 서 있다가 술래가 "한 걸음"이라고 말하면 모
  두 "한 걸음"이라고 따라 말하며 술래와 함께 한 걸음을 이동한다.

4 한 걸음을 이동해 술래가 펀스틱으로 아무도 태그할 수 없으면 같은 방법
  으로 "한 걸음"이라고 말한 후 다시 태그하려고 노력한다. 한 걸음을 이동
  하지 않은 친구가 있다면 그 친구가 술래가 된다.

5 술래가 1명을 태그하면 그 친구에게 펀스틱을 넘겨주고 술래의 역할도
  바뀐다. 바뀐 술래는 자신을 태그한 친구를 바로 태그할 수 없고, 정해진
  신체 활동 과제를 수행한 후 게임을 이어간다.

6 이런 방법으로 정해진 시간 동안 게임을 실시 후 술래가 되지 않은 친구
  들을 찾아 칭찬해 준다.

tip

- 첫 술래는 교사가 시범을 보이면서 함께해 주는 것이 좋다.
- 원마커나 콘으로 게임장을 원이나 사각형으로 표시한 후 진행하는데, 장소
  가 교실이라면 교실 전체를 활용해 놀이해도 좋다. 이때, 교실 모서리로 숨

거나 책상 아래로 들어가지 않도록 규칙을 정하자.

- 술래 게임에서 흥미나 재미를 더해주려면 손으로 태그를 하는 것보다 펀스 틱을 활용하는 것이 좋다. 술래는 펀스틱으로 태그할 때 태그된 친구가 느 낄 수 있을 정도로만 가볍게 태그하도록 지도한다.

한 걸음 더! 🏃

- 펀스틱을 1개 더 준비해 술래 게임에 흥미가 떨어질 때쯤 1명의 술래를 더 해주면 좋다.
- 두 걸음 술래로 변형하거나 이어가도 재미있다. 술래가 "두 걸음"이라고 말 하면 전원이 "두 걸음"이라고 따라 하며 술래와 전원이 두 걸음을 이동할 수 있는데 모두 굴절된 움직임이 가능해 술래가 언제 앞으로 올지 몰라 긴장을 늦출 수 없어 더 재미있다.

4 부산행

- **장소** 교실, 강당
- **준비물** 펀스틱, 원마커

진행 방법 🕒

1   원형으로 원마커를 놓아 게임장을 표시한다.

2   전체 가위바위보로 술래 1명을 정한다.

3   게임 시작 신호에 맞춰 술래는 펀스틱을 들고 좀비가 되어 걸어 다니며

다른 친구들을 쫓는다.

4   도망가는 친구들은 걸어서만 도망갈 수 있다. 술래의 펀스틱에 태그된 친구는 좀비가 되어 쪼그려 앉아 두 팔을 들어 다른 친구들을 쫓아가 태그한다.

5   게임장 영역을 벗어난 친구도 좀비가 되어 쪼그려 앉아 두 팔을 들고 다른 친구들을 쫓는다.

6   학급에서 3~5명 정도 살아남았을 때 놀이를 멈추고 살아남은 친구들을 칭찬해 준다.

tip

- 첫 술래는 교사가 하는 것이 좋고, 학급에서 활동량이 많은 친구를 제일 먼저 태그하는 것이 놀이 운영상 바람직하다.
- 이 놀이가 시작되면 손을 들고 좀비처럼 쫓아오는 친구들이 무섭게 느껴져 소리를 지르는 광경이 연출된다. 이런 무서운 놀이들을 모아 맑은 날보다는 흐린 날이나 비 오는 날 함께 해주자.

한 걸음 더! 🏃

• 이 놀이를 넓은 강당이나 운동장에서 진행한다면 '반창고 술래' 놀이로 변형하는 것이 좋다. 술래의 펀스틱에 맞으면 맞은 신체 부위를 한 손(반창고)으로 붙이고, 나머지 손을 들고 다니며 다른 친구를 쫓는 놀이로 짧은 시간에 도망가는 역할과 술래의 역할을 모두 경험하게 되어 재미와 운동, 두 마리 토끼를 잡을 수 있다.

— Class 10
동글동글 계란판
탁구공 놀이

계란판과 탁구공의 신선한 만남!
탁구공과 계란판을 활용한 여러 가지 놀이를 통해 아이들의 협응성을 높이고,
모두가 신나고 즐거운 교실 체육 시간을 만들어 보세요.

1 한 줄로 나란히

- **장소** 교실, 강당
- **준비물** 계란판, 탁구공, 원마커, 미니 점수판

진행 방법 ⏱

1   모둠별로 일렬종대로 선다.

2   각 모둠의 1번은 뒤로 돌아 친구들과 마주 서서 계란판 한 줄 속에 탁구
공을 5개 올린다.

3   시작 신호에 맞춰 1번은 계란판을 잡은 양손을 위로 튕겨 맨 끝에 있는 5

개의 탁구공을 2번 줄로 한 번에 이동시킨다. 성공하면 1번 친구는 앞으로 나오는 2번 친구에게 계란판을 넘겨주고 줄의 끝으로 간다.

4 실패하면 탁구공 5개를 1번 줄로 다시 옮긴 후 성공할 때까지 도전한다. 이때, 1번 줄로 다시 옮기는 것을 마주 선 2번 친구가 도와주도록 한다.

5 2번 친구는 계란판 2번 줄에서 3번 줄로, 3번 친구는 3번 줄에서 4번 줄로 옮기는 방법으로 놀이를 이어나가 정해진 줄까지 탁구공을 먼저 옮긴 모둠 순으로 순위를 정한다.

tip

- 저학년은 처음부터 탁구공 5개를 시도하기보다는 1개나 2개를 시도해 본 후, 점차 개수를 늘려가는 것이 좋다.
- 몇 번 시도했는데 실패를 거듭하면 놀이에 부담을 가질 수 있으므로 3회 연속 실패하면 흑기사 제도를 활용할 수 있게 하자. "흑기사!"라고 말하면 모둠의 잘하는 친구가 나와서 그 친구를 대신할 수 있다.

한 걸음 더! 🏃

- 모둠의 1명이 계란판 한 줄씩 옮기기를 연속으로 성공하여 끝줄까지 모두 이동시키면 다음 친구로 바뀌는 방법으로 운영해 보자. 이때는 충분한 연습 기회를 준 다음 실시한다.
- 계란판 두 줄에 10개 탁구공을 올려 한 번에 두 줄씩, 혹은 여러 줄씩 옮기는 놀이에도 도전해 보자.

2 계란판 핑퐁 삼목

- **장소** 교실, 강당
- **준비물** 계란판, 흰색과 컬러 탁구공, 원마커, 미니 점수판

진행 방법 🕐

1 두 모둠이 계란판을 사이에 두고 1~1.5m 정도 떨어져 모인다. 원마커로 설 자리를 표시한 후 그 위에 각 모둠의 대표가 1명씩 선다.

2 가위바위보로 공격할 순서를 정한다.

3 이긴 모둠 친구부터 탁구공 1개를 던져 지면에 바운드시켜 계란판에 넣는다. 이때, 바운드하는 횟수는 상관이 없다.

4 다음의 경우에는 탁구공을 회수한다.
  - 바운드시킨 탁구공이 계란판에 들어가지 않았을 때
  - 탁구공을 바운드시키지 않고 직접 계란판에 넣었을 때
  - 바운드시킨 탁구공이 계란판 가장자리 남는 부분에 들어갔을 때
  - 계란판에 들어간 2개 탁구공 사이에 1개가 올라갔을 때

5 두 모둠의 1번 친구가 한 번씩 번갈아 가며 바운드시킨 탁구공이 계란판에 들어가서 가로와 세로, 대각선으로 삼목이 되면 1점을 획득한다. 계란판에 들어간 탁구공이 사목이나 오목이 되어도 이긴다.

6 두 모둠의 1번 친구끼리 대결이 끝나면 순서대로 대결을 이어가 더 많은 점수를 획득한 모둠이 승리하게 된다.

- 저학년은 바운드시킨 탁구공이 계란판에 더 많이 들어간 팀이 이기는 놀이

로 운영한 후 삼목 놀이로 이어가는 것이 좋다.

- 아이들 수준에 따라 원마커에서 계란판까지의 거리를 달리 운영하고, 책상을 활용할 때에는 책상 3개의 높이를 맞춘 후 중앙 책상에 계란판을 올려 실시한다.
- 탁구공을 바운드시킬 때 손등을 위로 보이게 하고 던지면 힘 조절이 어렵다. 손바닥을 위로 보이게 하여 탁구공을 계란판 앞쪽에 가볍게 밀듯이 던지는 깃이 좋다.
- 종이 계란판은 관리를 못하면 찢어지고, 흰색 탁구공이 회색 종이 계란판에 들어가면 눈에 띄지 않는다는 단점이 있다. 슈퍼마켓이나 김밥 전문점에서 어렵지 않게 구할 수 있는 플라스틱으로 된 검은색 계란판을 놀이에 활용하자.

한 걸음 더! 🏃

- 대기시간이 긴 놀이는 아이들을 지루하게 만든다. 두 팀이 일렬로 서서 1명이 1개의 공을 바운드시켜 넣고 다음 친구가 이어서 하는 릴레이 방법으로 이어가도 좋다.
- 계란판을 중앙에 두고 원마커를 원형으로 배치하여 자신이 원하는 원마커를 밟고 탁구공을 바운드시켜 삼목을 만드는 놀이로 바꿔 보자.
- 짧은 시간에 더 많은 놀이 기회를 줄 수 있는 '스피드 계란판 핑퐁 삼목' 놀이 방법으로 진행해도 좋다. 심판의 시작 신호에 따라 양 팀 친구가 1번에 1개씩 동시에 탁구공을 계속 바운스시켜 먼저 삼목을 만드는 친구가 이기는 놀이다.

3 셔틀런 핑퐁 삼목

- **장소** 교실, 강당
- **준비물** 계란판, 흰색과 컬러 탁구공, 원마커, 미니 점수판

진행 방법 ⏱

1   두 모둠이 교실 중앙에 계란판을 사이에 두고 마주하여 1~1.5m 정도 떨어진 지점에 원마커로 출발선을 표시한 후 1명씩 선다.

2   탁구공을 10개씩 담은 상자는 교실 양쪽 끝에 놓는다.

3   출발 신호에 맞춰 두 모둠의 1번 주자는 뒤로 돌아 빠른 걸음으로 가서 탁구공 1개를 들고 와 원마커를 밟고 공을 바운드시켜 계란판에 넣는다.

4   위의 방법을 반복하여 먼저 가로, 세로, 대각선으로 삼목을 만드는 친구가 1점을 획득한다.

5   모둠 전원이 순서대로 대결하여 더 많은 점수를 획득한 모둠이 이긴다.

tip

- 아이들의 신체 활동량을 늘리기 위해서는 출발선과 탁구공의 위치를 더 멀리 떨어뜨리거나, 2회 왕복하면 탁구공을 넣을 수 있는 기회를 한 번 더 주는 방법으로 운영해 보자.

한 걸음 더!

- 왕복으로 걷기나 달리기 같은 이동 운동 대신 교실에서 더 조용하게 할 수 있는 비이동 신체 활동을 활용해 보자.
  - 버피 2회에 탁구공 1개 바운드
  - 푸시업 3회에 탁구공 1개 바운드
  - 스쿼트 5회에 탁구공 1개 바운드
- 학급이나 학년 전체가 참여하는 학교 스포츠클럽대회로 운영해 보자. 강당 바닥에 계란판과 탁구공을 많이 준비해 놓고, 일대일로 3판 2선승제로 진행한다. 이길 때마다 상대에게 사인을 받는 방법으로 운영해 정해진 시간 동안 가장 많은 사인을 받는 친구들이 칭찬받는 대회를 열어주자.

— Class 11

뒤집기 한 판!
우유갑 딱지치기

넘어갈까 안 넘어갈까 조마조마한 마음으로 친구와 신나게
맞대결을 펼치는 여러 가지 딱지치기 놀이를 소개합니다.
팔 운동과 더불어 집중력도 길러주는 재미난 교실 체육 수업을 만들어 보세요.

1 딱지치기 사인 대장

- **장소** 교실, 강당, 운동장
- **준비물** 우유갑 양면 딱지, 네임펜

진행 방법 🕐

1   놀이 장소에 사인할 공간을 지정해 주고, 네임펜을 준비한다.

2   학급 전원에게 우유갑 딱지를 1장씩 나누어 준다.

3   시작 신호에 맞춰 일대일로 만나 가위바위보로 공격 순서를 정해 딱지치
    기를 시작한다.

4   상대의 딱지를 넘기면 진 친구는 이긴 친구와 함께 사인 공간으로 이동해
    네임펜으로 이긴 친구 딱지에 자기 사인을 해준다. 사인이 없는 친구는
    자기 이름을 적게 한다.

5   한 번 상대한 친구는 학급의 모든 친구를 만나기 전까지는 다시 상대하지
    않는 것으로 정한다.

6   정해진 놀이 시간이 지난 후 가장 많은 사인을 받은 남, 여 친구를 칭찬해
    준다.

tip

- 양면 딱지는 잘 뒤집어지기 때문에 2회 연속 넘기면 이기는 것으로 정할 수
  있다. 또한, 친구들과 대결할 때 남, 여학생을 한 번씩 번갈아 가며 대결하는
  것으로 규칙을 정해도 좋다.
- 아이들과 딱지를 함께 만들어 그 딱지로 놀이를 해도 좋다. 친구들의 사인
  을 받은 딱지는 기념품으로 가져가도록 하자.

한 걸음 더!

- 교실이라면 '침묵' 버전 딱지치기를 해보자. 딱지를 치기 전이나 치는 중에
  말소리를 내면 무조건 지는 것으로 정하면 조용히 놀이를 진행할 수 있다.
- 딱지치기의 방법 중 '쳐내기(밀어내기)' 방법을 활용해 원마커 중앙에 딱지를
  놓고 공격이 쳐서 원마커 밖으로 내보내면 이기는 것으로 놀이를 변형할 수
  있다.

2 딱지 원정대

- **장소** 교실, 강당, 운동장
- **준비물** 우유갑 양면 딱지, 원마커 또는 후프

진행 방법 ⏱

1   팀별로 원마커를 바닥에 놓고 그 위에 딱지를 15장씩 올려놓는다.

2   팀별로 '장수'를 1명씩 정해 원마커 앞에 앉게 하고, 나머지 팀원들은 '병사'가 되어 원마커에서 5m 이상 떨어진 지점을 전쟁터로 정해 그 안에서 출발 준비를 한다.

3   시작 신호에 따라 자기 팀 장수에게 가서 딱지를 1장씩 받아 전쟁터로 돌아와 다른 팀 병사 1명과 만나 가위바위보를 한 후 이긴 병사부터 먼저 딱지치기 공격을 한다.

4   딱지를 쳐서 넘기면 상대 딱지를 획득하지만 못 넘기면 기회가 상대에게 넘어간다.

5　병사는 딱지를 1장만 가지고 놀이할 수 있다. 상대에게 딱지를 1장 따면 획득한 딱지 1장은 장수에게 맡기고 돌아온다. 패한 병사도 자기 팀 장수에게 가서 1장을 다시 받아와 놀이를 이어가야 한다.

6　장수도 다른 팀 장수와 딱지치기 대결을 해서 딱지를 따올 수 있다.

7　정해진 시간 동안 놀이를 운영하여 가장 많은 딱지를 획득한 팀 순으로 칭찬해 준다.

- 강당이나 운동장에서 할 때는 장수와 전쟁터와의 거리를 멀리하여 아이들의 활동량을 늘려 주자.
- 딱지치기 놀이의 분위기 조성을 위해 딱지치기 동요('딱지 따먹기', 백창우 곡)를 틀어주자.

한 걸음 더! 🏃

- 교사는 '총사령관'이 되어 여유분의 딱지를 준비했다가 나누어 주는 역할을 한다. 딱지를 모두 잃은 모둠의 장수나 병사가 총사령관과의 가위바위보 대결에서 이기면 딱지 2장을 받게 되지만, 지면 푸시업이나 버피를 5회 한 후 재대결을 할 수 있도록 한다.

3 도미노 10초 딱지치기

- **장소** 교실, 강당, 운동장
- **준비물** 우유갑 양면 딱지, 스톱워치

진행 방법 🕐

1   두 팀으로 나누어 팀 전원이 딱지를 1장씩 가지고 마주 선다.

2   가위바위보로 공격 순서를 정한다.

3   진 팀은 딱지를 바닥에 놓고, 이긴 팀은 1번 친구부터 나와서 시작 신호에 맞춰 한쪽 끝에서부터 도미노 패가 연이어 넘어지듯이 10초간 옆으로 이동하며 딱지치기를 한다.

4   10초가 지나면 팀의 2번이 이어서 상대 팀 딱지를 쳐서 넘긴다. 딱지를 1번 넘길 때마다 같은 팀원들은 넘긴 숫자를 이어 센다.

5   나머지 친구들도 같은 방법으로 딱지치기를 이어가 팀 전원이 10초씩 쳐서 넘긴 딱지 수만큼 1장당 10점씩 점수를 계산한다.

6   이제 역할을 바꿔 상대 팀이 같은 방법으로 1명씩 돌아가며 10초씩 딱지를 쳐 넘기는 놀이를 하여 더 높은 점수를 획득한 팀이 이긴다.

tip

- 학년이나 아이들 수준에 따라 15초나 30초 정도로 시간을 달리 운영해 보자.
- 도미노 방식으로 끝에 있는 딱지까지 쳤으면 되돌아오면서 딱지를 쳐 넘기는 방법으로 놀이를 이어가 보자.

한 걸음 더! 🏃

● 소인수 학급이라면 도미노 방식보다는 딱지 1개를 놓고 30초간 앞, 뒤, 앞, 뒤로 반복해 넘긴 횟수를 합산하는 방식으로 운영해 보자.

— Class 12
아슬아슬 컵 쌓기

스포츠스택스 컵을 친구와 함께 빠르고 정확하게 쌓으면서
협응력과 집중력, 그리고 서로 협력하는 마음까지 기를 수 있어요.
컵 쌓기 놀이를 통해 즐거운 교실 체육 시간을 만들어 주세요.

1 컵 엘리베이터

- **장소** 교실, 강당
- **준비물** 스포츠스택스 컵 세트

진행 방법 ⏱

1 팀별로 같은 색 스포츠스택스 컵을 24개씩 나누어 준 후, 컵 1개를 색이 다른 팀과 바꾸게 한다.

2 팀별로 순서를 정해 서고, 1번 친구는 뒤로 돌아 팀 친구들과 마주 선다.

3 1번 친구는 색이 다른 1개 컵을 맨 위에 넣어 24개의 컵을 한 줄로 만들어 들고 준비한다.

4   시작 신호에 맞춰 각 팀 1번은 한 손으로는 컵의 맨 아래쪽을 잡고, 나머지 한 손으로는 맨 위의 컵부터 순서대로 1개씩 들어 맨 아래로 넣기 시작한다.

5   같은 방법으로 위에 컵을 1개씩 잡아 빼 맨 아래로 넣기를 이어가 다른 색 컵이 맨 위로 올라오면 다음 친구에게 컵 전체를 주어 놀이를 이어간다.

6   두 손으로 든 컵이 신체에 닿으면 반칙이고, 중간에 컵을 떨어뜨리면 다시 잡아 놀이를 이어가도록 한다.

7   팀 전원이 같은 방법으로 실시하여 먼저 끝낸 팀 순으로 순위를 가린 후 칭찬해 준다.

- 인원이 맞지 않을 때는 인원이 적은 팀에서 부족한 인원만큼 더 실시한다.
- 스포츠스태킹 수업을 할 때 동기유발이나 리드업, 준비운동으로 활용하면 좋다.
- 먼저 끝낸 팀은 다 함께 제자리에 앉으며 팀 구호를 외치도록 한다. 누가 먼저 끝났는지 눈에 잘 띄고 팀 단합에도 좋다.

한 걸음 더! 🏃

- 엘리베이터가 아래층으로 내려가기도 하고, 위층으로 올라가기도 하는 것처럼 색이 다른 1개 컵을 맨 아래에 놓고 시작해 맨 아래 컵부터 위로 올리는 방법으로 바꿔 함께 운영하자.

2 짝과 5G 컵 쌓고 빼기

- **장소** 교실, 강당
- **준비물** 스포츠스택스 컵 세트

진행 방법 🕐

1 2명씩 짝을 지은 후, 서로 다른 색 스포츠스택스 컵을 12개씩 가지고 준비한다.

2 시작 신호에 맞춰 서로 번갈아 가며 컵을 1개씩 두 사람 사이에 포개기 시작한다. 이때 같은 색 컵이 연속으로 포개지지 않도록 해야 한다.

3 총 24개의 컵을 모두 포개고 나면 서로 하이파이브를 한다.

4 다시 자신의 컵을 1개씩 뽑아 원래 위치로 가져오기 시작한다.

5 컵을 쌓거나 가져오다 컵 기둥이 무너지면 다시 세우고 게임을 이어가면 된다.

6 쌓였던 24개의 컵을 각자 원래 위치로 12개씩 모두 가져오면 하이텐(두 손바닥끼리 마주치기)으로 게임 종료 신호를 보낸다.

7 게임을 가장 먼저 끝낸 짝을 찾아 칭찬해 준다.

tip

- 스포츠스태킹 수업을 할 때 다양한 활동으로 게임을 적용하려면 여러 가지 색 컵을 준비하는 것을 추천한다.
- 두 사람 사이로 컵을 옮겨 쌓을 때 컵이 많아질수록 넘어지기 쉬우므로 한 명이 컵을 잡아주는 배려가 필요함을 안내한다.

한 걸음 더! 🏃

• 3~4명이 한 모둠이 되어 각각 다른 색 컵을 가지고 같은 방법으로 게임을
  해도 재미있다.

3 24층 컵 탑 쌓기

• **장소** 교실, 강당
• **준비물** 스포츠스택스 컵 세트, 의자 또는 책상

진행 방법 ⏱

1 2명씩 짝을 지은 후, 서로 다른 색 스포츠스택스 컵을 12개씩 가지고 준
  비한다.

2 시작 신호에 맞춰 1명이 바닥에 컵을 엎거나 바로 놓으면 짝은 그 위에
  같은 면이 만나도록 컵을 쌓는다. 그러면 처음 바닥에 컵을 놓은 친구가
  다시 그 위에 같은 면이 만나도록 컵을 이어 쌓는다.

3 중간에 쌓은 컵이 중심을 잃어 넘어지면 처음부터 다시 컵을 쌓아나가야 하며 총 24개의 컵이 원통형으로 올라가도록 번갈아 쌓는다.

4 컵이 20개 정도 탑처럼 쌓이게 되면 아이들의 키를 넘어가기 때문에 그때 에는 책상이나 의자 위에 올라가 쌓을 수 있도록 안내한다.

5 정해진 시간 안에 24개의 컵 탑을 모두 쌓은 친구들을 칭찬해 주고 마친다.

tip

- 24층 컵 탑 쌓기에 성공한 친구들이 학급에서 3~4팀 정도 나오게 된다. 휴대폰으로 성공 기념 인증샷을 찍어 주자.
- 2명씩 컵 탑을 쌓을 때 팀끼리의 활동 공간이 넓어야 컵 탑이 쓰러지면서 튕겨 나가 다른 팀 컵 탑을 넘어뜨리는 실수를 줄일 수 있다.
- 학년이나 학생들의 능력에 따라 컵 탑의 컵 개수를 가감하여 조절해 준다.
- 고도의 집중력이 요구되는 활동이므로 컵 탑을 쌓을 때 상대에게 방해되는 말이나 행동을 하지 않도록 게임 전에 지도한다.

한 걸음 더! 🏃

- 점보스택 컵으로도 도전해 보자.
- 팀별로 충분한 개수의 컵을 주고 컵 탑을 창의적으로 쌓는 것에도 도전해 보자.

— Class 13
팅겨서 바로 세우는
컵 플립 게임

컵을 책상 위에 엎어놓고 손가락으로 팅겨 바로 세우는
컵 플립 게임 방식을 활용한 놀이를 소개합니다. 협응력과 집중력 향상에도 도움이 되는
게임을 통해 성공의 짜릿한 쾌감을 맛보게 해주세요.

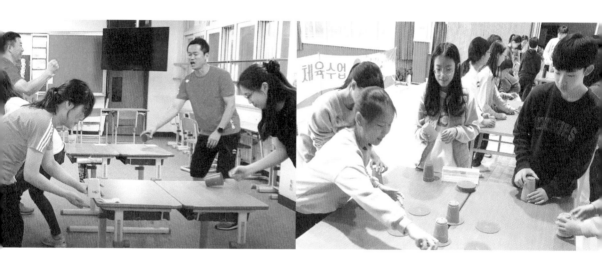

1 컵 플립 운동 챌린지

- **장소** 교실, 강당
- **준비물** 스포츠스택스 컵, 책상, 공기나 바둑돌

진행 방법 ⏱️

1   책상을 교실 곳곳에 2대씩 붙여 놓고, 그 위에 스포츠스택스 컵을 2개씩
    올려 둔다.

2 시작 신호에 맞춰 책상에서 2명씩 만나 컵 플립 대결을 시작한다.

3 컵을 엎은 채로 책상 끝에 조금 나오게 한 후, 손가락으로 살짝 튕겨 컵의 마시는 방향이 위로 향하도록 바로 세우면 된다. 성공할 때까지 계속 도전해야 한다.

4 컵은 공중에서 1바퀴 이상 돌아야 하며, 책상에서 컵이 떨어지면 올려놓고 다시 도전한다.

5 성공한 친구는 '체력 충전소'에 가서 정해진 횟수만큼 신체 활동 과제(스쿼트나 버피 등)를 수행한 후 바둑돌을 1개 획득한다. 실패한 친구는 또 다른 친구를 만나 게임을 이어 간다.

6 정해진 시간 동안 가장 많은 바둑돌을 획득한 친구들을 찾아 칭찬해 준다.

tip

• 이 게임을 하다 보면 결과가 나오기 전 실패라고 생각하고 컵을 손으로 미리 잡아서 실패하는 경우가 있다. 미리 판단해 컵을 잡지 않도록 게임 전에

지도한다.

- 체육 수업 중 골을 넣거나 미션에 성공한 친구들에게 신체 활동 과제를 수행하도록 하면 불만 없이 즐겁게 하는 것을 볼 수 있다. 이런 팁을 다른 활동에도 적절히 활용해 보자.

한 걸음 더! 🏃

- 500ml 생수병에 물을 3분의 1 정도만 채워 플립에 도전하거나, 큰 테이블에 점보스택을 올려 도전해도 재미있다.
- 더운 여름, 팀별로 시원한 음료수를 한 병씩 준비해 놓고, 책상 위에 컵을 1개씩 올려 컵 플립 릴레이에 도전하게 한다. 성공하는 친구부터 음료수 한 잔을 빠르게 마시면 다음 친구가 이어 가는 방법으로 게임을 운영할 수 있다.

2 컵 플립 스피드 삼목

- **장소** 교실, 강당
- **준비물** 책상, 스포츠스택스 컵 세트, 미니 양면 원마커, 미니 점수판

진행 방법 ⏱️

1 두 모둠으로 나눠 책상 여러 대를 붙여 놓고 마주 선다.
2 책상 중앙에 미니 양면 원마커 9개를 같은 색으로 3×3 대형으로 놓는다.
3 책상을 중심으로 마주 선 두 모둠 전원은 서로 다른 색의 스포츠스택스

컵을 책상 위에 1개씩 올려놓고 게임 시작 신호에 맞춰 컵 플립에 도전한다. 컵 플립에 성공하면 자기 팀의 여분의 컵 1개를 재빨리 미니 원마커 위 원하는 곳에 올린다.

4 컵 플립에 성공한 친구는 원마커에 컵 1개를 올리고 다시 컵 플립에 도전할 수 있다. 이때 상대 모둠이 컵을 올린 곳은 피해서 올려야 한다.

5 게임 중간에 컵이 떨어지거나 컵이 바로 서야 하는데 엎어지면 실패로, 성공할 때까지 계속 도전해야 한다.

6 컵 플립에 성공하는 친구가 나올 때마다 자기 팀 컵을 원마커 위에 올리는 방법으로 이어가 가로나 세로, 대각선으로 같은 색 컵이 3개가 되면 삼목이 완성되어 이긴다. 이기면 1점을 획득한다.

7 정해진 게임 수만큼 실시하여 더 높은 점수를 획득한 모둠이 승리한다.

- 책상 위에 미니 양면 원마커를 올리는 대신 라인 테이프를 준비해 한자로 '우물 정(井)'자 모양으로 붙여 게임을 해도 된다.
- 양 팀에서 심판을 1명씩 정하고 상대 팀이 컵 플립에 성공했는지 확인하게 한다. 또 자기 모둠의 컵을 가지고 있다가 모둠이 컵 플립에 성공할 때마다 삼목을 놓는 역할을 맡길 수도 있다.
- 게임 전에 상대 모둠을 비난하지 않고, 우리 팀이 컵 플립에 성공하지 못할 때 격려하고 응원하는 분위기를 유도하자.

한 걸음 더! 🏃

- 점보스택을 활용해 컵 플립 게임을 해도 재미있다.
- 각 모둠의 1명씩 상대와 일대일로 대결하고, 그 다음에는 2명씩 맞대결, 그 다음은 3명씩 맞대결하는 방법으로 인원을 늘려가는 것도 좋다.

— Class 14
사탕을 지켜라!

손등 위 사탕을 지켜내고 머리 위에 얹은 상대 팀 사탕 왕관을 떨어뜨리는
게임을 통해 순발력과 민첩성, 균형감각과 집중력을 향상시키는
즐거운 교실 체육 시간을 운영해 보세요.

1 손등 사탕 지키기 피구

- **장소** 교실, 강당, 운동장
- **준비물** 팀 조끼, 신문지 공, 사탕, 미니 원마커, 미니 점수판

진행 방법 🕐

1   교실이나 강당에 피구 게임장을 미니 원마커로 표시한다.

2   양 팀으로 나누어 팀 조끼를 입고, 게임장 안에 들어가 한쪽 손등 위에 사
    탕을 올린다.

3   가위바위보에서 이긴 팀이 신문지 공을 상대 팀에게 던지며 게임이 시작
    된다.

4   신문지 공이 날아올 때 진 팀은 다른 한 손과 손바닥으로 방어할 수 있다.

5   신문지 공에 손을 제외한 다른 신체 부위가 맞거나, 공을 피하다가 손등 위 사탕이 바닥에 떨어지면 그 친구는 '체력 충전소'로 이동해 스쿼트를 5회 실시한 후 자기 팀 점수판의 점수 1점을 올리고 다시 게임에 참여한다.

6   정해진 시간이 종료된 후, 점수가 더 낮은 팀이 이긴다.

- 게임 후 아이들과 사탕을 나눠 먹으면서 소감을 듣거나 반성하는 시간을 가질 수 있다.
- 게임 공간이 좁다면 한 칸에 한 팀이 들어가고, 칸 밖에서 다른 팀이 신문지 공을 던지게 한다. 공격과 수비를 번갈아 가며 진행해 정해진 시간 동안 사탕을 더 많이 떨어뜨린 팀이나 점수가 높은 팀이 이기는 방법으로 운영할 수 있다.

한 걸음 더! 🏃

- 신문지 공 대신 스펀지로 된 플라잉디스크나 닷지비 등으로 게임을 운영해도 재미있다.

2 사탕 왕관 떨어뜨리기

- **장소** 교실, 강당
- **준비물** 종이컵, 펀스틱, 사탕, 신문지 공, 미니 원마커, 의자

진행 방법 ⏱

1 양 팀으로 나누고 신문지 공을 던져 맞힐 수 있는 영역을 미니 원마커를 이용해 각각 반원으로 표시한다.

2 각 팀의 왕을 1명 정해 상대 팀 영역 안의 의자에 앉힌다. 팀당 호위무사를 1~2명씩 정해 펀스틱으로 왕을 향해 날아오는 신문지 공을 떨어뜨릴 수 있게 한다.

3 왕의 머리 위에 사탕을 담은 종이컵인 사탕 왕관을 올린다. 양 팀원들에게는 신문지 공을 15개씩 나누어 준다.

4 시작 신호에 맞춰 신문지 공을 들고 상대 팀으로 간 뒤, 영역 밖에서 신문지 공을 던져 상대 팀 왕의 사탕 왕관을 떨어뜨린다. 호위무사는 자기 팀 왕의 사탕 왕관이 떨어지지 않도록 펀스틱으로 방어한다.

5 던질 신문지 공이 다 떨어지면 자기 팀 영역에서 신문지 공을 가져와야 한다. 상대 팀 영역에 떨어진 신문지 공으로 공격하는 것은 반칙이다.

6 신문지 공으로 상대 팀 왕의 사탕 왕관을 맞히거나 사탕 왕관을 떨어뜨리면 1점을 획득한다. 사탕 왕관이 떨어지면 다시 주워 올린 후 게임을 시작한다.

7 정해진 시간 동안 점수를 더 많이 획득한 팀이 이긴다.

- 왕은 손으로 왕관이 신문지 공에 맞지 않도록 보호할 수 있다.
- 사탕 왕관을 쉽게 떨어뜨릴 수 없도록 신문지 공을 던지는 영역을 넓히거나, 왕관이 쉽게 떨어지지 않도록 하는 방법을 생각해 활용하자.

한 걸음 더! 🏃

- 왕을 보호하는 호위무사의 한쪽 손등에 사탕을 올린다. 손등 위의 사탕을 상대 팀이 신문지 공으로 맞히거나 공을 피하다가 떨어뜨리면 그 후에는 호위무사가 펀스틱으로 방어할 수 없다는 규칙을 추가해 보자.

— Class 15
책상 위
핑거 발리볼

책상 위에 펼쳐진 게임판에서 손가락으로 튕긴 공으로
서브와 스파이크를 하며 배구의 기본 규칙을
재미있게 이해 할 수 있어요.

1 스파이크 서브 게임

- **장소** 교실, 강당
- **준비물** 책상, 바둑돌, 핑거 발리볼 세트

진행 방법 ⏱

1 책상 위에 핑거 발리볼 판을 올려놓고, 2명씩 팀을 이루어 다른 팀과 만나
대결한다.

2 자기 팀 엔드라인에 공을 놓고, 손가락으로 튕겨 상대 팀 스파이크 영역
에 넣어야 한다.

3 게임판 가장자리 점수란에 바둑돌로 점수를 표시한다.

4 서브한 공이 상대 팀 영역 안에 들어가면 1점을 얻고, 스파이크 영역에 공이 닿거나 들어가면 2점을 획득한다.

5 서브한 공이 아웃되거나 네트를 넘지 못하면 상대 팀이 1점을 득점한다. 중앙 네트에 공이 걸치는 것은 서브 성공으로 인정한다.

6 양 팀에서 1명씩 서브를 주고받아 먼저 25점을 획득한 팀이 이긴다.

- 손가락으로 공(생수 뚜껑)을 여러 번 튕겨보고 감각을 익힌 후 서브 게임을 하는 것이 좋다.
- 핑거 발리볼 게임을 하기 전 리드업 게임으로 실시해 보자.

한 걸음 더! 🏃

* 양 팀이 같은 쪽에서 서브 게임을 하여 엔드라인이나 중앙 네트에 가깝게 붙이는 게임으로 운영해 보자.

2 교실에서 즐기는 핑거 발리볼

* **장소** 교실, 강당
* **준비물** 책상, 바둑돌, 핑거 발리볼 세트

진행 방법 🕐

1 책상 위에 핑거 발리볼 판을 올려놓고, 2명씩 팀을 이루어 다른 팀과 만나 대결한다.

2 가위바위보에서 이긴 팀의 서브로 게임을 시작한다.

3 게임판 가장자리 점수란에 바둑돌로 점수를 표시한다.

4 서브한 공이 상대 팀 스파이크 영역에 닿거나 들어갔을 때, 1회 이상 공격을 하여 페인트 영역에 닿거나 들어갔을 때, 상대가 3회에 넘길 때 블로킹에 성공했을 때 우리 팀이 득점한다.

5 서브한 공이 게임장 밖으로 나가거나 네트를 못 넘겼을 때, 블로킹에 실패했을 때, 3회의 공격 기회 안에 네트를 넘기지 못했을 때(오버타임)는 상대 팀이 득점한다.

6 공격과 수비는 팀원끼리 한 번씩 번갈아 가며 해야 한다.

7 25점을 먼저 획득하는 팀이 1세트를 얻는다.

8 정해진 시간 동안 게임을 하여 더 많은 세트를 얻은 팀이 이긴다.

- 미세먼지나 우천 시 대안 배구 게임이나 배구 게임을 기본적으로 이해하는 수업을 계획할 때 활용하면 좋다.
- 1대1보다 2대2로 게임을 운영하면 규칙과 방법을 잘못 이해하고 있을 때 서로 가르쳐 주고 배울 수 있는 동료학습이 가능해진다.
- 핑거 발리볼 판은 배구 게임 시 작전판으로 활용해도 좋다.

─ Class 16
책상 위
핑거 베이스볼

손가락으로 튕겨 타격과 수비를 하는
핑거 베이스볼 게임을 통해 협응성과 집중력, 힘 조절 능력을 기르는
흥미로운 교실 체육 수업을 만들어 보세요.

1 홈런왕 게임

- **장소** 교실, 강당
- **준비물** 책상, 핑거 베이스볼 세트

진행 방법 ⏱

1 책상 위에 핑거 베이스볼 판을 올려놓고, 2명씩 팀을 이루어 다른 팀과 만나 대결한다.

2 가위바위보로 공격 순서를 정한다.

3 이긴 팀부터 홈베이스에 공을 놓고 손가락으로 튕겨서 홈런에 도전한다.

4 타격은 1인당 2회씩 기회를 주고, 양 팀이 한 번씩 번갈아 가며 진행한다.

5 손가락으로 튕겨 2루타 선에 닿으면 2점, 3루타 영역에 닿거나 들어가면
   3점, 홈런 선에 닿거나 들어가면 4점을 획득한다.

6 정해진 시간 동안 더 높은 점수를 획득한 팀이 이긴다.

tip

• 게임 전에 손가락으로 공을 튕겨 힘 조절과 감각을 익힐 기회를 준다.

• 상대 팀의 공격 전이나 공격 도중에 말이나 행동으로 방해하지 않도록 게임
  전에 미리 약속한다.

한 걸음 더! 🏃

• 타격한 공이 게임장을 벗어나거나 수비수가 있는 영역에 닿거나 들어가면
  상대가 1점을 얻게 되는 규칙을 추가해 보자.

2 교실에서 즐기는 핑거 베이스볼

• **장소** 교실, 강당
• **준비물** 책상, 핑거 베이스볼 세트

진행 방법 ⏱

1 책상 위에 핑거 베이스볼 판을 올려놓고, 2명씩 팀을 이루어 다른 팀과 만
  나 대결한다.

2 가위바위보로 공격 순서를 정한다.

3 이긴 팀에서 먼저 홈베이스에 공을 놓고 타격하며 시작한다.

4 타격한 공이 반원을 넘기지 못했거나 수비수 영역에 닿거나 들어갔을 때,
  베이스볼 판을 2번 연속 넘겼을 때, 안타된 공을 수비가 앞 루로 보내 루
  에 공이 닿거나 들어갔을 때는 아웃된다.

5 타격한 공이 2루타 선에 닿거나 3루타 영역에 닿거나 들어갔을 때는 2, 3
  루타로 인정한다. 2, 3루타가 되면 수비는 할 수 없다.

6 타격한 공이 베이스볼 판을 넘어가면 파울이 되고, 홈런 선에 닿거나 홈
  런 구역에 들어가면 홈런이 된다.

7 수비는 공격이 안타(단타)를 치면 그 공을 손가락으로 튕겨 1루로 보내거
  나, 주자가 있을 때는 앞 루로 공을 보내 주자를 아웃시킬 수 있다. 공을

연결해 주는 중계 플레이도 가능하다.

8   3번 아웃되면 베이스볼 판을 돌려 공격과 수비 역할을 바꿔 게임을 이어 간다.

9   정해진 시간이나 회 동안 게임을 하여 더 많은 점수를 획득한 팀이 이긴다.

tip

- 야구 수업 전에 야구 게임의 기본적인 수비 위치나 룰을 이해시키고자 할 때 활용하면 좋다.
- 야구 수업에서 핑거 베이스볼 판을 작전판으로 활용할 수 있다.

한 걸음 더! 🏃

- 실제 공으로 타격과 수비를 하는 '교실 책상 야구' 게임과 연계하면 교실 야구 시리즈로 운영하기에 좋다.

— Class 17
교실 공놀이 – 풍선 배구

교실 책상에 네트를 치고 풍선을 넘기며 진행하는
재미있는 배구 게임을 통해
민첩성과 순발력, 협동력과 배려심을 키울 수 있어요.

1 모두가 한쪽에, 풍선 배구

- **장소** 교실, 강당
- **준비물** 풍선, 교실 네트, 미니 원마커

진행 방법 🕐

1   책상을 2단으로 올려 2단 책상에 교실 네트를 친 후 양 팀 주장의 가위바
위보로 게임 순서를 정한다. 먼저 게임을 하게 된 팀은 팀원끼리 순서를
정하고 네트 한쪽에 선다.

2   시작 신호에 맞춰 1번이 풍선을 네트 너머로 쳐 넘긴 후 재빨리 네트 아
래로 건너가 풍선이 떨어지지 않도록 살려 다시 네트 너머의 2번에게 넘

겨 보낸다. 이때, 풍선이 지면에 떨어지면 손으로 쳐 공중에 띄워 게임을 이어간다. 풍선을 넘길 때 치는 횟수는 상관이 없다.

3   2번도 넘어온 풍선을 네트 너머로 치고, 네트 아래로 빠져나가 그 풍선을 살려 다시 건너편 쪽 3번에게 쳐 준다.

4   다음 주자들도 계속 같은 방법으로 실시하다가 팀의 마지막 친구 차례에서는 한 번 더 네트 너머로 치고 건너편으로 다시 가서 이전 친구에게 풍선을 넘겨준다. 마지막 친구가 바로 전 친구에게 공을 넘겨줘야 게임이 끝난다.

5   이렇게 팀 전원이 활동한 기록을 잰다. 양 팀 모두 진행한 후 더 빠른 기록을 달성한 팀을 칭찬해 준다.

- 게임 전 전체적으로 풍선 없이 풍선을 치는 흉내를 내면서 네트 아래로 빠져나가는 시뮬레이션 연습을 하도록 한다.
- 교실에서 할 때 친 풍선이 천장에 닿는 것을 허용할지, 다시 시도하는 것으로 할지 정한 후 시작하자.
- 2단으로 된 책상에 네트를 설치할 때는 안전한 게임 운영을 위해 게임에 참여하지 않는 친구들이 양쪽에서 책상을 잡게 하자.

한 걸음 더! 🏃

- 학급을 두 팀으로 나누어 네트 양쪽으로 나눠 선 후, 한쪽에서 1명이 네트 너머로 풍선을 치고 아래로 빠져 건너편으로 가면 그쪽에서도 같은 방법으

로 실시하여 양 팀이 모두 코트를 바꿔 서는 데까지 걸린 기록을 안내하고 단축하는 게임으로 운영할 수 있다.

2 세 번에 넘겨라, 풍선 배구

- **장소** 교실, 강당
- **준비물** 풍선, 교실 네트, 미니 양면 원마커

진행 방법 🕑

1 교실 네트를 치고, 미니 양면 원마커로 풍선 배구 게임장을 표시한다.

2 각 팀은 6명으로 구성하고 팀별로 전위 3명, 후위 3명을 정한 뒤 엉덩이를 바닥에 대고 앉는다.

3 양 팀 주장이 가위바위보하여 이긴 팀 1번 친구부터 게임장 가운데에서 풍선을 위로 띄우고 오버 서브로 풍선을 넘긴다.

4 상대 팀이 서브하여 넘어온 풍선은 반드시 3번 안에 넘겨야 하고, 이때 풍

선을 치는 3명은 모두 다른 친구들이어야 한다.

5 3번 친 풍선이 아슬아슬하게 네트를 넘어가지 않으면 입김으로 불어 넘길 수 있다.

6 3번 안에 상대 코트로 풍선을 넘기지 못하거나, 같은 친구가 2번 이상 풍선을 칠 때, 자기 팀 코트에 풍선이 떨어질 때는 상대 팀이 1점씩 득점한다.

7 15점씩 3세트를 먼저 획득하는 팀이 이기는 게임으로 운영하거나, 정해진 시간 동안 더 높은 점수를 획득한 팀이 이기는 방법으로 운영할 수 있다.

• 전위와 후위 아이들이 풍선을 쳐 볼 수 있는 기회를 비슷하게 주기 위해서 두 팀 중 한 팀이 8점을 획득하면 전위 3명과 후위 3명의 위치를 바꿔 게임을 이어나가는 것이 좋다.

한 걸음 더! 🏃

• 상대 팀에서 넘어온 풍선을 팀 전원이 모두 쳐서 넘기는 배구 게임으로 바꿔 보자. 5명이 한 팀을 이뤘다면 반드시 5회에 풍선을 상대 코트로 넘겨야 한다. 이때, 재미와 흥미를 위해 각 팀에 '스파이크 맨(우먼)' 친구를 정해 그 친구는 2회나 3회까지 연속으로 풍선을 칠 수 있게 해주면 더 긴장감 넘치는 게임이 된다.

— Class 18
교실 공놀이 – 손족구

손으로 하는 족구를 통해
랠리가 이어지는 풍선공 손족구 게임으로
보다 쉽고 즐겁게 교실 네트형 게임을 즐기도록 해주세요.

1 접시콘 따먹기 서브

- **장소** 교실, 강당
- **준비물** 숫자 접시콘, 풍선공, 교실 네트, 책상, 미니 점수판

진행 방법 ⏱

1 교실 네트를 치고, 미니 양면 원마커로 손족구 게임장을 표시한다.

2 숫자 접시콘을 족구 게임장 코트 뒤쪽 모서리 양쪽에 3-3-4 대형으로 각
각 10개씩 접시 모양으로 깔아둔다.

3 코트에 양 팀의 1명씩 옆으로 나란히 앉아 풍선공으로 오버 서브를 번갈
아 가며 실시한다.

4   서브해서 맞힌 접시콘을 가져올 수 있는데, 한 번의 서브로 여러 접시콘을 동시에 맞히면 맞힌 접시콘을 모두 획득한다.

5   양 팀이 동일한 횟수로 서브를 하여 더 많은 접시콘을 획득한 팀이 이긴다.

tip

- 서브한 공이 직접 접시콘을 맞혔을 때만 획득하는 것이 원칙이지만 성공 경험을 높여주기 위해 바운드되어 굴러 간 공이 접시콘을 맞혀도 획득하도록 융통성을 발휘하는 것이 좋다.

한 걸음 더! ⃗

- 숫자 접시콘의 특징을 활용해 맞힌 접시콘에 적힌 숫자만큼 득점을 하는 방법으로 바꿔 운영해 보자.

2 풍선공 손족구

- **장소** 교실, 강당
- **준비물** 풍선공, 미니 원마커, 교실 네트, 책상, 미니 점수판

진행 방법 ⏱

1   교실 네트를 치고, 미니 양면 원마커로 풍선공 손족구 게임장을 표시한다.

2   각 팀은 6명으로 구성하고 팀별로 전위 3명, 후위 3명을 정한 뒤 서서 준

비한다.

3 가위바위보로 서브권 결정을 한 후, 서브는 게임장 중앙에서 원마커를 밟고 아래에서 위로 치는 언더 서브로 풍선공을 넘기며 시작한다.

4 상대 팀이 쳐서 네트 너머로 온 풍선공은 모두 원 바운드가 허용되지만 바로 쳐도 상관이 없으며 자기 팀 코트에서 세 번 안에 쳐서 상대 코트로 넘겨야 한다.

5 상대 코트로 넘긴 풍선공이 2회 이상 바운드되면 1점을 얻는다.

6 한 사람이 연속으로 공을 치면 상대 팀이 득점하며 공을 넘길 때 발과 머리는 사용할 수 없다.

7 15점씩 1세트로 운영하고 두 팀 중 한 팀이 8점을 획득하면 전위와 후위의 위치를 바꿔 게임을 이어나간다.

8 15점씩 3세트를 먼저 획득하는 팀이 이긴다.

tip

• 세트제로 하는 대신 게임 종료 시간을 정해두고 시간 안에 더 높은 점수를 획득한 팀이 이기는 방법으로 운영해도 된다.

- 교실 천장에 풍선공이 닿으면 아웃으로 할지 말지를 게임 전에 결정한 후 실시하자.

한 걸음 더! ⚡

- 자기 팀 코트에서 공격과 수비 등 여러 자리를 경험하도록 게임장에 숫자 원마커를 1~6까지 바닥에 나누어 놓고, 득점이 날 때마다 다음 번호로 자리를 바꾸어 가며 게임하도록 운영해도 좋다.

— Class 19
교실 공놀이 – 농구

교실에서 책상과 우산으로 골대를 만들어
엉덩이를 바닥에 대고 앉아 특별한 농구를 할 수 있어요.
다양한 방식의 패스와 슛을 통해 팀워크를 길러주세요.

1 소인국 자유투 게임

- **장소** 교실, 강당
- **준비물** 책상, 풍선공, 숫자 원마커

진행 방법 ⏱

1 책상 3개를 ∪자 모양으로 붙여 책상 골대를 만든다.

2 책상과 2m 정도 떨어진 지점에 원마커로 출발선을 표시한 후 팀별로 엉
    덩이를 대고 일렬로 앉는다.

3   시작 신호에 맞춰 1번이 들고 있던 풍선공을 왼쪽으로 전달하여 맨 끝 친
     구까지 보냈다가 다시 오른쪽으로 전달된 공을 이어받은 후 책상 골대에
     자유투를 던진다.

4   책상 안으로 골인이 되면 1점을 획득하고, 자유투를 쏜 친구가 일어나 공
     을 가져와 2번에게 주고 맨 끝으로 간다. 같은 방법으로 왼쪽으로 공을 전
     달했다가 오른쪽으로 받아 자유투 게임을 이어간다.

5   자유투로 던진 공이 들어가지 않아도, 던진 친구가 일어나 공을 들고 와
     다음 친구에게 전달하고 맨 끝으로 간다.

6   정해진 시간에 가장 많은 득점을 한 팀이 이기게 된다.

- 아이들의 운동 능력이나 수준에 따라 자유투를 던지는 거리를 조절해 주자.
- 골을 넣었을 때 다 함께 기뻐하고 좋아해야 득점을 인정하는 '의도적인 세
  리머니' 규칙을 적용하자.

한 걸음 더! 🏃

- 앉아서 머리 위로 끝 친구에게까지 공을 전달한 후 모두 일어나 다리를 넓
  히고 그 아래로 공을 통과시켜 받은 뒤 다시 앉아 자유투를 쏘는 방법으로
  놀이 방식을 바꿔 볼 수 있다.

2 걸리버 우산 농구 게임

- **장소** 교실, 강당
- **준비물** 우산, 풍선공, 미니 양면 원마커, 팀 조끼

진행 방법 ⏱

1 게임장 양쪽에 의자 3개를 원형으로 놓고, 그 위에 우산을 펴서 거꾸로 꽂아 우산 골대를 만든다. 미니 원마커로 지름 2.5m 정도의 원을 골대 구역으로 표시한다.

2 양 팀으로 나누어 팀 조끼를 입고, 자기 팀 영역에 엉덩이를 바닥에 대고 앉는다.

3 양 팀에서 1명씩 '걸리버' 역할을 할 친구를 정하고, 그 친구는 원하는 곳에 원마커를 놓고 밟고 선다.

4 게임장 중앙 바닥에 양 팀의 1명씩 앉도록 하고, 교사가 공을 띄우면 점프볼로 농구 게임을 시작한다.

5 한 사람이 공을 가지고 있을 수 있는 시간은 3초이고, 드리블은 할 수 없으며 패스로만 공을 전해줄 수 있다.

6 양 팀의 걸리버는 원마커에서 두 발이 모두 떨어지면 안 되고, 패스만 가능하고 슛은 할 수 없다.

7 미니 원마커로 표시한 골대 구역 안으로는 공격과 수비 모두 들어갈 수 없고, 수비가 공격을 막다가 골대 구역 안으로 들어가면 공격 팀에게 자유투가 주어진다. 공격이 원 안에 들어가면 수비 팀 공이 된다.

8 골대 구역 밖에서 던진 공이 우산 골대에 들어가면 2점, 하프라인 밖에서 던진 공이 들어가면 3점을 획득한다. 단, 슛은 3회 이상 패스가 이루어진 후 가능하다.

9 정해진 게임 시간이 지난 후 더 높은 점수를 획득한 팀이 이긴다.

- 걸리버 역할을 맡을 친구는 자기 팀에서 정할 수도 있고 상대 팀에서 정하도록 해도 좋다.
- 우산 골대가 넓어 골이 많이 나면 소인국 자유투 게임에서와 같이 책상을 3개 붙여 책상 골대로 크기를 조정해 활용하자.

한 걸음 더! 🏃

- 양 팀에서 '나 슛할 거야' 친구를 1명씩 정하도록 한 후, 그 친구들이 슛을 하려고 할 때 "나 슛할 거야!"라고 외치면 상대 수비가 모두 손을 내려 방어하지 못하도록 할 수 있다.

— Class 20
교실 공놀이 – 야구

숫자 원마커가 놓인 책상이 야구장의 1, 2, 3루 베이스가 됩니다.
손을 배트 삼아 책상과 네트를 공으로 맞히면 안타와 홈런을 경험할 수 있는
신나는 교실 야구 게임을 통해 야구의 기본 규칙을 쉽게 이해할 수 있도록 해주세요.

1 책상 홈런볼

- **장소** 교실, 강당
- **준비물** 풍선공, 책상, 숫자 원마커, 교실 네트

진행 방법 ⏱️

1   책상 위에 숫자 원마커를 하나씩 올린다. 숫자 1은 1루타, 숫자 2는 2루
     타, 숫자 3은 3루타로 정하고 뒤쪽에 배치된 교실 네트를 넘기면 홈런으
     로 약속한다.

2 양 팀으로 나누고 가위바위보로 공격할 순서를 정한다.

3 공격 팀에서 1번 타자가 나와 풍선공을 한 손으로 공중에 띄워 내려오는 공을 타격해 숫자 원마커가 있는 책상을 맞히거나 홈런에 도전한다.

4 올린 공을 헛스윙하거나 친 공이 책상에 맞지 않고 직접 바닥에 떨어지면 스트라이크, 친 공이 교실 천장에 맞으면 파울로 약속하여 연속으로 스트라이크나 파울을 2번 하면 아웃된다.

5 타격한 공이 책상 위를 맞히면 원마커의 숫자만큼 득점을 하고, 교실 네트를 넘기면 홈런이 되어 4점(만루 홈런)을 획득한다.

6 전원 타격제로 실시하고, 정해 둔 횟수 동안 게임을 하여 점수가 더 높은 팀이 이긴다.

• '홈런볼' 과자를 준비했다가 홈런을 친 아이 입에 홈런볼을 넣어주면 좋다.
• 학년이나 아이들의 운동 능력에 따라 3연속 파울일 때만 아웃으로 해도 좋다.

- 한 손으로 띄우고 반대 손으로 타격하는 것이 어렵다면 책상을 1개 준비해 책상에 떨어뜨려 바운드되어 올라온 공을 타격하거나 자기 팀 다음 타자가 아래에서 띄워 준 공을 타격하는 방법 등을 고려해 본다.

한 걸음 더! 🏃

- 타격한 공이 2루타 책상에 맞고 튕겨 지면에 맞기 전 3루타 책상을 이어 맞히면 두 책상 점수를 합해 5점을 획득하도록 한다. 3루타 책상을 맞고 네트를 넘어가면 7점을 획득하도록 응용할 수 있다.

2 교실 책상 야구

- **장소** 교실, 강당
- **준비물** 풍선공, 책상, 숫자 원마커, 짧은 펀스틱

진행 방법 ⏱

1 책상 위에 숫자 원마커를 하나씩 올린다. 숫자 1은 1루타, 숫자 2는 2루타, 숫자 3은 3루타로 정하고 뒤쪽에 배치된 교실 네트를 넘기면 홈런으로 약속한다.
2 양 팀으로 나누고 가위바위보로 공격과 수비를 정한다.
3 공격 팀에서 1번 타자가 나와 풍선공을 한 손으로 공중에 띄워 내려오는 공을 타격해 숫자 원마커가 있는 책상을 맞히거나 홈런에 도전한다.
4 수비는 책상 정면을 막고 앉을 수 없고, 바닥에 짧은 펀스틱을 가지고 타

자가 바뀔 때마다 5초 이내에 자리를 잡고 앉도록 한다.

5   수비는 짧은 펀스틱을 쥐고 있다가 타자가 공을 치면 펀스틱으로 그 공을 치거나 건드려 타자를 아웃시킬 수 있다. 단, 수비할 때 바닥에서 엉덩이가 떨어지면 안 된다.

6   올린 공을 헛스윙하거나 친 공이 책상에 맞지 않고 직접 바닥에 떨어지면 스트라이크, 친 공이 교실 천장에 맞으면 파울로 약속하여 연속으로 스트라이크나 파울을 2번 하면 아웃된다.

7   전원 타격제로 실시하고, 정해 둔 횟수 동안 게임을 하여 점수가 더 높은 팀이 이긴다.

- 펀스틱을 3분의 1 크기로 잘라 이 게임처럼 간단한 게임에 함께 활용해 보자.
- 한 손으로 띄우고 반대 손으로 타격하는 것이 어렵다면 책상을 1개 준비해 책상에 떨어뜨려 바운드되어 올라온 공을 타격하거나 자기 팀 다음 타자가 아래에서 띄워 준 공을 타격하는 방법 등을 고려해 본다.

한 걸음 더! 🏃

- 손가락으로 공(생수 뚜껑)을 튕겨 야구 게임을 즐기는 '교실에서 즐기는 핑거 베이스볼' 게임과 연계하여 운영해 보자.

— Class 21
교실 공놀이 - 짐볼 피구

교실이나 강당에서 커다란 짐볼을 이용한 피구 게임을 진행해 보세요.
커진 공만큼 공수의 빠른 교대, 체력 충전소에서의 신체 활동 등
독특한 재미가 더해진 피구 게임을 통해 순발력과 민첩성, 협응성을 기를 수 있어요.

1 짐볼 무한도전 피구

- **장소** 교실, 강당
- **준비물** 의자, 숫자 원마커, 짐볼, 미니 점수판

진행 방법 🕐

1 학급을 양 팀으로 나누고, 수비 팀 인원만큼 의자를 원형으로 배치한다.
게임장 바깥에 점수판을 놓고 옆 바닥에는 빨강, 주황, 초록의 원마커 3개
를 순서대로 놓는다.

2 양 팀으로 나누어 팀장의 가위바위보로 공격 순서를 정한다.

3 공격 팀은 원 안으로 들어가고, 수비 팀은 모두 의자에 앉는다. 그 중 1명

은 짐볼을 들고 준비한다.

4 시작 신호에 맞춰 짐볼을 들고 있던 수비가 원 안의 공격수에게 던진다. 수비는 두 손을 모두 사용할 수 있다.

5 짐볼에 맞은 공격수는 게임장 밖으로 나가 '체력 충전소'로 이동해 '버피 2회' 같이 미리 정해진 신체 활동 과제를 수행한다. 그 후 점수판의 자기 팀 점수를 1점 올리고 그 옆에 있는 3개의 원마커 중 빨강을 밟고 선다.

6 짐볼에 맞은 공격수가 또 나오면 같은 방법으로 신체 활동 과제를 수행하고 점수를 올린 뒤, 그 친구가 빨강에 서고 처음에 아웃된 친구는 주황으로 이동한다.

7 세 번째 아웃된 친구가 나오면 다시 한 칸씩 이동하고 네 번째 친구가 아웃되어 나오면 초록에 있던 친구가 다시 게임에 참여하게 된다.

8 정해진 시간 동안 게임을 한 후 공격과 수비의 역할을 바꿔 실시해 점수가 더 낮은 팀이 이긴다.

- 수비가 던진 공이 원형 게임장 밖으로 나가면 공격 팀이 1점을 득점하도록 운영해 수비가 더 집중력을 가지고 참여하게 해보자.
- 게임 전에 공중으로 뜨거나 바운드된 공에 공격이 맞으면 아웃되지 않는 것으로 규칙을 정한다.

한 걸음 더! 🏃

- 의자에 앉아 두 손으로 공을 치거나 밀어낼 때 높이가 맞지 않는다면 원마커에 엉덩이를 대고 앉아 두 손으로 치거나, 두 무릎을 원마커에 대고 허리를 펴고 치는 방법 등을 생각해 바꿔 보자.
- 짐볼 대신 더 빠른 빅발리볼이나 식스볼 등으로 바꿔 두 손 대신 한 손으로만 쳐서 게임을 할 수 있다.

2 적과의 동거 짐볼 피구

- **장소** 교실, 강당
- **준비물** 의자, 숫자 원마커, 짐볼, 팀 조끼

진행 방법 🕐

1. 학급을 양 팀으로 나누고, 한 팀의 인원만큼 의자를 원형으로 배치한다.
2. 각각 팀 조끼를 입고 각 팀 내부에서 공격과 수비를 나눈다.
3. 양 팀의 공격은 원 안으로 들어가고, 양 팀의 수비는 한 명씩 번갈아 가며

의자에 앉는다.

4   가위바위보에서 이긴 팀이 짐볼을 안으로 던지며 시작한다.

5   수비가 던진 공에 공격이 맞으면 팀에 관계없이 아웃되어 의자에 앉아 있는 자기 팀 수비 1명과 자리와 역할을 바꾼다.

6   수비가 던진 공이 원 안에 머물러 있을 때 먼저 잡은 공격자가 자기 팀 수비에게 전달하며 게임을 이어간다.

7   팀 전원의 자리와 역할이 모두 바뀌고 난 뒤, 더 이상 자리를 바꿀 친구가 없는 팀이 지게 된다.

tip

- 양 팀 인원이 같지 않을 때는 인원이 적은 팀에서 부족한 인원만큼 더 게임에 참여하도록 운영한다.
- 소인수 학급이거나 놀이 참여 인원이 적다면 원 안에 한 팀씩 들어가 공을 피해 더 오랫동안 살아남은 팀이 이기는 게임으로 바꿔 실시한다.
- 스캐터볼 밴드나 고무 밴드를 2개씩 나눠주고, 공에 맞을 때마다 밴드를 1개씩 빼고 밴드가 없을 때 맞으면 아웃되도록 해 공을 피하는 기회를 더 많이 제공하자.

한 걸음 더! 🏃

- 같은 팀 수비가 던진 짐볼에 맞으면 아웃되지 않고, 수비가 던진 공을 안에 있는 공격이 한 번 쳐서 굴절시켜 상대 팀을 맞추면 아웃시킬 수 있도록 규칙을 변형해 보자.

— Class 22
교실 공놀이 – 공 대신 팀 조끼

먼저 잡고 입는 것은 물론 조끼로 상대 팀을 찜하여 아웃시키는 피구 게임까지,
팀 조끼를 이용한 다양한 놀이를 소개합니다.
교실에서의 즐거운 활동을 통해 민첩성과 순발력을 키워주세요.

1 스피드 팀 조끼 캐치

- **장소** 교실, 강당
- **준비물** 팀 조끼

진행 방법 ⏱

1   2명이 짝이 되어 팀 조끼를 1개씩 가지고 준비한다.

2   짝과 마주 앉은 뒤, 그 사이에 팀 조끼를 놓고 먼저 잡는 게임을 한다.

3   교사의 "잡아!"라는 지시어에 맞춰 팀 조끼를 먼저 잡으면 1점을 획득한다. 다른 지시어를 듣고 팀 조끼를 잡으면 상대가 1점을 획득한다. "자~"라고 하며 말꼬리를 늘이다가 '잡아'와 비슷한 말(잡지마, 잡채, 잡지, 집어,

잡어 등)로 혼동을 줄 수 있다.

4   정해진 횟수 동안 게임을 하여 점수가 높은 친구가 이긴다.

- 팀 조끼를 먼저 잡은 친구가 머리 위쪽으로 조끼를 돌리며 세리머니를 하게
  하면 분위기가 재미있어진다.
- 팀 조끼가 아닌 다양한 체육 교구(스포츠 빈백, 숫자 접시콘, 고깔콘, 공 등)로 바꿔
  진행할 수 있다.

한 걸음 더! 🏃

- 진행자가 말하는 신체 부위(머리, 어깨, 무릎 등)를 두 손으로 짚다가 진행자의
  지시어에 맞춰 팀 조끼를 잡는 게임으로 변형해 본다.
- 서서 할 때는 신체 부위(머리, 어깨, 옆구리 등)를 두 손으로 집다가 진행자의
  지시어에 맞춰 팀 조끼를 발로 끌어당겨 다리 사이로 먼저 빼내는 친구가

이기는 방법으로 운영해 보자.

- 짝과 마주하여 엎드린 후 한 손씩 하이파이브를 하다가 팀 조끼 잡기, 짝과 윗몸 일으키기를 하다가 팀 조끼 잡기 등으로 응용할 수 있다.

2 팀 조끼 입기 풍선 바운스

- **장소** 교실, 강당
- **준비물** 팀 조끼, 풍선

진행 방법 ⏱

1 팀별로 풍선을 1개씩 불어 놓고, 팀 인원만큼 팀 조끼를 준비한다.

2 팀의 1번 주자부터 풍선과 팀 조끼를 가지고 있다가 시작 신호에 맞춰 풍선을 공중에 띄우면서 팀 조끼를 입는다. 팀 조끼를 다 입기 전에 띄우던 풍선이 바닥에 떨어지면 다시 조끼를 벗고 처음부터 시작해야 한다.

3 팀 조끼를 다 입었으면 2번 주자에게 풍선을 패스한다. 이런 식으로 팀 전원이 순서대로 풍선을 계속 띄우며 조끼 입기에 도전해 먼저 다 입은 팀 순으로 순위를 정한다.

tip

- 풍선은 교사가 미리 같은 크기로 불어 매듭을 지어 놓는 것이 좋다.
- 팀 전원이 다 같이 참여하여 풍선을 띄우면서 먼저 팀 조끼에 머리를 넣고, 이어서 돌아가며 양팔까지 넣도록 미션을 바꿀 수 있다.

한 걸음 더! 🏃

- 게임을 마무리할 때는 풍선을 띄우며 팀 조끼를 벗는 릴레이 게임으로 연계할 수 있다.

3 팀 조끼 찜 피구

- **장소** 교실, 강당
- **준비물** 3색 팀 조끼, 미니 점수판, 미니 원마커

진행 방법 ⏱

1 양 팀으로 나눈 다음 서로 다른 색 팀 조끼를 입고, 공을 대신해 활용할 팀 조끼 1개를 양 팀의 색과 다른 것으로 준비한다.

2 미니 원마커로 한쪽 끝에 '체력 충전소'를 표시하고 그 옆에 점수판을 놓는다.

3 가위바위보로 먼저 공격할 팀을 정한다.

4 시작 신호에 맞춰 공격 팀이 팀 조끼를 패스하거나 던져 상대 팀을 맞히며 시작한다.

5 팀 조끼를 들고 있는 친구는 이동할 수 없으나 한 발을 축으로 나머지 발이 움직이는 피벗은 할 수 있으며 3초 이내에 팀 조끼를 패스하거나 던져서 맞혀야 한다.

6 상대 팀이 던진 팀 조끼를 잡거나 패스하는 중간에 가로채면 바로 공격하거나 같은 팀원끼리 패스할 수 있다.

7 손에 든 팀 조끼에 태그되거나 상대가 던진 팀 조끼가 몸에 맞고 지면에

떨어지면 아웃되어 체력 충전소로 이동해 '점핑잭 5회'를 실시 후 점수판
의 자기 팀 점수를 1점 올리고 다시 게임에 참여한다.

8   정해진 시간 동안 점수가 더 낮은 팀이 게임에서 이긴다.

- 팀 조끼로 태그하여 아웃시킬 때는 허리 아래쪽만 공격하도록 규칙을 정하
  는 것이 좋다.
- 양 팀이 입고 있는 팀 조끼와 색이 다른 팀 조끼를 준비해 찜 피구용으로 활
  용하자.

한 걸음 더! 🏃

- 교실이나 작은 공간이라면 상대 팀이 던진 팀 조끼에 맞아 아웃되면 밖에
  나와 자기 팀 조끼를 입어야 하는 '팀 조끼 입히기 피구', 자기 팀 조끼를 입
  고 있다가 상대 팀 조끼에 맞으면 조끼를 벗어야 하는 '팀 조끼 벗기 피구'
  게임으로 운영해도 재미있다.

— Class 23
교실 공놀이 – 가가볼

책상을 뉘어 만든 피구 게임장에서 즐기는
최고의 교실 피구인 GAGABALL 피구 게임을 통해
민첩성과 집중력, 판단력 등을 길러주세요.

1 교실 GAGABALL 게임

- **장소** 교실, 강당
- **준비물** 풍선공 또는 비치볼, 책상

진행 방법

1 책상을 뉘어 사각형 또는 육각형의 피구 게임장을 만든다.

2 남학생 전원이 게임장 안으로 들어가면 교사가 게임장 안으로 세 번 바운
   드되도록 공을 던져준다. 전원이 바운드에 맞춰 "가", "가", "볼"이라고 함
   께 외치며 시작한다.

3 게임장 안에 있는 사람 중 아무나 먼저 공을 치며 게임을 시작한다.

4 한 사람이 회당 한 번씩만 공을 칠 수 있으나 내가 친 공을 다른 친구가 방어했거나 책상에 맞고 나온 공은 연이어 칠 수 있다.

5 공을 쳐서 상대 친구 무릎 아래를 맞히면 아웃시킬 수 있다. 책상을 맞고 나온 공에 맞아도 아웃된다. 그러나 친 공이 책상 너머로 나가게 되면 친 사람이 아웃된다.

6 자신에게 오는 공은 두 손으로 방어할 수 있다. 살아남은 친구들이 소수가 되면 공의 숫자를 늘려 준다.

7 끝까지 살아남은 친구가 최종 승자가 된다.

8 여학생 전원도 같은 방법으로 게임을 실시하여 최종 승자를 정한다.

- 시작하자마자 아웃되는 친구들을 위해 처음 10초 동안은 준비운동 겸 탐색전으로 상대가 친 공에 맞아도 아웃되지 않도록 해주자.
- 책상을 놓고 할 때 공을 피하다 책상 뒤로 넘어지는 것에 대비하여 남학생들이 할 때는 여학생들이 책상 바로 뒤에 의자를 놓고 앉아 넘어지는 친구를 두

손으로 밀게 하면 조금 더 안전한 진행이 가능하다.

- 책상으로 게임장을 만들 때 사각보다는 육각형으로 만들면 각이 많아져 더 재미있게 운영된다.

한 걸음 더! 🏃

- 남, 여학생 중 끝까지 살아남은 3명씩 게임을 하게 해서 학급의 가가볼 챔피언을 가려볼 수 있다.
- 강당이라면 한쪽 벽에 긴 테이블을 붙여서 뉘어 실시하면 재미있게 즐길 수 있다.

2 지뢰 GAGABALL 게임

- **장소** 교실, 강당
- **준비물** 책상, 풍선공, 숫자 원마커

진행 방법 🕐

1 책상을 뉘어 사각형 또는 육각형의 피구 게임장을 만들고 게임장 사이사이에 원마커(지뢰)를 놓는다.

2 학급을 2개 모둠으로 나누어 1 모둠부터 게임장 안으로 들어간다.

3 교사가 게임장 안으로 공을 던져주면 세 번 바운드될 때 "가", "가", "볼"이라고 함께 외치며 놀이를 시작한다.

4 게임장 안에 있는 사람 중 누구나 먼저 공을 치며 시작할 수 있고, 한 사람

이 회당 한 번씩만 공을 칠 수 있으나 내가 친 공을 다른 친구가 방어했거나 책상에 맞고 나온 공은 연이어 칠 수 있다.

5   공을 쳐서 상대 친구 무릎 아래를 맞히면 아웃시킬 수 있다. 책상을 맞고 나온 공에 맞아도 아웃된다. 그러나 친 공이 책상 너머로 나가게 되면 친 사람이 아웃된다. 게임 도중 게임장 사이의 원마커(지뢰)를 밟아도 아웃된다.

6   자신에게 오는 공은 두 손으로 방어할 수 있다. 살아남은 친구들이 소수가 되면 공의 숫자를 늘려 준다.

7   끝까지 살아남은 친구가 최종 승자가 되며 2 모둠이 들어가 같은 방법으로 게임을 진행한다.

8   1 모둠과 2 모둠에서 끝까지 살아남은 3명씩 게임을 하게 해서 학급의 지뢰 가가볼 챔피언을 가린다.

tip

- 지뢰를 긴 줄넘기 줄로 변경한 후 게임장 중앙에 긴 줄넘기를 바닥에 놓고, 게임 중간에 양쪽에서 줄넘기 손잡이를 잡고 흔들어 줄넘기 줄에 맞은 친구도 아웃이 되도록 규칙을 변형해 보자.

한 걸음 더! 🏃

- 팀 게임으로 진행할 때는 패스를 하다가 맞아도 아웃되는 것으로 규칙을 정해보자. 같은 팀끼리 서로 패스하다가 아웃되는 재미있는 상황이 연출된다.

MEMO

Bonus Tip 2

짬짬이 시간, 활동 계획 준비하기

• • •

체육 수업을 하다 보면 대체로 아이들에게 체육 활동을 조금이라도 더 시켜주려는 욕심에 쉬는 시간 종이 울리기 직전까지 수업을 진행하게 된다. 그렇지만 때로는 계획했던 체육 활동을 일찍 마쳐서 5분 정도 자투리나 짬짬이 시간이 남을 때도 있다. 이때 간단하면서도 즐겁게 할 수 있는 신체 놀이나 액션 게임 등을 미리 준비했다가 활용하길 바란다.

체육 수업의 마지막이 재밌고 즐거워야 아이들은 체육 시간이 달콤한 시간이라는 것을 느끼게 된다. 예를 들어 체육 수업 40분 중 30분을 신나고 즐겁게 활동했지만 남은 10분 내내 교사에게 혼이 난 뒤 교실로 들어갔다고 가정하자. 체육 수업의 마무리에 혼만 났기에 아이들에게는 체육 수업이 좋지 않은 기억으로 남는다. 하지만 30분을 혼났거나 의미 없이 보냈어도 나머지 10분 동안 아주 즐겁고 재미있게 수업을 마무리했다면 아이들은 그 체육 수업을 좋게 기억하고 다음 수업을 기대한다. 수업 마무리, 얼마 안 되는 짬짬이 시간이 별것 아닌 것 같지만 체육 수업의 인상을 결정지을 수 있다는 사실을 명심하자.

짬짬이 시간에 가장 잘 활용할 수 있는 가위바위보 놀이와 액션 게임 몇 가지를 소개한다.

치킨 배달

같은 단계 친구를 만나 가위바위보 대결을 펼치는 레벨
업 가위바위보. '알 → 병아리 → 닭 → 치킨 → 배달
→ 체인점 사장'에 도전하게 되는 놀이로 짬짬이 놀이
와 체육 수업의 준비운동으로 활용해도 좋다.

탈락 없는 가라사대

가라사대 놀이는 교사가 '가라사대'라는 말을 넣어 지
시하면 아이들이 행동으로 옮기고, '가라사대'라는 말이
들어가지 않으면 행동으로 옮기면 안 되는 놀이다. 일
반 가라사대 놀이는 틀리면 탈락시키는 반면 '탈락 없
는 가라사대' 놀이는 틀렸을 때 탈락이 없는 대신 다시 참여하기 위해서는 운
동을 해야 하기 때문에 아이들의 참여 기회와 운동량을 늘려줄 수 있는 재미
있는 놀이다.

맥도널드

맥도널드 놀이는 액션 놀이 중 하나로 두 팔을 한쪽 방
향으로 2바퀴 돌리다가 '햄버거'와 '콜라' 중 1가지 동
작으로 멈춰 교사와 다른 동작을 하는 아이들만 살아남
는 서바이벌 놀이다. 이 놀이는 '파파이스', '롯데리아'
등의 액션 놀이와 함께 짬짬이 시간에 활용하면 좋다.

체력이 약한 요즘 아이들, 어떻게 해야 튼튼해질까요? 줄넘기, 빈백, 후프 등 체육 시간에 흔히 사용하는 교구 들로 수업에 흥미를 더해주세요. 쉽고 재미있는 놀이 를 통해 더욱 즐겁게 운동 체력을 향상시킬 수 있어요.

Part 3
건강 영역
놀이 체육

━ Class 24
후프를 활용한 놀이

후프를 활용한 다양한 술래놀이와
협력 게임을 통해 체력을 향상시킬 수 있는
체육 수업을 만들어 보세요.

1 마녀와 좀비 술래

- **장소** 강당
- **준비물** 후프, 펀스틱, 고깔콘 또는 접시콘

진행 방법 ⏱

1 술래놀이 게임장을 고깔콘으로 표시한다.

2 전체 가위바위보로 술래를 1명 정하고, 후프를 게임장 바깥에 모아 놓
는다.

3 술래는 마녀가 되어 다리 사이에 펀스틱을 끼우고 한 손에는 다른 펀스틱
을 들고 시작 신호에 맞춰 도망가는 아이들을 쫓아가 태그한다.

4 마녀에게 태그되거나 마녀를 피해 도망가다가 게임장을 벗어난 친구는 좀비가 된다.

5 좀비는 게임장 밖에 있는 후프에 한 발을 넣어 끌면서 두 팔을 들고 도망다니는 친구들을 함께 쫓는다.

6 마녀와 점점 늘어나는 좀비들을 피해 살아남은 친구가 3~5명 정도가 되면 놀이를 끝내고 살아남은 친구들을 칭찬해 준다.

tip

• 술래가 펀스틱으로 태그할 때, 때리지 말고 신체 부위에 살짝 갖다 대도록 지도한다.

• 친구들을 쫓을 때 마녀는 달려도 상관없지만 좀비는 후프를 한 발로 끌어야 하기 때문에 걷는 것만 허용하는 것이 좋다.

한 걸음 더! 🏃

- 좀비 대왕과 좀비 술래 : 좀비 대왕을 2명 정도 정해 그 친구들은 공을 들고 친구들을 쫓아가 뒤로 돌아 다리 사이로 공을 던진다. 그 공에 맞은 친구들은 좀비가 되어 후프를 한 발로 끌면서 도망가는 친구들을 쫓는 술래놀이다.
- 후질ㄲ 술래 : 술래와 도망가는 아이들 모두 후프 안에 들어가 후프 밖으로 나가지 않고 천천히 후프를 차면서 이동하여 쫓고 도망가는 술래놀이다.

2 후프 트레이닝 타이머

- **장소** 강당
- **준비물** 후프

진행 방법 ⏱

1 모둠별로 1명씩 후프를 1개 들고 준비한다.
2 후프를 세워 지면에 댄 채 잡고 있다가 시작 신호에 맞춰 후프를 세게 돌린 후 점핑잭(팔 벌려 높이뛰기)을 빠르게 실시한다.
3 점핑잭은 후프가 바닥에 완전히 멈출 때까지 실시할 수 있다.
4 점핑잭을 하는 개수는 모둠의 다음 친구가 세어 주고 기록한다. 가장 많은 점핑잭을 실시한 친구를 찾아 칭찬해 준다.
5 모둠의 다른 친구들도 같은 방법으로 후프 트레이닝 타이머 활동을 실시한다. 점핑잭 횟수를 모두 더해 가장 많이 한 모둠 순으로 칭찬해 준다.

- 점핑잭 횟수는 두 손바닥이 부딪힐 때 세도록 안내한다.
- 트레이닝 방법은 점핑잭 이외에 스쿼트나 버피, 점프턱 등 아이들이 길러야 할 체력을 고려하여 바꿔줄 수 있다.
- 후프의 개수가 여유 있다면 전체가 함께 실시하는 방법으로 운영하여 대기 시간을 줄여주자.

한 걸음 더! 大.

- 모둠별로 후프 트레이닝 타이머 활동을 1회 실시한 후, 자기 팀의 이전 기록보다 더 높은 기록에 도전하게 하거나 학급 전체 기록에 도전하게 해보자.
- 일대일 배틀 방법으로 후프 트레이닝 타이머 활동을 해보자. 자기 기록을 자기가 세도록 해서 이기면 상대방에게 바둑돌이나 공기 1개를 획득하는 방법으로 운영하여 학급의 많은 친구들과의 대결을 통해 활동량을 늘려 주자.

3 협력 후프 나르기

- **장소** 강당, 운동장
- **준비물** 후프, 원마커나 콘

진행 방법 ⏱

1 각 모둠에서 후프 사이로 뛸 친구를 1명씩 정한다.

2 출발선에서부터 후프를 5개씩 붙여 일렬로 놓은 후 출발선 가까운 곳의

후프 안에 뛸 친구가 들어가 선다. 나머지 친구들은 2열로 선다.

3   출발 신호에 맞춰 후프 안에 있는 친구는 앞에 있는 후프로 점프하여 앞으로 계속 이동한다.

4   2열로 서 있던 모둠 친구들은 점프하는 친구가 지나간 후프를 양쪽에서 한 손으로 들고 앞으로 달려가 맨 앞에 있는 후프에 연결한다. 이 친구들은 다시 뒤로 가서 후프를 잡고 앞쪽에 후프를 계속 연결하는 역할을 한다.

5   후프를 들고 이동할 때는 점프하여 이동하는 친구의 머리 위쪽으로 후프를 올려 들거나, 점프하는 친구가 자세를 낮추게 한다.

6   결승선까지 가장 먼저 도착한 모둠 순으로 순위를 정하고 칭찬해 준다.

- 한 모둠을 5명 정도로 하여 1명은 점프하고, 나머지 4명이 번갈아 가며 앞쪽에 후프를 연결하게 하면 좋다.
- 멀리뛰기 수업이라면 후프를 붙여 놓는 대신 점프하는 친구가 뛸 수 있는 거리만큼 후프를 넓혀 놓고, 그 안으로 뛰도록 운영해 볼 수 있다. 단, 강당 바닥에서의 후프를 활용한 멀리뛰기는 안전사고의 위험이 있으니 지양하도록 하자.

— Class 25
팀 조끼를 활용한 놀이

팀 조끼를 손에 들면 술래가 되는 돌변 술래와
팀 조끼를 던지고 받아 목표 지점으로 조금씩 이동하는 놀이를 통해
민첩성과 순발력을 기르고 체력을 즐겁게 향상시킬 수 있어요.

1 돌변 술래

• **장소** 강당, 운동장
• **준비물** 팀 조끼

진행 방법 🕐

1   2명씩 짝을 이루어 팀 조끼를 1개씩 가지고 준비한다.

2   짝끼리 2~3m 거리를 두고 서서 교사가 호루라기를 1번 불면 팀 조끼를 던지고 받기를 반복한다.

3   교사가 호루라기를 2번 불면 팀 조끼를 손에 든 친구는 술래가 되고 나머지 친구는 도망가는 역할을 한다.

4 술래가 쫓아가 태그하거나, 쫓아가는 도중에 교사가 호루라기를 1번 불면 둘은 다시 2~3m 떨어져 서서 팀 조끼를 던지고 받아야 한다.

5 교사가 호루라기를 2번 불면 그때 팀 조끼를 손에 든 친구가 또 술래가 되어 쫓는 방법으로 놀이를 이어간다.

6 활동 후 수고한 모든 친구를 격려해 주고 활동을 마친다.

• 호루라기 대신 음악을 활용해도 좋다. 경쾌한 음악이 나오면 팀 조끼를 던지고 받다가 음악이 멈추면 팀 조끼를 잡은 친구가 술래가 되어 짝을 쫓는다. 강당이나 운동장을 교사 혼자 사용한다면 음악 활용을 추천한다.

한 걸음 더! 🏃

• 팀 조끼를 든 친구가 쫓아가 손으로 태그하는 대신 도망가는 친구와 거리가 가까워졌을 때 팀 조끼를 던져 맞혀도 되는 것으로 해보자.

• 팀 조끼 대신 빈백이나 솜털공 등으로 교구를 바꿔서 운영해도 좋다.

2 팀 조끼 던지고 마커 놓고

- **장소** 강당, 운동장
- **준비물** 팀 조끼, 숫자 원마커, 콘

진행 방법 ⏱

1 각자 팀 조끼와 원마커를 1개씩 가지고 출발선에 선다.

2 원마커를 출발선 바닥에 놓고, 밟고 있다가 출발 신호에 맞춰 자기 앞쪽 공중으로 팀 조끼를 던진다.

3 던진 팀 조끼는 바닥에 떨어지기 전에 받아야 한다. 받기에 성공하면 받은 위치를 팀 조끼로 표시하고, 출발선의 원마커를 그 위치에 옮긴다. 팀 조끼를 바닥에 떨어뜨리면 출발선으로 되돌아가 다시 도전해야 한다.

4 같은 방법으로 활동을 이어가 정해진 목표 지점까지 먼저 도착한 순서대로 칭찬해 준다.

tip

- 자신이 던지고 받을 수 있는 거리를 생각해 팀 조끼를 던지도록 활동 전에 안내해 주는 것이 좋다.

- 강당 바닥에 놓인 팀 조끼를 밟게 되면 미끄러져 다칠 수 있기 때문에 밟지 않도록 활동 전에 꼭 안내하자.

- 팀 조끼를 묶어 던지는 아이들이 생기지 않도록 규칙을 정할 때 묶지 않도록 약속한다.

한 걸음 더! 🏃

- 왕복 달리기를 하게 되는 활동이라서 거리를 늘릴수록 운동량이 많아지기 때문에 운동량이 부족한 아이들은 반환점을 돌아 출발선까지 되돌아오도록 진행하는 것이 좋다.

3 짝과 팀 조끼 던져 이어받기

- **장소** 강당
- **준비물** 팀 조끼, 콘

진행 방법 ⏱

1 2명씩 짝을 지어 팀 조끼를 1개 가지고 출발선에 선다.

2 1명은 팀 조끼를 들고 나머지 1명은 그 친구 옆에 서서 달릴 준비를 한다.

3 출발 신호에 따라 1명이 팀 조끼를 던지면 나머지 친구는 달려가 그 팀 조끼가 바닥에 떨어지기 전에 받아야 한다. 팀 조끼를 받은 친구는 던지는 친구로, 던진 친구는 받는 친구로 역할이 바뀐다.

4 짝이 던진 팀 조끼를 떨어뜨리면 다시 짝 옆에 서 있다가 재출발하여 팀 조끼를 받아낼 때까지 반복한다.

5 같은 방법으로 활동을 이어가 정해진 목표 지점에 도착하는 순서대로 순위를 정해 칭찬해 준다.

tip

- 짝의 순발력과 민첩성을 생각해 팀 조끼를 던질 거리를 적당히 조절하는 것이 중요하고, 팀 조끼가 포물선을 그리며 떨어져야 여유 있게 잡을 수 있음을 활동 전 시범을 통해 안내해 주자.

한 걸음 더! 🏃

- 2명씩 짝을 지어 팀 조끼를 각각 1개씩 가지고 2~3m 떨어져 마주 보고 선 후 자신의 머리 위쪽으로 팀 조끼를 던지고 짝이 던진 팀 조끼를 받는 활동으로 변형해 보자. 이때, 2명 모두 팀 조끼 받기에 성공하면 뒤로 한 걸음씩 더 떨어져 다음 목표 거리에 도전하는 방법으로 놀이를 이어간다.

─ Class 26
빈백을 활용한 놀이

친구와 경쟁하며 빠르게 달려가 정해진 개수와 정해진 색깔만큼
빈백을 모으는 게임을 통해 민첩성과 심폐 지구력을, 고깔콘 안에 숨겨진
같은 스포츠 빈백을 찾는 게임을 통해 체력은 물론 기억력과 판단력을 키워주세요.

1 3개를 모아라!

• **장소** 강당, 운동장
• **준비물** 스포츠 빈백, 원마커

진행 방법 🕑

1 전체를 4모둠으로 나눈다. 가로, 세로 7m 정도 떨어진 공간의 각 모서리
　에 원마커를 놓고 각 모둠의 홈으로 삼는다. 게임장 중앙의 원마커에는
　빈백을 7개 올려 놓는다.

2 각 모둠에서 1명씩 나와 자기 팀의 원마커를 밟고 준비한다. 이때, 원마커
　앞쪽으로 발이 나오지 않도록 한다.

3 출발 신호에 맞춰 게임장 중앙의 원마커로 4명이 달려가 빈백을 1개씩 자기 홈으로 옮겨놓는다.

4 빈백은 한 번에 1개씩만 옮길 수 있고, 중앙 원마커의 빈백이 떨어지면 다른 친구 홈에서 가져올 수 있다.

5 자기 팀의 빈백을 상대가 가져갈 때 방어할 수 없다.

6 3개의 빈백을 먼저 모으는 친구가 이기게 된다.

- 빈백을 가져와 자기 팀 원마커에 놓을 때 던지면 안 된다는 규칙을 정하고, 중앙 원마커가 모두 떨어진 뒤에 다른 팀 원마커에서 가져가는 것으로 약속한다.
- 서로 견제를 잘하면 게임이 쉽게 끝나지 않기 때문에 심폐 지구력을 기르는 데 좋은 운동이다. 그리고 달리기 잘하는 아이를 서로 견제하기에 엉뚱하게 민첩성이 좋지 않은 친구가 이기기도 하는 재미있는 게임이다.

한 걸음 더! 🏃

- 가로, 세로 거리를 10m 이상 넓히면 달려야 하는 거리가 늘어나서 운동량이 증가한다.
- 팀 게임인 '채우고 채워도'로 응용해 보자. 4모둠이 가로, 세로 15m 정도 떨어진 공간 안에 원마커 대신 후프를 사용해 빈백을 4개씩 놓고 각 모둠에서 4명씩 나와 동시에 출발해 정해진 시간 동안 빈백을 가장 많이 모은 팀이 이기는 게임이다. 이 게임에서도 한 번에 1개씩만 가져갈 수 있고, 자기 팀

빈백을 가져갈 때 방어할 수 없으며 한 사람이 같은 팀에서 연속으로 빈백을 가져갈 수 없다는 규칙으로 운영하면 재미있게 심폐 지구력 운동을 하게 된다.

2 3색 스포츠 빈백을 모아라!

- **장소** 강당, 운동장
- **준비물** 스포츠 빈백, 원마커

진행 방법 ⏱

1   가로, 세로 7m 정도씩 떨어진 공간의 각 모서리에 원마커를 놓는다.
2   게임장 중앙 원마커에 4색 스포츠 빈백을 2개씩 8개 올려놓는다.
3   출발 신호에 맞춰 게임장 중앙 원마커로 4명이 달려가 빈백을 1개씩 자기 홈으로 옮긴다.

4   빈백은 한 번에 1개씩만 옮길 수 있고, 중앙 원마커의 빈백이 떨어지면 다른 친구 홈에서 가져올 수 있다.

5   자기 빈백을 상대가 가져갈 때 방어할 수 없다.

6   각각 다른 색의 스포츠 빈백 3개를 먼저 모으는 친구가 이기게 된다.

- 빈백 개수와 관계없이 3색의 스포츠 빈백을 모아야 하는 게임이기 때문에 다른 친구가 여러 색을 모으려고 할 때 서로 견제하여 가져와야 이길 수 있는 게임이라는 것을 안내하고 시작하자.
- 빈백을 가져갈 때나 홈에 놓고 돌 때 상대와 충돌할 수 있으므로 안전지도 후에 게임을 진행하자.

한 걸음 더! 🏃

- 게임장 중앙 원마커에 같은 색의 스포츠 빈백을 3개씩 9개 놓고 시작해 같은 스포츠 빈백 3개를 먼저 모으는 게임으로 변형해 볼 수 있다.

3 같은 스포츠 빈백을 찾아라!

- **장소** 강당, 운동장
- **준비물** 고깔콘 또는 점보스택, 스포츠 빈백, 원마커

진행 방법 ⏱

1 출발선에서 5m 정도 떨어진 지점에 고깔콘 30개를 준비해 5×6 대형으로 놓는다.

2 같은 색 스포츠 빈백을 15쌍 준비해 아이들이 보지 않을 때 고깔콘 안에 각각 1개씩 넣어둔다.

3 출발선에 두 팀으로 나누어 서 있다가 출발 신호에 맞춰 양 팀에서 1명씩 달려가 2개의 고깔콘을 열어 본다.

4 고깔콘을 열었을 때 같은 색 스포츠 빈백이면 찾아서 가져온다.

5 고깔콘을 열었는데 서로 다른 색 빈백이면 다시 덮어두고 출발선으로 되돌아온다.

6 출발선에서 대기하고 있는 친구들은 양 팀이 고깔콘을 들었을 때 어떤 색 빈백이 어느 콘 아래에 있는지 기억하고 있다가 팀원에게 가르쳐 줄 수 있다.

7 정해진 게임 시간이 지난 후 두 팀 중 더 많은 쌍의 스포츠 빈백을 찾은 팀이 이긴다.

tip

- 같은 색 빈백을 찾아서 가져올 때 고깔콘까지 함께 가져오도록 하면 남은 고깔콘 개수가 점점 줄어 같은 빈백을 더 쉽게 찾을 수 있게 된다.

한 걸음 더! 🏃

- 학년이나 아이들 수준, 활동 시간을 고려해 고깔콘과 빈백을 4×4 대형으로 놓거나 6×6 대형으로 놓고 실시해 보자.

— Class 27
줄넘기를 활용한 놀이

여러 친구들과 마주 보며 둘이 하나가 되어 뛰어야 하는
짝줄넘기를 활용한 줄여행을 통해 민첩성을 기르고 줄을 넘는 타이밍을 캐치하며
리듬감을 갖게 해주세요.

1 줄여행 1회선 2도약 넘기

- **장소** 강당, 운동장
- **준비물** 개인 줄넘기

진행 방법 ⏱

1   5명을 한 팀으로 구성하고 팀별로 일렬횡대로 옆 친구들과 50cm 정도씩
    떨어져 선다.

2   줄을 돌리는 친구는 한쪽 끝에서 줄을 1회 돌릴 때 2회 뛰는 스텝인 1회
    선 2도약으로 두 번 정도를 혼자 넘는다.

3   두 번을 혼자 넘은 뒤 서 있는 친구 쪽으로 이동하여 그 친구와 함께 1회

선 1도약으로 줄을 넘는다. 서 있는 친구들은 줄을 돌리는 친구와 같은 박자로 뛰다가 줄을 함께 넘어도 되고 그대로 서 있다가 줄을 함께 넘어도 된다.

4   서 있는 친구와 친구 사이에도 줄을 돌리는 친구 혼자 1회선 2도약으로 넘고 지나가는 방법으로 한다.

5   이런 방법으로 줄을 돌리는 친구가 서 있는 친구 모두를 1회선 2도약으로 넘어 끝까지 이동한다.

6   줄을 돌리는 친구는 이제 줄 끝에 서고, 2번 친구가 줄을 돌리며 줄여행을 하는 방법으로 모든 친구들이 줄을 돌리며 다른 친구들과 함께 뛰어 지나 간다.

- 줄을 돌리는 친구와 서서 뛰는 친구 사이의 간격이 멀면 줄에 걸릴 확률이 높아지기에 가까이서 줄을 넘으며 지나가도록 안내하자.
- 서 있는 친구들이 같은 간격과 위치에 서 있어야 줄을 돌리는 친구가 부담이 없기에 강당 바닥 라인을 활용해 줄을 서서 실시하면 좋다.

한 걸음 더! 🏃

- 줄을 돌리는 친구가 이동하는 대신 줄을 넘는 친구들이 한 명씩 넘고 옆으로 빠져나가는 방법으로 운영할 수 있다. 친구들이 지나가는 사이 사이에 줄을 돌리는 친구는 제자리에서 1회선 2도약으로 줄넘기를 한다.

2 줄여행 1회선 1도약 넘기

- **장소** 강당, 운동장
- **준비물** 개인 줄넘기

진행 방법 ⏱

1 5명을 한 팀으로 구성하고 팀별로 일렬횡대로 옆 친구들과 30cm 정도씩 떨어져 선다.

2 줄을 돌리는 친구는 한쪽 끝에서 줄을 1회 돌릴 때 2회 뛰는 스텝인 1회선 2도약으로 두 번 정도를 혼자 넘는다.

3 두 번을 혼자 넘은 뒤 서 있는 친구 쪽으로 이동하여 그 친구와 함께 1회선 1도약으로 줄을 넘는다.

4 서 있는 친구와 친구 사이에 줄을 헛돌리지 않고 바로 다음 친구와 넘는 방법으로 줄을 돌리는 친구가 서 있는 친구 모두를 1회선 1도약으로 넘어 끝까지 이동한다.

5 줄을 돌리는 친구는 이제 줄 끝에 서고, 2번 친구가 줄을 돌리며 줄여행을 하는 방법으로 모든 친구들이 줄을 돌리며 다른 친구들과 함께 뛰어 지나간다.

- 줄을 돌리는 역할을 하기 전에 투명 줄넘기(양손에 줄을 잡았다고 생각하고 실제 로는 잡지 않고 연습하는 방법)로 한쪽으로 줄을 넘으며 이동하는 연습을 모두 해보고 실시해도 좋다. 이때, 줄을 돌리는 손이나 팔보다 발과 다리가 이동 하는 방향으로 먼저 나가도록 지도해야 한다.

한 걸음 더! 🏃

- 놀이에 능숙해지면 서 있는 친구들과 마주하여 넘는 줄여행 대신 서 있는 친구들과 같은 방향을 보고 서서 한쪽 방향으로 넘으며 이동하는 줄여행 방 법을 도전해 볼 수 있다.

3 줄여행 릴레이

- **장소** 강당, 운동장
- **준비물** 개인 줄넘기

진행 방법 🕐

1 5명을 한 팀으로 구성하고 팀별로 가위바위보를 하여 시합 순서를 정 한다.

2 1번 팀부터 30초간 줄여행 릴레이에 도전한다.

3 팀별로 일렬횡대로 옆 친구들과 30cm 정도씩 떨어져 선다.

4 줄을 돌리는 친구는 한쪽 끝에서 줄을 1회 돌릴 때 2회 뛰는 스텝인 1회

선 2도약으로 두 번 정도를 혼자 넘는다.

5   줄을 돌리는 친구와 함께 줄을 넘은 친구는 다시 맨 끝으로 이동하여 간격을 맞춰 줄을 선다.

6   이런 방법으로 릴레이를 이어가 30초 동안 팀이 넘은 횟수를 세서 가장 횟수가 많은 팀 순으로 순위를 정해진다.

tip

• 시합 전에는 줄을 돌리는 친구가 줄을 넘는 친구들이 줄에 맞거나 걸리지 않을 정도의 거리를 두고 선 뒤, 앞에 선 친구들과 같이 점프하며 줄을 넘는 시뮬레이션을 하는 것이 도움이 된다.

• 줄을 돌리고 넘을 때 돌이나 흙이 튀어 놀이에 방해를 받을 수 있으니 운동장보다는 강당이나 딱딱한 바닥에서 할 것을 추천한다.

한 걸음 더! 🏃

• 긴 줄넘기 줄을 줄여 잡고 1명과 지나며 줄여행을 하고, 다음에는 2명, 그 다음은 3명과 함께 넘는 방법으로 인원이 늘어날 때마다 긴 줄을 조금씩 풀어 뛰어 팀이 몇 명과 함께 뛰기까지 가능한지 도전해도 재미있다.

— Class 28
저글링을 활용한 놀이

빈백을 활용한 1, 2, 3구 저글링과
조깅과 저글링이 결합된 놀이인 조글링 시합을 통해
협응력을 향상시키는 수업을 실천해 보세요.

1 2구 저글링

- **장소** 교실, 강당, 운동장
- **준비물** 저글링 공 또는 스포츠 빈백

진행 방법 ⏱

1   아이들에게 빈백을 2개씩 나누어 준다.

2   먼저 빈백 1개를 한 손에 들고 두 발은 어깨너비로 넓힌 뒤 두 팔로 'L'자
    를 만들어 빈백을 반대 손으로 던져 주고받기 연습을 한다.

3   높이는 머리 높이로 하고, 빈백을 잡은 손을 안쪽으로 회전을 시켜 던지
    고 받도록 안내한다.

4 위의 과정에 익숙해졌다면 빈백 2개를 양손에 나눠 잡고 2구 저글링에 도전한다.

5 2개의 빈백을 각각 반대 손으로 옮길 때는 한쪽 손에서 위로 던진 빈백이 최고 정점의 높이에 있을 때 반대 손의 두 번째 빈백을 안쪽에서 던져야 한다. 그래야 빈백이 서로 충돌하지 않는다.

6 먼저 던지는 손의 방향을 바꿔서도 연습한다.

- 2구 저글링을 할 때는 시범을 통해 아이들이 잘못하는 몇 가지를 예를 들어 설명해주는 것이 좋다.
  - 첫 번째 빈백을 던지고 두 번째 빈백을 던지지 않고 손으로 가져가는 것
  - 양손을 빈백을 잡기 위해 위로 올리는 것
  - 두 번째 빈백을 낮게 던지는 것
- 2구 저글링을 잘 할 수 있는 방법을 안내한다.
  - 빈백을 양쪽으로 던지고 받을 때 입으로 숫자(1번 빈백 : 하나-둘, 2번 빈백 : 셋-넷)를 말하도록 해보자. 입으로 말할 때 뇌에서 전달해 던지게 되므로 던지고 받는 타이밍을 잡는 데 도움이 될 수 있다.
  - 두 번째 던지는 빈백은 첫 번째 빈백보다 높게(머리보다 약간 위로) 던지면 약간의 여유가 생겨 두 번째 빈백을 받기 쉬워진다.

한 걸음 더! 🏃

- 한 손에 두 개의 빈백을 잡고, 한 손으로 두 개 연속 저글링에 도전해 보자. 이 방법도 첫 번째 빈백을 머리 위로 올려 최고 정점에 있을 때, 손을 옆으로 약간 빼서 거기에 두 번째 빈백을 던지고 첫 번째 빈백을 받는 방법으로 입으로 숫자를 세면서 하면 도움이 된다.
- 짝과 2구 저글링에 도전해 보자. 짝과 마주하여 1m 정도 떨어져 서서 먼저 짝이 앞으로 내민 손에 내가 던진 빈백이 포물선을 그려 떨어지도록 던지는 연습부터 한다. 그 후, 짝이 던진 빈백이 정점에 있을 때 내가 두 번째 빈백을 던진다. 서로 빈백을 던지는 순서를 바꿔서 해본다.

2 3구 저글링

- **장소** 교실, 강당, 운동장
- **준비물** 저글링 공 또는 스포츠 빈백

진행 방법 ⏱️

1 아이들에게 빈백을 3개씩 나누어 준다.

2 한 손에는 빈백 2개, 나머지 한 손에는 빈백 1개를 든다.

3 2개 빈백을 든 손의 위에 있는 빈백부터 던지며 시작한다. 2개를 든 손 위쪽 빈백은 '하나-둘', 반대 손에 있는 빈백은 '셋-넷', 다시 2개 든 손 아래쪽 빈백은 '다섯-여섯'으로 숫자를 세면서 하도록 지도한다.

4 처음에는 떨어지는 두 번째 빈백을 받으려는 생각 때문에 3번째 빈백이 손에서 잘 던져지지 않는다. 목표를 3번째 빈백을 반대 손 쪽으로 던지는

것에 두어도 좋다.

5 3번째 빈백이 자연스럽게 던져지면 이제 3번째 빈백을 받아내도록 지도 한다.

6 시작하는 손을 바꿔서도 해보고 3번째 빈백이 잘 받아지면 3번째 빈백을 받지 말고 '하나-둘-셋-넷'을 번갈아 말하면서 3구 연속 저글링에 도전 해 보자.

tip

- 3구 저글링 연습을 할 때 앞으로 나가는 친구는 벽 앞에서 연습하면 나가려 고 하는 버릇이 고쳐질 수 있다.
- 저글링 할 때 무릎을 약간 구부렸다가 펴면서 리듬에 맞추어 실시하는 것이 도움이 될 수 있다.

한 걸음 더!

- 짝과 마주 서서 3구 저글링에 도전해 보자. 한 사람이 2개, 나머지 한 사람 이 1개를 가지고 2개 가진 사람이 먼저 던져주며 시작한다. 짝과 마주 서서 저글링 할 때는 약간 짧게 손에 떨어지도록 던져야 3구 저글링이 연속으로 가능해진다.
- 짝과 나란히 서서 서로 안쪽 손은 사용하지 않고 바깥쪽 손만 사용해 2구와 3구 저글링에 도전해 볼 수 있다.

3 조글링

- **장소** 강당, 운동장
- **준비물** 저글링 공 또는 빈백, 콘

진행 방법 ⏱

1 출발선에서 10m 정도 떨어진 지점에 콘을 팀 수만큼 세워둔다.

2 팀별로 팀원들이 빈백을 3개씩 가지고 출발선에 순서대로 선다.

3 1번 주자가 빈백 3개로 3구 저글링을 하면서 천천히 달려 나간다. 가는 도중 빈백이 바닥에 떨어지면 그 자리에 서서 빈백을 주워 다시 저글링을 하면서 달려 나간다.

4 3구 저글링을 하면서 콘을 돌아와 출발선에 도착하면 다음 주자도 3구 저글링을 하면서 같은 방법으로 콘을 돌아온다.

5 팀 전원이 콘을 돌아 들어온 순서대로 팀 순위가 정해진다.

- 조글링은 저글링과 조깅의 합성어로 실제로 저글링 대회에 있는 종목이다.
- 빠르게 달려 콘을 돌아오는 것에 초점을 두면 저글링보다 달리기에만 신경
  을 쓰게 되기 때문에 떨어뜨린 횟수가 가장 적은 팀을 칭찬해 주거나 기록
  과 떨어뜨린 횟수를 함께 순위로 정하는 방법 등을 고려해 보자.

한 걸음 더!

- 3구 저글링이 되면 이런 네트형 게임도 가능하다. 두 친구가 배드민턴 네트
  를 사이에 두고 한 친구는 빈백 3개, 한 친구는 빈백 2개를 가지고 선다. 빈
  백을 3개 가진 친구가 3구 저글링을 하다가 어느 순간 1개 빈백을 네트 너
  머로 던지면 2개를 가지고 있던 친구는 빈백이 날아오는 쪽 손 빈백을 던지
  며 그 손으로 받아 저글링을 이어나가는 방법이다. 빈백을 못 받아 바닥에
  떨어지거나 빈백을 하는 도중 떨어졌을 때, 빈백을 던지다 네트에 걸리거나
  게임장 라인 밖으로 나갔을 때는 상대 친구가 득점한다.

MEMO

Bonus Tip 3

아이들의 운동량을 늘리는 방법

• • •

아이들을 즐겁게 체육 활동에 참여시키면서 운동량을 늘리는 방법은 없을까?
'일대일 대결', '이긴 친구가 운동', '바둑돌 획득'이라는 세 가지 아이디어가
들어간 아래의 게임에서 답을 찾아보자.

컵 플립 챌린지

엎어놓은 컵을 손가락으로 튕겨 컵이 바로 설 때까지
도전하는 게임이다. 학급 전원과 일대일로 만나 대결
하는데 남, 여학생이 골고루 만날 수 있도록 같은 성별
끼리 만난 후에는 다른 성별의 친구를 만나 대결하게
한다. 컵을 바로 세우는 컵 플립에 성공하면 '체력 충전소'로 이동해 정해진
신체 활동 과제를 수행해야 한다. 이때 진 친구는 다른 친구를 만나 게임을 이
어간다. 이겨서 신체 활동 과제를 수행하고 나면 준비한 바둑돌이나 공깃돌을
1개 획득한다.

점보스택 퐁당

점보스택을 놓고 두 명이 일대일로 대결을 한다. 티볼
공을 원바운드로 튕겨 순서와 상관없이 먼저 점보스택
에 3골을 넣으면 이긴다. 진 친구는 다른 친구를 만나
게임을 이어가고, 이긴 친구는 '체력 충전소'로 이동해

정해진 신체 활동 과제를 수행한 후 바둑돌이나 공깃돌을 1개 받는다. 정해진 시간 동안 가장 많은 바둑돌을 받은 사람이 칭찬을 받는다.

이 게임들의 좋은 점은 일대일로 친구를 계속 바꿔 만나기 때문에 학급의 여러 친구들과 상대를 해볼 수 있다는 점이다. 그리고 이긴 친구가 정해진 신체 활동 과제 후 바둑돌을 획득하기 때문에 이긴 기쁨과 바둑돌을 획득해야 한다는 생각에 신체 활동 과제를 수행하는 것에 대한 거부감이나 불평이 없다. 또한 교사는 처음 규칙 정하기와 게임 안내 후 특별히 할 일이 없어 편안하게 진행할 수 있다. 교사는 여유롭지만 아이들은 바쁘고 운동이 많이 되는 이런 팁을 활용해 활동을 계획하길 추천해 본다.

"

누가 이길지 뻔히 보이는 승부는 이제 그만!
놀이에 행운과 협력의 규칙을 추가해 주세요.
아이들이 끝까지 최선을 다해 달리고, 뜀뛰고, 던지며
도전하는 동안 자신도 모르게 유산소 운동을 하며 체
육 수업을 신나게 즐기고 있을 거예요.

"

Part 4
도전 영역
놀이 체육

─ Class 29
볼링핀 달리기

빠르게 원을 돌아 중앙의 볼링핀을 먼저 맞히면
점수를 얻게 되는 신나는 달리기 수업을 통해
순발력과 집중력, 정확성을 키워주세요.

1 볼링핀 누가 먼저!

• **장소** 강당, 운동장
• **준비물** 볼링핀, 원마커, 접시콘

진행 방법 ⏱

1   접시콘으로 원형 트랙을 표시하고, 볼링핀과 원마커를 각 팀 수만큼 원둘
     레에 일정한 간격으로 함께 놓는다.
2   게임장 중앙 안쪽에도 팀 수만큼의 볼링핀을 떨어뜨려 세워 둔다.
3   각 팀 1번 주자는 볼링핀 옆 원마커를 밟고 있다가 출발 신호에 맞춰 한
     바퀴를 달려 돌아와 자기 팀 볼링핀을 지난 후 안쪽으로 들어가 중앙의

볼링핀을 1개 잡는다.

4 5개 팀이 진행할 경우, 먼저 잡는 순서대로 50점, 40점, 30점, 20점, 10점 순으로 점수를 획득한다.

5 다음 주자들도 같은 방법으로 게임을 하여 점수를 획득한다. 팀별로 점수를 합산하여 가장 높은 득점을 한 팀 순으로 순위를 정한다.

- 한 바퀴를 돌고 나서 자기 팀 볼링핀을 지나지 않고 들어가면 반칙이라는 것을 게임 전에 규칙으로 꼭 정해야 한다.
- 볼링핀이 없을 때는 페트병에 물이나 모래를 3분의 1 정도 채워 래커로 여러 색을 칠한 후 활용해도 좋다.
- 원 안쪽에 볼링핀 간의 거리를 떨어뜨려 달려오는 속도에 의한 충돌의 위험을 줄여주자.

2 한 바퀴 돌고 볼링

• **장소** 강당, 운동장
• **준비물** 볼링핀, 공, 원마커, 접시콘

진행 방법 ⏱

1 접시콘으로 원형 트랙을 표시하고, 각 팀 수만큼의 볼링핀과 원마커를 게임장에 일정한 간격으로 함께 놓는다.

2 게임장 정중앙에 볼링핀을 1개 놓는다.

3 각 팀 1번 주자는 공을 1개씩 가지고 자기 팀 볼링핀 옆 원마커를 밟고 있다가 출발 신호에 맞춰 한 바퀴를 달려 돌아와 중앙 볼링핀을 향해 공을 굴린다.

4 공을 굴려 맞힌 친구가 있는 팀이 20점을 획득한다. 공을 굴렸는데 아무도 못 맞혔다면 공을 다시 들고 게임장 밖 어디서나 굴려 맞힐 수 있다.

5 다음 주자들도 같은 방법으로 게임을 이어가 팀별로 점수를 합산해 가장 높은 점수를 획득한 팀 순으로 순위를 정한다.

- 팀원이 굴린 공이 명중되지 않아 다른 팀 쪽으로 굴러갔을 때 그 공을 건드리지 않도록 지도한다.
- 볼링 수업을 할 때 이 게임을 유산소 운동으로 활용할 수 있다.
- 1명 이상이 동시에 볼링핀을 맞혀 쓰러뜨렸을 때는 맞힌 팀 모두에게 20점을 주자.

한 걸음 더! 🏃

- 원을 한 바퀴 빠르게 돌아온 후 빈백을 바닥에 대고 밀거나 그대로 슬라이딩시켜 중앙의 볼링핀을 맞히는 게임으로 해도 좋다.

3 운동장 바이에슬론

- **장소** 강당, 운동장
- **준비물** 볼링핀, 빈백, 원마커, 접시콘

진행 방법 ⏱

1   접시콘으로 원형 트랙을 표시하고, 각 팀 수만큼 볼링핀과 원마커를 게임장에 일정한 간격으로 놓는다.

2   게임장 정중앙에 볼링핀을 1개 놓는다.

3   각 팀의 1번 주자는 빈백을 1개씩 가지고 자기 팀 볼링핀 옆 원마커를 밟고 있다가 출발 신호에 맞춰 한 바퀴를 달려 돌아와 중앙 볼링핀을 향해

빈백을 던져 맞힌다.

4 빈백을 던져 맞힌 친구가 있는 팀이 20점을 획득한다. 빈백을 던졌는데 아무도 못 맞혔다면 빈백을 다시 들고 게임장 밖 어디서나 던져 맞힐 수 있다.

5 다음 주자들도 같은 방법으로 게임을 이어가 팀별로 점수를 합산해 가장 높은 점수를 획득한 팀 순으로 순위를 정한다.

- 아이들이 빈백을 던지는 경계선을 잘 지키지 않을 수 있어 게임 전에 규칙을 명확히 할 필요가 있다.
- 달리기를 못해도 빈백을 잘 던져 맞히면 이 게임에서 승자가 될 수 있어 끝까지 누가 이길지 알 수 없는 매력이 있는 달리기 게임이다.

한 걸음 더! 🏃

- 팀원들이 릴레이로 1바퀴씩 달린 뒤 빈백을 전달해 마지막 주자가 달려 돌아와 던져 맞히는 게임으로 변형해 보자. 이때, 못 맞힌 팀은 다른 친구가 한 바퀴를 추가로 돌면 다시 던질 기회를 얻게 되는 방법으로 운영하는 것도 좋다.

플라잉디스크 던지기

원을 한 바퀴 달린 후 플라잉디스크를 날려
디스크 캐처에 넣는 게임을 통해
순발력과 협응성을 높여 주세요.

1 플디 원마커 따먹기 릴레이

- **장소** 강당, 운동장
- **준비물** 접시콘, 폼플라잉디스크, 디스크 캐처, 숫자 원마커

진행 방법 ⏱

1   접시콘으로 원형 트랙을 표시하고, 출발선은 각 팀 수만큼 원마커를 일정
    한 간격으로 놓아 표시한다.

2   게임장 중앙에 디스크 캐처를 놓고, 디스크 캐처와 멀어질수록 큰 숫자가
    적힌 숫자 원마커를 원형으로 배치한다.

3   출발 신호에 맞춰 각 팀 1번 주자가 폼플디를 1개씩 가지고 달려 한 바퀴

를 돌아온 후 자기가 획득하고 싶은 숫자 원마커를 밟고 디스크 캐처에 넣는다.

4 캐처에 골인되면 밟고 선 숫자 원마커를 획득해 팀으로 가져가고 폼플디를 다음 주자에게 주고 줄 끝으로 간다.

5 폼플디가 캐처에 들어가지 않으면 다음 주자에게 주고 줄 끝으로 간다.

6 폼플디를 전해 받은 다음 주자도 게임장을 한 바퀴 돌고 같은 방법으로 게임을 이어간다.

7 정해진 게임 시간이 종료된 후 팀별로 획득한 숫자 원마커에 적힌 점수(숫자 1은 1점, 10은 10점)를 모두 더해 가장 점수가 높은 팀 순으로 순위를 정한다.

tip

- 폼플디를 전해줄 때 던지지 않고 손에서 손으로 전달하도록 규칙을 정해야 한다.
- 강당을 혼자 활용한다면 게임할 때 신나는 음악을 틀어주자.
- 플라스틱 플라잉디스크는 잘못해서 다른 친구를 맞히면 큰 부상으로 이어질 수 있기에 폼 재질을 활용하거나 닷지비를 활용하는 것을 추천한다.

한 걸음 더! 🏃

- 폼플디를 날려 들어가지 않았을 때는 팀 전원이 점핑잭 2회를 함께하는 규칙, 골인되었을 때는 팀 전원이 함께 기뻐하는 세리머니를 하지 않으면 원마커를 획득하지 못한다는 규칙을 추가하면 열띤 분위기로 게임이 진행된다.

2 원 릴레이 플디 골인

- **장소** 강당, 운동장
- **준비물** 접시콘, 원마커, 폼플라잉디스크

진행 방법 🕐

1   접시콘으로 원형 트랙을 표시하고, 출발선은 각 팀 수만큼 원마커를 일정한 간격으로 놓아 표시한다.
2   게임장 중앙에 디스크 캐처를 배치한다.
3   출발 신호에 맞춰 각 팀 1번 주자가 폼플디를 1개씩 가지고 달려 한 바퀴를 돌아 2번 주자에게 전해주고, 나머지 주자들도 같은 방법으로 한 바퀴를 돈 후 마지막 주자까지 이어준다.
4   마지막 주자도 한 바퀴를 돈 후, 팀 원마커를 밟고 중앙의 디스크 캐처를 향해 폼플디를 날린다.

5 폼플디가 골인되면 게임이 끝나지만 골인되지 않으면 팀 전원이 다시 한 바퀴를 돌고 팀원 중 1명이 재도전할 수 있다. 이런 방법으로 모든 팀이 골인될 때까지 게임을 이어간다.

6 가장 먼저 성공한 팀 순으로 순위를 정한다.

• 다음 주자가 대기하는 장소를 원 경계 바깥쪽에 원마커로 표시하여 그곳에서 폼플디를 이어받도록 지도하면 달리다가 다른 팀원과 충돌하는 안전사고의 위험이 줄어든다.

• 학년이나 운동 능력에 따라 원 크기를 적절하게 조절해 골인될 확률을 높여주는 것이 필요하다.

• 다른 팀원이 디스크 캐처에 가까이 있을 때는 폼플디를 날리지 않도록 지도하자.

한 걸음 더! 🏃

• 각 팀원이 4명씩일 때 릴레이로 폼플디를 전달해 1번이 아닌 팀 인원수만큼 4번 골인해야 끝나는 방법으로 변형해서 아이들이 더 많은 활동을 하도록 운영해 보자.

— Class 31
펀스틱 달리기

펀스틱을 가지고 달리는
여러 가지 재미난 게임을 통해 팀원들과의 협력,
심폐 지구력 등을 길러주세요.

1 리더 펀스틱 달리기

- **장소** 강당, 운동장
- **준비물** 펀스틱, 접시콘

진행 방법 ⏱

1 접시콘으로 원형 트랙을 표시하고, 팀별로 트랙을 따라 펀스틱을 1개씩
   가지고 선다.

2 팀별로 일렬로 서 있다가 출발 신호에 맞춰 가볍게 달려가면서 맨 앞 친
   구가 들고 있던 펀스틱을 머리 위로 올려 뒤로 전달한다.

3 맨 끝까지 전달하여 끝 친구가 받으면 펀스틱을 가지고 바깥쪽으로 달려

팀원들의 맨 앞으로 이동한다.

4   같은 방법으로 활동을 이어가 정해진 바퀴 수를 모두 돌면 활동을 마친다.

- 펀스틱을 활용한 수업을 할 때 간단한 준비운동으로 실시하면 좋다.
- 처음에는 팀원들이 걸으면서 펀스틱을 전달하고 맨 끝 친구가 펀스틱을 받으면 조깅 수준으로 앞으로 달려가는 방법으로 시작할 수 있다.

한 걸음 더! 🏃

- 천천히 달릴 때 팀원들의 간격을 넓혀 맨 끝 친구가 펀스틱을 들고 팀원들 사이를 지그재그로 달려 앞으로 이동하도록 해보자.

2 허리케인 릴레이

- **장소** 강당, 운동장
- **준비물** 펀스틱, 접시콘, 원마커

진행 방법 🕐

1   접시콘으로 원형 트랙을 표시하고, 팀 수만큼의 원마커를 일정한 거리만큼 떨어뜨려 팀별 출발선을 표시한다.

2 팀별로 일렬로 서 있다가 출발 신호에 맞춰 1번 주자가 펀스틱을 들고 트랙을 한 바퀴 빠르게 돌고, 펀스틱을 아래로 내려 자기 팀원들 발밑을 통과하여 지나간다. 팀원들은 빠르게 점프하면서 펀스틱을 피한다.

3 맨 끝까지 간 1번 주자는 다시 어깨높이로 펀스틱을 들어 앞으로 돌아오는데, 이때 팀원들은 제자리에 쪼그려 앉으며 펀스틱을 피한다. 1번 주자는 2번 주자에게 펀스틱을 넘기고 줄의 맨 끝으로 간다.

4 2번 주자부터 계속 같은 방법으로 시합을 이어가 가장 먼저 팀 진원이 허리케인 릴레이를 마친 팀 순으로 순위를 정한다.

tip

• 대기하는 팀원들이 펀스틱을 점프로 피하고 바로 앉아 버리면 주자가 펀스틱을 다시 위로 들고 갈 때 멋쩍을 수 있기에 점프 후 자기 앞을 지나기 전 앉도록 정한다.

한 걸음 더! 🏃

• 펀스틱으로 발밑과 머리 위를 통과하는 순서를 바꿔서 진행해 보자.

3 최고의 런닝맨

• **장소** 강당, 운동장
• **준비물** 펀스틱, 원마커, 팀 조끼

진행 방법 ⏱

1 접시콘으로 원형 트랙을 표시하고, 팀 수만큼의 원마커를 일정한 거리만큼 떨어뜨려 팀별 출발선을 표시한다.

2 팀별로 팀 조끼를 나눠 입고, 출발선에 각 팀의 1번 주자들이 펀스틱을 들고 준비한다.

3 출발 신호에 맞춰 앞 주자를 펀스틱으로 태그하고, 뒷 주자에게 태그되지 않도록 트랙을 빠르게 달린다.

4 펀스틱으로 태그당하면 탈락되어 바로 원 안쪽으로 들어간다.

5 최종 1명이 남을 때까지 게임을 이어간다.

6 4팀이 출발했다면 처음에 탈락한 친구 팀은 10점, 끝까지 살아남은 친구 팀은 40점을 획득한다.

7 다음 주자들이 게임을 이어가 가장 높은 점수를 획득한 팀 순으로 순위를 정한다.

- 앞 주자를 추월하여 펀스틱으로 태그할 때 세게 때리지 않도록 하고, 어깨 부분을 살짝 태그하도록 지도한다.
- 원형 트랙을 크게 표시하거나 팀 간의 거리를 더 떨어뜨리고, 전원이 일정한 간격을 두고 1바퀴를 달리게 하자. 그 이후 경쟁을 하도록 운영하면 참가한 아이들이 짧은 시간 안에 탈락하는 것을 막을 수 있다.

한 걸음 더! 🏃

- 운동장에서 두 팀 전원이 건너편에서 함께 출발해 달려서 상대 팀 전원을 먼저 태그하여 아웃시키면 이기는 팀 추월 방식의 게임으로 변형해 보자.

— Class 32
손에 손 잡고 달리기

같은 팀원들과 손을 잡고 서서 간격을 넓혔다가 좁히며
우리 팀 주자는 작게, 상대 팀 주자는 크게 돌게 하는 달리기 게임을 통해
순발력과 단결력, 협동심을 길러주는 체육 시간을 만들어 주세요.

1 스프링 달리기

- **장소** 강당, 운동장
- **준비물** 원마커, 팀 조끼, 미니 점수판

진행 방법 ⏱

1   양 팀으로 나누어 팀 조끼를 입고 옆으로 길게 늘어선다.

2   두 팀 사이에 원마커를 2개 놓은 후 각각 왼쪽 팀의 오른쪽 사람, 오른쪽
    팀의 왼쪽 사람이 밟고 선다. 각 팀원들끼리는 서로 손을 잡는다.

3   출발 신호에 맞춰 양 팀의 바깥쪽에 있는 1번 주자가 달려 양 팀의 앞과
    뒤를 지나 한 바퀴를 돌아온다.

4 서로 손을 잡은 팀원들은 우리 팀 1번 주자가 지날 때는 빨리 지날 수 있게 최대한 밀착하여 가깝게 붙고, 상대 팀 1번 주자가 우리 팀 주위를 달릴 때는 손을 잡은 채 간격을 최대한 넓혀 오래 달리게 한다.

5 친구들 주위를 한 바퀴 돌아 자기 팀 2번 주자와 먼저 손을 잡는 팀이 이긴다. 상대 팀원이 우리 팀 주변을 돌 때 손이나 몸으로 막거나, 서로 잡은 손을 놓치면 지는 것으로 규칙을 정한다.

6 게임이 끝난 주자는 가운데 쪽으로 들어가 자기 팀 원마커를 밟고 서고 나머지 팀원들은 옆으로 한 칸씩 이동한다. 같은 방법으로 다음 주자가 게임을 이어간다.

7 이긴 팀은 1점을 획득하고 나머지 주자들도 같은 방법으로 게임을 하여 점수가 더 높은 팀이 승리한다.

tip

• 양 팀의 주자들이 출발할 때 한 명은 친구들 앞쪽으로, 한 명은 뒤쪽으로 달리게 해야 안전하게 운영할 수 있다.

한 걸음 더! 🏃

• 주자의 운동량을 늘리고 승부에 변수가 생기도록 1바퀴가 아닌 2바퀴를 달리고 자기 팀 다음 주자와 먼저 손잡는 팀이 이기는 게임으로 운영해 보자.

2 스프링 릴레이

• **장소** 강당, 운동장
• **준비물** 배턴, 원마커, 팀 조끼

진행 방법 ⏱

1 양 팀으로 나누어 팀 조끼를 입고 옆으로 길게 늘어선다.

2 두 팀 사이에 원마커를 2개 놓은 후 각각 왼쪽 팀의 오른쪽 사람, 오른쪽 팀의 왼쪽 사람이 밟고 선다. 이때, 양 팀은 서로 등을 지고 반대 방향을 바라보고 선다. 같은 팀끼리 손을 잡고 줄 끝에 있는 친구가 배턴을 들고 준비한다.

3 출발 신호에 맞춰 양 팀의 1번 주자가 달려 친구들을 1바퀴를 돌아와 다음 주자에게 배턴을 이어준다. 그 뒤 원마커가 있는 안쪽으로 들어가 팀원들과 반대 방향으로 뒤돌아 옆 친구 손을 잡고 선다.

4 서로 손을 잡은 팀원들은 우리 팀 주자가 지날 때는 빨리 지날 수 있게 최대한 밀착하여 가깝게 붙고, 상대 팀 주자가 우리 팀 주위를 달릴 때는 손을 잡은 채 간격을 최대한 넓혀 오래 달리게 한다.

5 같은 방법으로 다음 주자들도 친구들을 1바퀴 돌고 배턴을 전달한 뒤 가운데 쪽으로 들어가 자기 팀 원마커를 밟고 뒤로 돌아 손을 잡고 선다.

6 마지막 주자까지 달리기를 끝내고 팀 전원이 처음의 방향과 다르게 먼저 뒤돌아선 팀이 이긴다.

- 상대 팀을 오래 달리게 하기 위해 원마커를 밟는 사람의 발이 원마커를 벗어나거나 팀원들과 잡은 손이 떨어지면 그 팀이 지는 것으로 규칙을 정하자.
- 1바퀴를 돌고 배턴을 전달한 다음 안쪽으로 들어가 처음에 섰던 방향과 반대 방향으로 등지고 서게 해야 현재 누구까지 달렸고 남은 친구는 몇 명인지 구분하기 쉬워진다.

한 걸음 더! 🏃

- '손에 손잡고 와리가리' 게임도 함께 실천해 보자. 스프링 달리기와 같이 팀원 전체가 옆으로 늘어서서 양쪽에 원마커를 하나씩 두고 한쪽 원마커 위에 빈백을 3개 올린다. 시작 신호에 맞춰 모두 손을 잡고 빈백이 있는 쪽의 친구가 반대쪽의 빈 원마커에 빈백을 1개씩 옮긴다. 모두 옮기면 줄의 끝 친구가 다시 원래 위치로 1개씩 옮기는 협력 게임이다.

3 원을 작게, 원을 크게

- **장소** 강당, 운동장
- **준비물** 배턴, 콘, 팀 조끼

진행 방법 ⏱

1   양 팀으로 나누어 팀 조끼를 입고 남녀 2명씩 주자 4명을 정한다.

2   양 팀 주자들은 출발선에 일렬로 선다. 나머지 팀원들은 15m 정도 떨어 진 지점에서 손을 잡고 원을 만들고, 원 안에 콘을 세워둔다.

3   출발 신호에 맞춰 양 팀 1번 주자들이 달려 자기 팀이 만든 원을 먼저 돌 고, 8자로 그 옆의 상대 팀 원을 돌아 출발선의 2번 주자에게 배턴을 이어 준다.

4   원을 만들고 서 있는 팀원들은 자기 팀원이 돌 때는 빨리 돌 수 있도록 밀 착해 원을 최대한 작게 만들고, 상대 팀이 돌 때는 시간이 오래 걸리도록 몸을 벌려 원을 최대한 크게 만든다.

5   원을 만든 친구들이 상대 팀 주자의 몸을 막거나 발을 거는 등 반칙을 하 면 게임에서 지는 것으로 규칙을 정한다.

6   양 팀 중 먼저 결승선을 통과한 팀이 이긴다.

tip

- 이 게임에서는 원을 돌다가 양 팀 주자가 충돌할 수 있는 위험이 있다. 따라 서 안전한 게임 진행을 위해 두 팀 중 한 팀의 출발선과 원의 위치를 2~3m 뒤로 미뤄 준다. 원을 돌 때 동일 선상이 아닌 비스듬히 상태로 지나치게 되 기 때문에 더 안전하다. 이때, 교사는 출발선이 결승선으로도 활용되기 때문

에 어느 팀이 먼저 결승선을 통과했는지 잘 보고 판단해야 한다.

한 걸음 더! 🏃

- 팀당 인원이 15명 정도라면 주자를 5명씩 3차례로 나누어 달리는 주자 역할, 원을 크고 작게 만들어 주는 역할을 서로 바꿔서 경험할 수 있도록 하자.

─ Class 33
릴레이 공 패스

다리와 몸 사이로 공과 사람이 통과하는
신나는 달리기 게임을 통해 협동심과 민첩성, 근력 등을 기를 수 있는
체육 수업을 만들어 주세요.

1 다리 사이 공 통과 릴레이

- **장소** 강당, 운동장
- **준비물** 원마커 또는 라인기, 공, 콘

진행 방법 ⏱

1   팀별로 공을 1개씩 가지고 출발선에 일렬로 선다.

2   출발 신호에 맞춰 1번 주자가 공을 들고 달려 반환점의 콘을 돌아온다.

3   반환점을 돌아 자기 팀 맨 끝으로 가면 팀원들은 다리를 넓혀주고 주자는
    공을 굴려 다리 사이로 통과시킨다.

4   통과시킨 공이 맨 앞으로 올 때 2번 주자는 허리를 숙이고 있다가 그 공

을 잡고 달려 같은 방법으로 릴레이를 이어간다.

5   가장 먼저 릴레이를 마친 팀 순으로 순위를 정한다.

- 인원이 적은 팀은 부족한 인원만큼 다른 주자들이 더 참여하도록 하고, 인원이 적어 공이 통과하는 시간이 짧으므로 출발선과 반환점 간의 거리를 조금 더 떨어뜨려 놓는다.

한 걸음 더!

- 다리 사이로 공을 통과시키는 대신 대기하는 친구들이 엎드리면 몸 사이로 공을 굴려 통과시키거나 게 자세로 있는 친구들 몸 아래로 공을 통과시키는 방법으로 바꿔 실시해 보자.

2 다리 사이 사람 통과 릴레이

- **장소** 강당
- **준비물** 원마커 또는 라인기, 공, 콘

진행 방법

1   팀별로 공을 1개씩 가지고 출발선에 일렬로 선다.

2   출발 신호에 맞춰 1번 주자는 공을 가지고 반환점을 돌아와 앞에서 팀원

들 다리 사이로 공을 굴려 맨 끝으로 연결해 준다. 공을 굴려 준 1번 주자는 맨 앞에 선다.

3 줄의 끝에 있는 주자가 굴러 나온 공을 받으면 나머지 친구들은 몸을 웅크리고 앉아 고개를 숙인다.

4 2번 주자는 공을 든 채 다리를 넓혀 친구들을 통과한 후 달려 반환점을 돌아온다.

5 반환점을 돌아와 다리 사이로 공을 굴려 맨 끝에 있는 3번 주자에게 공을 굴려주면 그 친구도 공을 들고 웅크린 친구들 사이로 다리를 넓혀 빠져나와 같은 방법으로 게임을 이어간다.

6 이런 방법으로 실시해 팀 전원이 가장 먼저 릴레이를 마친 팀 순으로 순위를 정한다.

tip

• 주자가 다리를 넓히고 팀원들을 빠져나갈 때 고개를 들거나 일어나면 충돌해서 다칠 수 있기 때문에 주자가 완전히 지나간 후 고개를 들고 일어서도록 지도한다.

• 체구가 큰 친구가 몸을 웅크릴 때 주자가 작은 친구라면 다리를 벌려 통과하기 힘들다. 큰 친구를 지나갈 때에 한하여 한쪽 다리만 들어 넘겨도 무방한 것으로 해주자.

한 걸음 더! 🏃

• 다리 사이로 통과하는 대신 웅크려 있는 친구들 사이를 지그재그로 달려서

통과하도록 해보자.

3 지그재그 공 패스 릴레이

- **장소** 강당
- **준비물** 원마커 또는 라인기, 공, 콘

진행 방법 ⏱

1 팀별로 공을 1개씩 가지고 2명은 공을 통과시키는 역할을 한다.

2 나머지 친구들은 결승선을 향해 일렬로 엎드린다.

3 출발 신호에 맞춰 2명은 엎드려 있는 친구들 양쪽에서 1명씩 몸 사이로 공을 통과시켜 주고받으며 앞으로 이동한다. 몸 사이로 공이 통과한 친구는 일어나서 다시 앞으로 가서 엎드려 연결해 준다.

4 엎드려 있는 팀원들 사이로 공을 통과시켜 공을 주고받으며 결승선에 먼저 도착한 팀 순으로 순위를 정한다.

- 이 게임의 적정 인원은 팀당 5~7명이다.
- 엎드리는 역할과 공을 통과시키는 역할을 바꿔서 해보도록 해주자.

한 걸음 더! 🏃

- 공 2개를 가지고 양쪽에서 동시에 통과시켜 주고받으며 하는 릴레이로 바꿀 수 있다.

— Class 34
줄 잡고 달리기

긴 줄과 접시콘을 활용한
달리기 게임을 통해
순발력과 함께 협동심을 길러주세요.

1 긴 줄 기차 릴레이

- **장소** 강당, 운동장
- **준비물** 긴 줄넘기, 콘, 원마커

진행 방법 ⏱️

1. 팀별로 출발선에 긴 줄넘기를 1개씩 가지고 선다.

2. 출발 신호에 맞춰 1번 주자가 긴 줄넘기의 양 손잡이를 잡고 바닥에 줄을 늘어뜨린 후 달려 반환점을 돌아온다.

3. 출발선으로 되돌아오면 긴 줄 안에 2번 주자가 들어가 함께 반환점을 달려 돌아온다. 이때 줄에 들어간 친구도 줄을 양손으로 잡고 달린다.

4   반환점을 돌아오면 그 안에 또 3번 주자가 들어가 함께 달리는 방법으로
     릴레이를 이어간다.

5   팀 전원이 릴레이를 마치고 결승선에 들어온 순서대로 순위를 정해 칭찬
     해 준다.

tip

- 긴 줄넘기의 줄 길이는 5m를 넘기지 않는 것이 좋고, 긴 줄 안에서 주자 사
  이가 너무 가까우면 달리기 어려우므로 5명을 넘기지 않는 것이 좋다.
- 긴 줄넘기 수업 전에 준비운동으로 활용하는 것을 추천한다.

한 걸음 더!

- 팀 인원이 5명일 때 마지막 주자까지 긴 줄에 들어가 5명이 함께 결승선에
  들어온 후, 다시 줄 안에서 1명씩 빠져나오는 방법으로 운영해 1번 주자가
  혼자 반환점을 한 번 더 돌아오면 끝나는 릴레이로 응용하면 운동량이 두
  배로 늘어난다.

2 줄접시콘런

- **장소** 강당, 운동장
- **준비물** 긴 줄넘기, 접시콘, 원마커

진행 방법 ⏱

1 팀별로 긴 줄넘기를 2명이 잡고, 그 사이에 접시콘 1개를 끼운 뒤 줄을 팽팽하게 잡아당긴다. 끼워진 접시콘은 줄넘기의 한쪽 끝으로 옮겨 두고, 반대쪽 줄을 잡은 친구를 반환점으로 삼는다.

2 나머지 팀원은 줄 한쪽 끝에 놓인 원마커를 밟고 준비한다.

3 출발 신호에 맞춰 1번 주자가 줄 사이의 접시콘을 왼손으로 잡고 줄을 따라 달려간다. 줄의 끝까지 도착해 반환점인 친구 앞에서 접시콘을 놓는다.

4 줄넘기를 잡고 있는 친구를 반 바퀴 돌아 다시 왼손으로 접시콘을 잡고 출발선으로 되돌아 달려온다.

5 2번 주자와 다음 주자들도 같은 방법으로 접시콘을 왼손으로 잡고 건너편까지 갔다가 왼손으로 잡고 되돌아오는 방법으로 릴레이를 이어간다.

6 팀 전원이 릴레이를 먼저 마친 순서로 순위가 정해진다.

- 1번과 2번 주자가 달려 반환점을 돌아오는 대로 긴 줄을 잡고 있는 친구와 역할을 바꿔주면 그 친구들까지 릴레이를 할 수 있다.
- 배턴을 줄 사이에 끼워 달리기로 즐길 수 있도록 개발된 '줄바토런' 게임 도구(김창원 소장님 개발)를 구입해 함께 활용해도 좋다.

한 걸음 더! 🏃.

- 긴 줄넘기 줄이 달리기 게임으로 적용하기에는 짧은 것을 감안해 아이들의 운동량을 늘려 주기 위해 한 주자가 2회를 왕복하면 다음 주자로 바뀌도록 게임을 운영할 수 있다.

3 순서대로 줄접시콘런

- **장소** 강당, 운동장
- **준비물** 숫자 접시콘, 긴 줄넘기, 원마커

진행 방법 ⏱

1 긴 줄넘기를 2명이 잡고 그 사이에 접시콘을 10개 꽂아 줄을 팽팽하게 한다.
2 나머지 팀원은 그 옆에 원마커를 밟고 준비한다.
3 출발 신호에 1번 주자가 줄 사이의 접시콘 1개를 왼손으로 잡고 줄을 따라 달려가 반대쪽에 줄넘기를 잡고 있는 반환점인 친구 앞에 접시콘을 놓

고 그 친구를 돌아 출발선으로 달려온다.

4   2번 주자도 접시콘 1개를 잡고 달려가 반환점인 친구 앞에 옮겨놓고, 그
     친구를 돌아 출발선으로 달려온다.

5   이런 방법으로 접시콘 10개를 모두 반환점 쪽으로 이동시킨다.

6   이제 출발선에서 반환점으로 달려간 주자는 반환점 주자를 돌아 접시콘을
     1개씩 왼손으로 잡고 출발선으로 돌아오는 방법으로 릴레이를 이어간다.

7   10개 접시콘을 왕복으로 이동시켜 출발신까지 먼저 가져온 팀 순으로 순
     위를 정해 칭찬해 준다.

tip

- 접시콘을 가지고 출발할 때 1개가 아닌 여러 개가 손에 잡힐 수 있어 출발
  할 때 1개씩 잘 잡고 출발하도록 지도한다.
- 달리기나 릴레이 수업을 할 때 왜 운동장이나 트랙을 반시계 방향으로 달리
  는지 알아보는 시간을 가져보자.

한 걸음 더! 🏃

- 한 손은 접시콘을 잡고, 한 손은 짝의 손을 잡고 돌아오는 '짝과 함께 달리
  기'로 운영해 보자.
- 팀원이 6명일 때, 출발선과 건너편 반환점에 3명씩 세워, 출발선에서 접시
  콘을 잡고 반환점까지 옮기면 2번 주자가 반환점에서 출발점까지 접시콘을
  잡고 달려 옮기는 방법으로 운영할 수 있다. 이때에는 달리는 거리가 짧은
  것을 감안해 어떻게 운동량을 늘려 줄까 고민해 보자.

— Class 35
다양한 교구 옮기기

팀원들과 함께 교구를 전달하며 옮기는
달리기 게임을 통해
순발력과 협동심을 길러주세요.

1 보물 상하 전달 릴레이

- **장소** 강당, 운동장
- **준비물** 공 또는 빈백, 원마커, 콘

진행 방법 ⏱

1   출발선에서 앞쪽과 뒤쪽 각 10m 떨어진 지점에 콘을 하나씩 세운 뒤 팀
    별로 일렬로 선다.

2   출발 신호에 맞춰 맨 앞 친구가 들고 있던 공을 머리 위로 다음 친구에게
    전달하면, 전달받은 친구는 다음 친구에게 허리를 숙여 다리 사이로 전달
    한다. 위-아래-위-아래 순으로 전달을 반복한다.

3 팀의 끝에 있는 1번 주자가 공을 받으면 그 공을 들고 뒤쪽에 있는 콘을 향해 달려가 돌고, 다시 앞으로 달려가 콘을 돌아온다.

4 이때, 출발선에 서 있던 친구들은 한 칸씩 뒤로 이동한다.

5 콘을 모두 돌아온 1번 주자는 맨 앞줄에 서서 다시 머리 위, 다음 친구는 다리 사이로 전달하는 방법으로 게임을 이어간다.

6 팀 전원이 릴레이를 먼저 마친 팀 순으로 순위를 정한다.

- 참가자 수만큼 원마커가 준비된다면 대기하는 주자들이 밟고 있다가 뒤로 한 칸씩 밀릴 때 밟고 있을 위치를 알기 쉽도록 깔아주자.
- 위아래로 전달하는 게임 전에 팀 전원이 팔을 들어 위로만 전달하거나 허리를 숙여 아래로만 전달하는 연습을 먼저 해본 후 실시한다.
- 팀 인원이 맞지 않을 때는 인원이 적은 팀이 부족한 인원만큼 더 실시하고 앞과 뒤쪽에 있는 콘 위치도 조금씩 더 떨어뜨려 공평한 경기가 되도록 한다.

한 걸음 더! 🏃

- 팀원 간의 거리를 더 떨어뜨려 펀스틱을 주고받아 달리는 게임으로 활용해도 재미있다.

2 헐레벌떡 보물 옮기기

- **장소** 강당, 운동장
- **준비물** 여러 가지 공, 후프, 빈백, 콘, 펀스틱

진행 방법 ⏱

1 출발선의 후프(홈)에 각 팀의 체육 교구(보물)를 5개씩 팀장이 골라 넣도록 안내한다.

2 출발선과 15m 떨어진 지점에 팀별로 후프(보물섬)를 1개씩 놓는다.

3 출발 신호에 맞춰 팀의 맨 앞 친구가 홈의 보물 중 1개를 들어 머리 위로 전달하는 방법으로 끝 친구까지 연결한다. 전달한 친구는 팀의 끝 친구 뒤쪽으로 달려가 다시 이어받는다.

4 보물은 한 번에 1개씩만 옮길 수 있고, 보물을 받은 친구는 움직이지 못하고 그 자리에서만 전달해야 한다.

5 이런 방법으로 보물을 전달해서 1명이 보물섬에 도착하면 보물을 넣어두고 전원이 홈으로 달려와 다음 보물을 같은 방법으로 옮긴다. 이때 순서

에 관계없이 홈으로 먼저 달려온 친구부터 보물을 머리 위로 넘겨주며 이어간다.

6 홈의 보물을 보물섬에 모두 옮기고 출발 후프로 먼저 돌아온 팀 순으로 순위를 정한다.

- 팀장이 5개 교구를 고를 때 같은 종류의 교구는 1개씩만 허용해 주자. 아이들이 어떤 게임을 할지 모르는 상황에서 고르기 때문에 짐볼이나 큰 콘, 하키스틱 등 옮기기 힘든 것을 선택해서 더 재미있는 상황이 연출된다.
- 보물은 소중하니까 보물을 전해줄 때 한 손이 아닌 두 손으로 전달하는 것으로 규칙을 정하면 운동 효과가 더 높아진다.

한 걸음 더!

- 출발선과 보물섬과의 거리를 더 떨어뜨리거나 보물 숫자를 늘리는 방법, 보물섬으로 옮긴 다음 다시 출발했던 홈까지 왕복으로 보물 옮기기 게임 등을 운영하면 아이들의 운동량을 충분히 늘려 줄 수 있다.

3 점보스택 성 쌓고 무너뜨리기

- **장소** 강당
- **준비물** 점보스택, 원마커, 폼플라잉디스크

진행 방법 ⏱

1 출발선을 등지고 팀별로 일렬로 선 후, 그 앞에 점보스택을 팀별로 10개씩 놓는다.

2 출발 신호에 따라 점보스택을 두 손으로 1개씩 들어 머리 위로 이어 전달하고 맨 끝에 가서 받는 방법으로 10m 이상 떨어진 원마커가 있는 곳으로 옮겨 놓는다.

3 팀원 전원이 출발선으로 다시 달려와 동일한 방식으로 두 번째 컵을 첫 번째 컵 옆에 놓는다.

4 이와 같이 점보스택을 1개씩 옮겨 와 맨 아래부터 4-3-2-1개 순으로 점보스택 성을 쌓는다. 성을 쌓다가 무너지면 다시 쌓고 돌아와야 한다.

5 10개의 점보스택으로 성을 다 쌓았으면 출발선으로 돌아와 팀의 1명이 원마커를 밟고 성을 향해 폼플라잉디스크를 날린다.

6 폼플라잉디스크를 날렸는데 점보스택 성에 맞지 않았거나 맨 밑에 4개를 제외한 점보스택이 남아 있으면 팀원끼리 돌아가며 폼플라잉디스크를 날려 성을 무너뜨려야 한다.

7 정해진 시간 안에 점보스택 성을 가장 많이 무너뜨린 팀 순으로 순위를 정한다.

- 점보스택이 많지 않다면 팀당 6개씩만 준비해 3-2-1개 순으로 성을 쌓고 무너뜨리거나, 스포츠스택스 컵을 1개씩 릴레이로 옮겨 쌓고 무너뜨리는 게임으로 시도하자.

한 걸음 더! 🏃

- 난이도를 높여 점보스택 컵을 맞닿는 면이 같은 원통형으로 세워 정해진 숫자만큼 위로 쌓은 후 맞혀 무너뜨리는 릴레이 게임으로 응용할 수 있다.

— Class 36
고리를 들고, 걸고, 잡고!

고리를 활용한 재미있는 게임을 소개합니다.
친구에게 고리를 전달하고, 던지고 받아 팔에 걸기도 하고,
함께 잡고 달리기도 하면서 민첩성과 순발력, 협동심을 기를 수 있게 해주세요.

1 링 지그재그 릴레이

- **장소** 강당, 운동장
- **준비물** 고리, 콘

진행 방법 ⏱

1   출발선에서 15m 정도 떨어진 지점에 콘을 세워 결승선을 표시한다.

2   팀별로 출발선에서부터 결승선을 향해 팀원 간의 간격을 1m 정도씩 떨어
    져 서게 한다.

3   출발 신호에 맞춰 출발선 쪽에 있던 친구가 고리를 가지고 출발해 팀원들
    을 지그재그로 빠져나가 맨 앞 친구의 1m 앞에 선 다음 뒤쪽으로 고리를

전달한다.

4   맨 끝 친구가 된 다음 주자가 고리를 받아 다시 지그재그로 달려 맨 앞에
     오면 같은 방법으로 고리를 뒤로 전달한다.

5   릴레이를 이어나가 결승선에 가장 먼저 도착한 팀 순으로 순위를 정한다.

- 팀원 간의 간격이 너무 넓으면 고리를 전달하기 어렵다. 게임 전에 연습을
  통해 어느 정도 간격으로 떨어져야 하는지 알아보자.

한 걸음 더! 🏃

- 결승선을 표시한 콘을 반환점 삼아 돌아서 출발선까지 먼저 되돌아오는 팀
  순으로 순위를 정해 보자.

2 돌핀 링 걸기 릴레이

- **장소** 강당, 운동장
- **준비물** 고리, 원마커

진행 방법 ⏱

1   출발선에 팀별로 일렬로 서고, 12m, 15m 떨어진 곳에 각각 원마커를 놓
     는다. 15m 떨어진 원마커에는 각 팀의 1번 주자가 선다.

2 출발 신호에 맞춰 각 팀의 2번 주자가 고리를 1개 가지고 달려가 12m 지점 원마커에 도착하면 그 원마커를 밟고 1번 주자의 팔을 향해 고리를 던진다.

3 2번 주자가 던진 고리를 1번 주자가 팔로 걸면 성공이다. 성공하면 고리를 던진 2번 주자가 1번 주자의 자리에 서고, 1번 주자는 고리를 들고 출발선으로 달려와 3번 주자에게 전달한 뒤 줄의 맨 끝에 선다.

4 던진 고리를 팔에 걸지 못하고 떨어뜨리면 던진 친구가 다시 주워 성공할 때까지 시도해야 한다.

5 성공할 때마다 고리를 던진 친구가 서서 고리를 받는 친구로 역할이 바뀌며 릴레이가 이어진다.

6 릴레이가 계속 이어져 1번 주자가 앞 친구의 고리를 거는 데 성공하면 1번 주자와 고리를 받은 친구가 결승선으로 함께 달려온다.

7 게임을 끝내고 가장 먼저 결승선에 달려온 팀 순으로 순위를 정한다.

tip

• 고리를 던져 줄 때 반원을 그리며 던져야 받기가 쉽다. 게임 전에 팀원들끼리 서서 주고받는 연습을 하게 하는 것이 좋다.

• 인원이 적은 팀은 부족한 인원만큼 더 실시하는 방법으로 운영하자.

• 고리를 던지고 받을 때 두 친구 모두 발이 원마커를 넘어가지 않도록 지도해야 한다.

한 걸음 더! 🏃

- 팀당 고리를 2개씩 던지도록 해서 받는 친구가 양손에 걸어야 성공하는 릴레이로 운영해 보자.
- 팔 대신 펀스틱을 활용해 고리를 받아 걸 수 있다.

3 손에 링 잡고!

- **장소** 강당, 운동장
- **준비물** 고리, 콘

진행 방법 🕑

1. 팀별로 팀 인원보다 1개 적은 고리를 가지고 출발선에 선다.
2. 출발선에서 15m 이상 떨어진 지점에 반환점을 콘으로 표시한다.
3. 출발 신호에 맞춰 1번 주자가 고리를 들고 달려 반환점을 돌아온다.
4. 반환점을 돌아와 자기 팀을 한 바퀴 돈 후, 팀의 2번 주자와 고리 1개를 나눠 잡고 달려가 반환점을 돌아온다.
5. 1, 2번 주자가 반환점을 돌아와 자기 팀을 돌면 3번 주자가 2번 주자와 또 하나의 고리를 함께 잡고 3명이 다 같이 반환점을 달려 돌아온다.
6. 같은 방법으로 릴레이를 이어가 마지막 주자까지 모두 고리를 이어 잡고 반환점을 돌아 결승선에 들어오는 대로 순위를 정한다.

- 고리가 없다면 손에 손을 잡고 1명씩 늘어나는 활동으로 할 수 있다.
- 이성 간에 게임을 할 때 적극성을 유도하기 위해 고리를 활용하면 좋다.
- 여럿이 손을 잡고 원을 그려 반환점과 우리 팀 주위를 돌아야 하기 때문에 팀 간의 간격을 넓게 해야 안전사고를 예방할 수 있다.

한 걸음 더! 🏃

- 한 팀이 5명씩이라면 처음에 출발할 때 5명 모두 고리를 나눠 잡고 출발하는 방법으로 시도해보자. 이때, 반환점을 돌고 와서 우리 팀 출발선을 돌아 지나칠 때마다 1명씩 떨어져 나가 최종 1명이 결승선에 먼저 들어온 팀이 이기는 방법으로도 변형해 보자.
- '손에 링 잡고!' 게임과 위에 소개한 게임을 함께 활용해도 좋다.

— Class 37
도전, 가위바위보 배틀

상대 팀과 벌이는 가위바위보 대결을 통해
달리는 거리가 짧아지기도, 길어지기도 하는
신나고 재미있는 달리기 수업을 실천해 보세요.

1 가위바위보 배틀 릴레이

- **장소** 강당, 운동장
- **준비물** 접시콘

진행 방법 ⏱

1 상대 팀 대장과 10m 이상 떨어진 거리의 출발선에 팀별로 일렬로 선다.

2 다른 색의 접시콘 2개를 상대 팀 대장 앞에서 출발선 쪽으로 각각 2m 간격으로 떨어뜨려 놓는다.

3 출발 신호에 맞춰 1번 주자가 달려가 상대 팀 대장과 가위바위보 대결을 한다.

4 이기면 바로 대장 뒤에 서고, 다음 주자가 출발해 대결을 이어간다.

5 비기면 대장 앞의 2m 떨어진 접시콘을 돌아 재도전하고, 지면 4m 떨어진 접시콘을 돌아 다시 도전한다.

6 팀 전원이 상대 팀 대장을 먼저 이긴 팀이 게임에서 승리한다.

tip

- 앞 주자가 상대 팀 대장을 이겨 대장 뒤에 선 후, "출발!"이라고 외치면 출발하는 것으로 규칙을 정할 수 있다.
- 상대 팀 대장을 이긴 친구들은 대장 뒤에 서서 자기 팀을 응원하도록 지도한다.

한 걸음 더!

- 상대 팀 대장과 출발선 사이 중간에 접시콘을 1개만 놓고, 지면 자기 팀 전원을 1바퀴 돌아 재도전, 비기면 중간에 있는 접시콘을 돌아 재도전, 이기면 바로 대장 뒤에 서는 방법으로 바꿔 보자.
- 상대 팀 대장과 2m 떨어진 지점마다 초록, 노랑, 빨강 세 개의 접시콘을 놓고, 1패하면 초록 접시콘을 돌고 재도전, 2연패하면 노랑을 돌고 재도전, 3연패하면 빨강을 돌고 상대 팀 대장을 돌아 그대로 다음 주자와 교대할 수 있도록 해보자.

2 미안해! 괜찮아! 릴레이

- **장소** 강당, 운동장
- **준비물** 없음

진행 방법 ⏱

1 한 학급을 4명씩 6팀으로 나누어 3팀은 수비, 3팀은 공격을 맡는다. 서로 상대할 팀을 정해 3팀이 동시에 게임을 진행한다.

2 대결하는 팀 간의 거리는 10m 이상 떨어지도록 한다.

3 출발 신호에 맞춰 공격 팀 1번 주자가 수비 팀 1번 주자와 가위바위보 대결을 한다.

4 공격이 이기면 출발선의 자기 팀을 한 바퀴 돌아 2번 주자의 어깨를 치고 도전하게 한다. 이긴 친구는 자기 팀 줄 끝에 앉는다.

5 공격이 지면 출발선으로 돌아와 2번 주자와 하이파이브를 하며 "미안해!"라고 말한다. 2번 주자가 "괜찮아!"라고 말해주면 1번 주자는 다시 달려가 재도전한다.

6 수비는 공격 팀 1명을 상대하고 나면 무조건 다음 주자가 나와 대결해야 한다.

7 공격 팀 중 가장 먼저 상대 팀을 다 이긴 팀 순으로 순위를 정한다.

8 이제 수비 팀과 공격 팀의 역할을 바꿔 같은 방법으로 게임하여 순위를 정한다.

tip

- 학급 인원이 적으면 4팀으로 나누어 운영하거나 2팀으로 나누어 먼저 상대

팀 전원을 이긴 팀이 승리하는 방법으로 운영하자.

- 한 친구가 연속으로 지면 그 친구는 팀 친구들에게 미안해지고, 다른 친구들은 패배의 원인을 그 친구에게 돌릴 수 있다. 3회 연속으로 지면 팀 친구들에게 흑기사를 요청해 다른 친구가 대신 대결하도록 해주자.

한 걸음 더! 🏃

- 앞 주자가 가위바위보에서 졌을 경우 다음 주자가 출발선에서 기다리지 않고 바로 달려 나와 중간에서 만나 하이파이브하도록 하면 게임 시간을 단축할 수 있다.

3 졌다 따라와!

- **장소** 강당, 운동장
- **준비물** 없음

진행 방법 🕐

1 한 학급을 4명씩 6팀으로 나누어 3팀은 수비, 3팀은 공격을 맡는다. 서로 상대할 팀을 정해 3팀이 동시에 게임을 진행한다.

2 대결하는 팀 간의 거리는 10m 이상 떨어지도록 한다.

3 출발 신호에 맞춰 공격 팀의 1번 주자가 수비 팀의 1번 주자와 가위바위보 대결을 한다.

4 공격이 이기면 출발선의 자기 팀을 한 바퀴 돌아 2번 주자의 어깨를 치고

도전하게 한다. 이긴 친구는 자기 팀 줄 끝에 선다.

5   공격이 지면 바로 팀원들에게 손짓하며 "졌다 따라와!"라고 말한다. 그러
     면 팀 전원이 1번 주자를 따라 상대 팀을 1바퀴 돌고 출발선에 모두 도착
     해야 재도전이 가능하다.

6   공격 팀 중 가장 먼저 상대 팀을 다 이긴 팀 순으로 순위를 정한다.

7   공격과 수비 팀 역할을 바꿔 게임을 이어간다.

tip

• 대결에서 3회 연속 지면 자동으로 다음 주자가 도전하도록 규칙을 정하면
  진 친구의 부담을 줄여줄 수 있다.

한 걸음 더! 🏃

• 가위바위보 대결 대신 가위바위보로 공격과 수비를 정하고 묵찌빠나 참참
  참 등으로 대결하도록 변형해도 재미있다.

─ Class 38
점프! 더 멀리뛰기

앞에 놓인 후프와 줄을 점프해서 건너고, 통과하며
연속해서 이어가는 멀리뛰기 게임을 통해
순발력을 길러주세요.

1 스피드 보안 검색

- **장소** 강당, 운동장
- **준비물** 후프, 원마커

진행 방법 ⏱

1 학급을 두 팀으로 나눈다.

2 팀에서 보안 검색 요원을 2명씩 정하여 후프를 양쪽에서 잡고 쪼그려 앉아 준비한다.

3 팀의 1번 친구부터 원마커를 밟고 준비하다가 출발 신호에 맞춰 원마커에서 가볍게 점프하여 앞쪽 바닥에 있는 후프로 건너뛴다.

4 후프를 양쪽에서 잡고 있던 보안요원은 재빨리 후프를 위쪽으로 들어 그
친구가 빠져나갈 수 있게 해준다.

5 1번 친구는 후프를 빠져나가 줄의 맨 끝으로 가서 선다.

6 보안요원이 후프를 들었다가 빠르게 바닥에 내리면 이제 2번 친구가 점
프하여 후프 안으로 들어온다. 보안요원은 같은 방법으로 2번 친구가 빠
져나갈 수 있도록 빠르게 후프를 위로 들어 올린다.

7 이와 같은 방법으로 실시하여 먼저 보안 검색을 마친 팀이 이긴다.

tip

• 양 팀 인원이 같지 않을 때는 적은 팀에서 부족한 인원만큼 더 실시하게
한다.

• 팀에서 키가 작은 친구들이 보안 검색을 하면 큰 친구들이 통과할 때 후프
를 위로 들어주기 힘들 수 있다는 것을 참고하자.

• 팀당 인원이 적을 때는 2번 연속 실시하고, 인원이 많아 대기시간이 많을 때

는 팀 수를 늘려 실시하는 것이 좋다.

한 걸음 더! 🏃

- 보안 검색 2곳을 연속으로 통과하는 활동으로 실시해 보자. 2명은 후프 1개
를 들고, 나머지 2명은 펀스틱 2개를 양손으로 마주하여 잡고 앉아 있다가
친구가 뛰어 들어오면 각각 후프와 펀스틱을 위로 들어 통과시켜준다.

2 후프 타임머신

- **장소** 강당, 운동장
- **준비물** 후프

진행 방법 ⏱

1 2인 1조로 짝을 지어 후프를 1개씩 가지고 준비한다.
2 2명 중 누가 먼저 뛰고 누가 후프를 놓는 역할을 할지 정한다.
3 점핑하는 친구들은 출발선에 서고, 후프를 놓는 친구들은 그 친구 앞쪽에
있다가 출발 신호에 따라 후프를 바닥에 놓는다. 놓여진 후프 안으로 점
핑하는 친구들이 들어간다.
4 후프를 놓는 친구는 점핑한 친구 머리 위쪽으로 후프를 빼내어 그 앞쪽에
다시 내려놓는다. 그러면 점핑하는 친구는 다시 그 후프 안으로 점핑하여
들어간다.
5 같은 방법을 계속 반복하여 반환점에 도착하면 서로 역할을 바꾼다. 점핑

하는 친구가 후프를 앞쪽에 놓고, 후프를 놓던 친구가 점핑하여 출발선까지 먼저 도착한 순서대로 순위를 정한다.

- 강당이나 체육관 바닥은 점프하여 후프를 밟게 되면 안전사고의 위험이 있기 때문에 운동장에서 실시하는 것이 좋다. 강당에서 할 때는 점핑하는 거리를 짧게 하거나 연습을 충분히 한 다음에 실시하자.
- 멀리뛰기 수업을 할 때 동기유발 활동으로 좋다.

한 걸음 더! 🏃

- 활동에 참여하는 아이들의 운동량을 늘려 주기 위해 반환점까지의 거리를 멀리하거나, 반환점에서 역할을 바꾸는 대신 출발선까지 돌아와서 서로 역할을 바꾸도록 운영할 수 있다.
- 안전하게 활동하기 위해 후프 대신에 숫자 원마커를 활용해 보자. 이때에는 원마커를 2개씩 준비해 목표 원마커까지 점핑하면 이미 점핑해 지나간 원마커를 그 앞쪽에 놓는 방법으로 활용한다.

3 함께 줄넘기 너머로!

- **장소** 강당, 운동장
- **준비물** 긴 줄넘기

진행 방법 🕐

1 한 팀 인원을 4~6명으로 정한다.

2 팀에서 2명은 긴 줄넘기를 잡고 앞쪽에 놓는 역할을 한다.

3 점핑하는 친구들은 출발선에 서 있고, 긴 줄넘기를 잡고 있는 친구들은 그 앞쪽 바닥에 줄을 놓고 손잡이를 잡는다.

4 출발 신호에 맞춰 팀에서 점핑하는 친구들이 긴 줄넘기 너머로 점핑하면 긴 줄넘기를 잡고 있는 친구들은 그 줄을 점핑한 친구들 머리 위쪽으로 들어 다시 앞쪽 바닥에 내려준다.

5 점핑하는 친구들이 줄넘기를 함께 넘으면 같은 방법으로 점핑한 친구들 머리 위쪽으로 들어 다시 앞쪽 바닥에 줄을 내려준다.

6 점핑하는 친구들 전원이 점핑해 줄을 넘지 못했을 때는 원위치로 모두 이동하고 긴 줄을 점핑할 수 있는 위치로 조정해 다시 도전하도록 규칙을 정한다.

7 같은 방법으로 실시해 정해놓은 결승선까지 가장 먼저 도착한 팀 순으로 순위를 정한다.

tip

- 팀원들이 점핑하는 넓이가 다르기 때문에 욕심을 부리지 않게 하고, 짧게 점핑하는 친구를 기준으로 줄넘기를 놓아주도록 지도한다.

- 구슬로 된 긴 줄넘기를 사용하는 경우 강당이나 체육관 바닥에서 밟으면 넘어질 수 있기에 운동장에서 하는 것이 좋다. 긴 줄넘기 줄을 활용할 때에는 구슬 줄넘기보다는 PVC로 된 줄이 더 안전하다.

한 걸음 더! 🏃

- 긴 줄넘기로 줄넘기를 1회 넘은 뒤 그 앞쪽에 긴 줄을 내려 제자리 멀리뛰기를 하는 방법으로 변형해 보자.

— Class 39
명중! 더 높이 던지기

"피~융" 하고 미사일이 날아가는 소리가 들리는
미사일공을 던지고 받는 흥미로운 게임을 통해
집중력과 밸런스, 순발력을 길러주세요.

1 날아라! 로켓

- **장소** 강당, 운동장
- **준비물** 미사일공, 원마커

진행 방법 ⏱

1 팀별로 인원수에 맞춰 원마커를 5~7m 간격마다 1개씩 놓는다.

2 팀원들은 원마커 위에 서서 준비하고 있다가 시작 신호에 맞춰 각 팀의 1
   번 친구가 미사일공을 2번 친구에게 던진다.

3 미사일 공을 떨어뜨리지 않고 받으면 2번 친구는 뒤로 돌아 3번 친구에게
   미사일 공을 던진다.

4   미사일 공을 받지 못하거나 떨어뜨리면 던진 친구가 다시 주워 가져와 다음 주자가 받을 때까지 던져야 한다.

5   마지막 원마커에 있는 친구까지 미사일 공을 진달받으면 이번에는 거꾸로 바로 앞 친구에게 미사일공을 던져 전하는 방법으로 출발선까지 먼저 도착하면 이긴다.

tip

• 공을 던지고 받을 때 원마커 앞으로 발이 나가지 않는다는 규칙을 정한 후 실시하자.
• 팀 인원이 부족해 마지막 원마커에 설 친구가 없다면 1번 친구가 미사일공을 던지고 그 자리에 가서 받는 방법으로 실시한다.

한 걸음 더! 🏃

• 미사일공을 던지고 받을 때 팀원들의 간격을 일정하게 하지 말고, 불규칙하게 하여 아이들의 수준에 따라 공을 던지고 받도록 운영하자.

2 로켓 양궁

- **장소** 강당, 운동장
- **준비물** 미사일공, 높이뛰기 매트, 후프, 원마커

진행 방법 ⏱

1 높이뛰기 매트 중앙에 후프를 올리고 그 안에 원마커를 놓는다.

2 출발선은 매트에서 7m 이상 떨어진 지점에 표시한다.

3 팀별로 1명씩 돌아가며 매트를 향해 미사일공을 던진다.

4 던진 미사일공이 매트에 맞으면 100점, 후프나 후프 안에 맞으면 200점,
   후프 안 원마커에 맞으면 300점을 획득한다.

5 자기 팀이 획득한 점수의 합이 가장 높은 팀 순으로 순위를 정한다.

tip

- 학년이나 아이들 수준에 따라 출발선과 매트의 거리를 달리하되, 아이들의
  성공 경험을 높여주는 방향으로 실천하는 것이 좋다.

한 걸음 더! 🏃

- 높이뛰기 매트에서 멀수록 높은 숫자의 원마커를 사방에 배치하자. 자신이 원하는 숫자 원마커를 밟고 미사일공을 던져 높이뛰기 매트를 맞혔을 때 그 원마커에 적힌 점수를 획득하는 게임으로 운영할 수 있다.

3 미사일공 캐치, 원마커 따먹기

- **장소** 강당, 운동장
- **준비물** 미사일공, 숫자 원마커

진행 방법 ⏱

1 팀별로 미사일공을 1개씩 가지고 출발선에 선다.

2 게임장 바닥에 출발선에서 멀어질수록 높은 숫자 원마커를 일렬로 깔아 놓는다.

3 출발 신호에 맞춰 1번 주자가 달려가 숫자 원마커 1개를 밟고 선다.

4 2번 주자는 1번 주자를 향해 미사일공을 던진다.

5 1번 주자가 미사일공을 떨어뜨리지 않고 받으면 밟고 있는 숫자 원마커를 획득한다. 획득한 원마커와 미사일공을 들고 자기 팀으로 돌아온 뒤 3번 주자에게 미사일공을 전달한다. 2번 주자는 다음 원마커로 이동한다.

6 1번 주자가 미사일공을 못 받으면 미사일공만 들고 와 다음 주자에게 전해주고 맨 끝으로 간다.

7 이런 방법으로 게임을 이어가 정해진 시간 안에 획득한 숫자 원마커의 합이 가장 높은 팀 순으로 순위를 정한다.

- 고학년일 경우 미사일공을 던지고 받을 때 원마커 앞으로 발이 나오지 않는 것으로 규칙을 정해야 한다. 단, 학년에 따라 저학년은 앞으로 발이 나오는 것을 허용하고, 중학년은 앞은 허용하지 않는 대신 옆이나 뒤로 발이 나가는 것을 허용하는 등 융통성을 발휘하자.
- 미사일공이 날아올 때 두 손으로 방어하면서 받도록 지도하는 것이 더욱 안전하다.

한 걸음 더!

- 출발선에서 원마커의 친구에게 미사일공을 던지는 대신 미사일공을 들고 출발해 획득하고 싶은 원마커를 밟고 출발선의 다음 주자에게 미사일공을 던져 그 친구가 받으면 원마커를 획득하는 방법으로 운영할 수 있다.

— Class 40
플라잉디스크 던져 넣기

플라잉디스크를 날려 목표물에 넣어 점수를 획득하는 게임을 소개합니다.
후프와 원마커, 칸잼 등 다양한 목표물을 명중시키며
신나게 놀다 보면 집중력과 협응력이 높아집니다.

1 플디, 후프 20-50-100

- **장소** 강당, 운동장
- **준비물** 폼플라잉디스크, 후프, 숫자 원마커

진행 방법 ⏱

1 두 팀 사이에 후프 3개를 일정한 간격으로 떨어뜨려 놓는다.

2 팀에서 가장 가까운 후프는 20점, 중간 후프는 50점, 가장 먼 후프는 100
   점으로 정한다.

3 시작 신호에 맞춰 각 팀의 1번이 폼플라잉디스크를 날려 후프 3개 중 한 군데에 들어가면 해당 점수를 획득한다.

4 폼플디를 날린 뒤에는 날린 친구가 폼플디를 주워와 팀의 다음 주자에게 손에서 손으로 전해준다. 이때 폼플디를 날려서 전달하는 것은 반칙이다.

5 다음 주자도 같은 방법으로 폼플디를 후프에 날려 넣기에 도전한 후 폼플디를 주워 다음 주자에게 전해준다.

6 정해진 시간 동안 같은 방법으로 게임을 이어나간 후 점수를 더해 가장 높은 점수를 획득한 팀 순으로 순위를 정한다.

tip

● 아이들이 게임에서 성공하는 확률을 높여주기 위해 폼플디가 후프에 조금만 걸쳐도 들어간 것으로 인정해 주자.

● 두 팀이 양쪽에서 서로 멀리 배치된 100점 후프에 도전하려는 마음을 갖도록 학년이나 운동 능력에 따라 출발선과 후프의 거리를 조절해 주는 것이 필요하다.

한 걸음 더! <img_1 placeholder>

- 후프 중앙에 숫자 원마커를 한 개씩 넣은 뒤, 폼폴디가 원마커에 닿거나 원마커를 덮으면 해당된 숫자의 더블로 점수를 획득하도록 운영하면 더욱 흥미를 가지고 참여하게 된다.

2 퐁당! 칸잼

- **장소** 강당, 운동장
- **준비물** 플라잉디스크, 칸잼 통, 원마커

진행 방법 ⏱

1   출발선에서 10m 이상 떨어진 지점에 팀별로 칸잼 통을 놓는다.

2   팀에서 1번은 칸잼 통 뒤에 서고, 2번부터 플라잉디스크를 칸잼 통을 향해 날린다.

3   칸잼 통 위로 플라잉디스크가 직접 들어가면 3점, 통만 직접 맞추면 2점, 칸잼 통 뒤에 서 있는 친구가 날아오는 플라잉디스크를 손으로 쳐서 넣으면 1점, 칸잼 통 앞쪽 벌어진 구멍 안으로 디스크가 직접 들어가면 21점을 획득한다.

4   1번은 2번이 날린 플라잉디스크를 주워 출발선으로 달려와 3번에게 주고 줄 끝으로 가고, 2번은 플라잉디스크를 날린 후 1번이 있던 칸잼 통 뒤에 가서 선다.

5   이런 방법으로 게임을 이어나가 점수를 획득할 때마다 점수를 합하여 계산한다.

6   게임 후 가장 높은 점수를 획득한 팀 순으로 순위를 정한다.

- 실내에서 할 때는 폼플라잉디스크를 활용하는 것이 보다 안전하다.
- 칸잼 통이 없을 때는 체육 교구를 옮기는 작은 바구니나 양동이 등을 활용
  해 즐겨보자.
- 유산소 운동으로 진행되는 칸잼 게임에서 경쾌한 음악을 활용하면 더욱 활
  기찬 분위기를 만들 수 있다.

한 걸음 더! ⚡

- 칸잼 게임의 매력은 플라잉디스크를 날릴 때 통에 들어가지 않는 디스크를
  팀원이 두 손으로 쳐서 칸잼 통에 넣어주는 것이다. 이때 칸잼 점수를 높게
  해서 수업하면 협력하는 마음을 더 키워줄 수 있다.
  - 칸잼 통 앞쪽 벌어진 구멍 안으로 디스크가 직접 들어가면 21점
  - 칸잼 통 뒤에 서 있는 친구가 날아오는 플라잉디스크를 손으로 쳐서 넣으
    면 10점
  - 칸잼 통 위로 플라잉디스크가 직접 들어가면 5점
  - 칸잼 통을 직접 맞추면 2점

— Class 41
플라잉디스크 던져 맞히기

플라잉디스크를 날려
볼링핀을 맞히는 유산소 운동을 통해
협응성과 집중력을 길러주세요.

1 나는야, 명사수!

- **장소** 강당, 운동장
- **준비물** 볼링핀, 폼플라잉디스크, 원마커

진행 방법 🕐

1 팀별로 출발선에 폼플라잉디스크를 1개씩 가지고 선다.

2 팀별로 출발선에서 각각 5m, 7m, 9m 떨어진 지점에 원마커를 놓고 그 위에 볼링핀을 1개씩 세운다.

3 시작 신호에 맞춰 팀의 1번 친구가 폼플디를 날려 볼링핀 맞히기에 도전한다.

4   3개 볼링핀 중 1개라도 맞아 쓰러지면 성공으로, 성공하면 날린 친구가 폼플디를 가지고 와서 손에서 손으로 다음 주자에게 전달한다. 이때, 폼플디를 날려서 전해주면 반칙이다.

5   폼플디를 날렸는데 볼링핀을 맞히지 못하면 팀 전원이 5m 지점의 볼링핀을 돌아와야 다음 친구에게 기회가 주어진다.

6   5m 지점의 볼링핀을 팀에서 누군가 맞혀 쓰러뜨리면 7m 지점의 볼링핀에 도전한다. 7m 지점의 볼링핀 맞히기에 실패하면 팀 전원이 7m 지점 볼링핀을 돌아와야 다음 주자에게 폼플디를 날릴 기회가 주어진다.

7   3개 볼링핀 모두를 가장 먼저 다 맞혀 쓰러뜨린 팀 순으로 순위가 정해진다.

tip

- 볼링핀이 없을 때는 페트병에 물이나 모래를 3분의 1 정도 채워 활용하자.
- 의도적인 세리머니 규칙을 적용하여 볼링핀을 맞혔을 때 함께 기쁨을 나누고, 못 맞혔을 때는 "괜찮아 친구야!" 하고 서로 말해주도록 유도하자.

한 걸음 더! 🏃

- 폼플디를 날려 맞히기 쉽게 점보스택 위에 볼링핀을 올려서 볼링핀과 함께 점보스택을 맞혀 쓰러뜨려도 성공으로 인정해 주자.

2 유산소 플디 볼링

- **장소** 강당, 운동장
- **준비물** 폼플라잉디스크, 볼링핀, 원마커

진행 방법 ⏱

1 팀별로 출발선에서 7m 떨어진 지점에 원마커를 놓고 그 위에 볼링핀을 3 개씩 세운다.

2 팀의 1번 친구는 자기 팀 볼링핀을 세워 둔 뒤쪽에 서고, 2번 친구부터 폼 플라잉디스크를 가지고 출발선에 선다.

3 시작 신호에 맞춰 각 팀 2번 친구가 폼플디를 날려 볼링핀을 맞혀 쓰러뜨 린다.

4 1번 친구는 2번 친구가 날린 폼플디를 주워 가지고 출발선으로 돌아와 3 번 친구에게 전달하고 줄 끝으로 간다.

5 2번 친구는 볼링핀을 맞혔다면 쓰러진 볼링핀을 원래대로 세우고 볼링핀 뒤에 서고, 볼링핀을 못 맞혔다면 그대로 뒤쪽에 가서 선다.

6 3번 친구도 같은 방법으로 폼플디를 날린 후 볼링핀을 세우고 뒤에 가서 서고, 2번 친구는 폼플디를 주워 출발선의 4번 주자에게 전달하는 방법으 로 이어간다.

7 볼링핀이 1개 쓰러지면 20점, 2개 쓰러지면 50점, 3개 모두 쓰러져 스트 라이크가 되면 100점을 획득한다. 팀에서 볼링핀을 쓰러뜨릴 때마다 점 수를 합산한다.

8 정해진 게임 시간이 지난 후 합산한 점수가 가장 높은 순서대로 팀 순위 를 정한다.

- 폼플디를 주워 다음 주자에게 전달하는 친구와 폼플디를 날리고 볼링핀 뒤에 가서 서는 친구들이 이동하는 동선을 게임 전에 통일하는 것이 좋다.
- 이 게임은 열심히 뛰어다니며 한 번이라도 더 던질 수 있는 기회를 갖는 것이 유리함을 게임 전에 안내하자.
- 이런 유산소 운동이나 게임에서 경쾌한 음악을 활용하면 참가자들이 더 신나게 게임에 참여한다.

한 걸음 더! 🏃

- 폼플디는 허리 높이에서 날리는 것이 좋다. 높이를 맞추기 위해 강당의 책상이나 테이블을 활용해 그 위에 올려 게임을 운영하는 것을 추천한다.
- 저학년이나 중학년이라면 동기유발을 위해 볼링핀 1개를 명중시켜 쓰러뜨렸을 때 100점 단위로 점수를 주는 것을 고려한다.

3 플디 볼링핀 윷놀이

- **장소** 강당, 운동장
- **준비물** 폼플라잉디스크, 볼링핀, 원마커, 윷놀이 말판과 말

진행 방법 🕙

1 팀별로 출발선에서 7m 정도 떨어진 지점에 원마커를 2개 놓고, 그 위에 볼링핀을 5개씩 올린다.

2   양 팀이 가위바위보로 공격할 순서를 정한다.

3   먼저 공격하는 팀의 1번 주자가 폼플라잉디스크를 날려 볼링핀을 맞혀 쓰러뜨린다. 볼링핀을 1개도 쓰러뜨리지 못하면 윷놀이에서의 '낙'처럼 말판에 말을 놓을 수 없다.

4   양 팀 중 폼플디를 날려 볼링핀을 맞혀 쓰러뜨리면 윷놀이와 같은 방법으로 진행한다. 볼링핀을 1개 쓰러뜨리면 1칸 진행하는 도, 2개 쓰러뜨리면 2칸 진행하는 개, 3개 쓰러뜨리면 3칸 진행하는 걸, 4개 쓰러뜨리면 4칸 진행하는 윷, 5개 쓰러뜨리면 5칸 진행하는 모가 된다. 윷과 모는 폼플디를 한 번 더 날릴 수 있다.

5   윷놀이와 같은 방법으로 진행하기에 말판의 상대 말을 잡으면 한 번 더 폼플디를 날릴 수 있다.

6   양 팀이 1명씩 돌아가며 폼플디를 날리는 방법으로 윷놀이를 하여 정해진 말이 모두 나오면 그 팀이 이긴다.

- 폼플디를 날린 친구가 쓰러진 볼링핀을 다시 세우러 가는 낭비되는 시간을 줄이기 위해 1번이 날릴 때는 마지막 주자가, 2번이 날릴 때는 먼저 날린 1 번이 가서 세우도록 하자.
- 볼링핀 1개에 색을 칠하거나 표시해 윷놀이의 '뒷도'(1칸 뒤로)로 활용하고, 말끼리 업어서 이동하는 규칙 등도 함께 활용해 보자.

한 걸음 더! 🏃

- '사랑도' 규칙을 추가해도 재미있다. 볼링핀 1개에 하트 표시를 해두고 그 볼펑핀만 쓰러졌을 때는 '사랑도'가 된다. 말이 사랑도에 나오면 상대 팀에 게 사랑을 베푸는 규칙으로 말판의 상대편 말 중 1개가 어디에 있든지 날 수 있다.

─ Class 42
캐치볼 잡기

6개의 손잡이가 달린 캐치볼을 이용한 다양한 놀이를 소개합니다.
후프 안에 넣고, 친구에게 던지면서 손잡이 색에 따른 점수를 획득하는
재미난 게임을 통해 집중력과 협응력을 키워주세요.

1 후프 안을 향해

- **장소** 교실, 강당, 운동장
- **준비물** 캐치볼, 후프, 원마커

진행 방법 ⏱

1   팀별로 출발선에서 4m 정도 떨어진 지점에 후프를 1개씩 놓는다.

2   팀의 1번 주자가 캐치볼을 가지고 있다가 시작 신호에 맞춰 후프 안으로
    던진다.

3   캐치볼이 후프 안에 들어가거나 6개 손잡이 중 1개라도 후프 안에 걸치면
    들어간 것으로 인정한다. 이때에는 지면에 닿지 않은 캐치볼의 손잡이 3

개의 끝에 적힌 숫자를 모두 더한 점수를 획득하게 된다.

4 캐치볼이 후프 안에 들어가지 않아도 득점이 될 수 있다. 캐치볼을 던진 친구가 후프 안에 들어가서 캐치볼을 잡을 수 있으면 2점을 획득하고, 후프 안에서 한 발을 밖으로 내밀어 캐치볼을 잡을 수 있으면 1점을 획득한다.

5 팀에서 1명씩 캐치볼을 던진 후 자신이 획득한 점수를 출발선에 와서 말해 팀의 점수를 합산해 나간다.

6 정해진 시간 동안 게임을 하여 가장 높은 점수를 획득한 팀 순으로 순위를 가린다.

- 캐치볼을 후프를 향해 던지면 후프나 그 안에 맞고 나가 멀어지기 때문에 팅기고 굴러갈 거리까지 계산해서 던지도록 안내한다.
- 캐치볼에 후프가 맞게 되면 후프가 움직여 거리가 달라질 수 있기 때문에 후프가 있는 지점을 표시하고 움직였을 때 원래 위치로 놓도록 해야 한다.

한 걸음 더! 🏃

- 후프 안 중앙에 원마커를 1개씩 놓고, 캐치볼이 원마커에 닿으면 보너스 점수를 획득하도록 해보자.

2 캐치볼 게임

- **장소** 교실, 강당, 운동장
- **준비물** 캐치볼, 원마커

진행 방법 🕐

1 팀별로 출발선에서 4m 정도 떨어진 지점에 원마커를 놓는다.

2 각 팀의 1번은 원마커를 밟고, 2번은 출발선에서 1번에게 캐치볼을 던져 준다.

3 1번은 캐치볼 손잡이를 1개 잡았을 때만 해당 손잡이 끝의 점수를 획득한다. 손잡이를 한 번에 1개 이상 잡거나 몸에 닿고 잡을 때, 캐치볼을 떨어뜨렸을 때는 점수를 획득하지 못한다.

4 1번은 획득한 점수가 있을 때 팀원들에게 말하고 캐치볼을 가지고 와서 3번에게 주고 줄 끝으로 간다. 2번은 1번 자리로 가서 선다.

5 3번이 2번 친구에게 같은 방법으로 캐치볼을 던져주면 2번도 손잡이를 잡아 점수를 획득하는 방법으로 이어간다.

6 정해진 시간 동안 게임을 하여 합산한 점수가 가장 높은 팀 순으로 순위를 가린다.

tip

- 캐치볼을 던지는 친구가 캐치볼이 회전하지 않도록 던져주는 것이 게임을 잘할 수 있는 포인트가 된다.

한 걸음 더! 🏃

- 게임 전에 1명씩 공중에 캐치볼을 던지고 자신이 잡고 싶은 손잡이를 잡는 연습을 해봐도 좋다.

3 말한 색을 잡아라!

- **장소** 교실, 강당, 운동장
- **준비물** 캐치볼, 원마커

진행 방법 ⏱

1. 팀별로 출발선에서 4m 정도 떨어진 지점에 원마커를 놓는다.
2. 각 팀의 1번은 원마커를 밟고, 2번은 출발선에서 캐치볼을 가지고 1번과 마주 선다.
3. 1번은 5가지 색 중 1가지 색을 말한다. 2번이 캐치볼을 던졌을 때 1번이 자신이 말한 색 손잡이를 잡으면 더블 점수를 획득한다. 1번이 자신이 말한 색이 아닌 다른 색을 잡게 되면 그 해당 색 손잡이 끝의 점수를 획득한다.
4. '캐치볼 게임'과 같은 규칙과 방법으로 이어나간다.
5. 정해진 시간 동안 게임을 하여 합산한 점수가 가장 높은 팀 순으로 순위를 가린다.

tip

- 캐치볼의 빨간색 손잡이가 4점으로 가장 높아 대부분 '빨강'을 외치고 잡게
  된다. 캐치볼을 던지는 친구는 회전이 걸리지 않으면서 빨간색을 잡기 편하
  도록 던져 주는 것이 좋다.

한 걸음 더! 🏃

- 교사가 잡아야 하는 캐치볼의 색을 말해주고, 그 색 손잡이를 잡았을 때만
  더블 점수를 획득하도록 해도 재미있다.

4 노란색을 노려라!

- **장소** 교실, 강당, 운동장
- **준비물** 캐치볼, 원마커

진행 방법 🕒

1 팀별로 출발선에서 4m 정도 떨어진 지점에 원마커를 놓는다.

2 1번은 원마커를 밟고, 2번이 출발선에서 1번과 마주하여 캐치볼을 가지고 선다.

3 교사가 "준비 시작!"이라고 하면 2번이 1번에게 캐치볼을 던진다.

4 1번은 노란색 손잡이를 잡으려고 노력해야 한다. 노란색은 0점 손잡이로 잡았을 때 점수가 올라가지 않지만 다른 색 손잡이를 잡으면 손잡이 끝에 표시된 점수를 획득하게 된다. 캐치볼을 잡지 못하면 2점을 획득한다.

5 1번은 획득한 점수를 팀원들에게 말하고 캐치볼을 3번에게 주고 줄 끝으로 간다. 3번은 2번 친구에게 캐치볼을 던져주고 2번은 노란색 손잡이를 잡으려고 노력한다.

6 같은 방법으로 게임을 이어가 정해진 시간이 지나면 팀별 획득한 점수가 가장 적은 팀 순으로 순위를 가린다.

tip

- 캐치볼이 몸에 닿은 후 손잡이를 잡거나, 1개 이상의 손잡이를 잡은 것도 2점을 획득한 것으로 계산하도록 약속하자.
- 팀별로 동일한 횟수를 실시해야 공평하므로 교사가 "준비 시작!"이라고 할 때마다 1명씩 던지고 받는 방법으로 운영해 한 사람에게 2~3회의 기회가

주어지도록 운영하는 것이 좋다.

한 걸음 더! 🏃

- 한 팀당 캐치볼 2개를 가지고 게임을 운영하자. 팀에서 2명이 동시에 던지면 받는 사람이 오른손과 왼손으로 동시에 캐치볼을 잡아 손잡이의 2개 점수를 합치는 방법으로 즐거보자.

— Class 43
가까이, 더 가까이

목표로 정한 공에 팀의 공을 가까이 붙이는
흥미로운 게임을 통해
힘 조절 능력과 협응력, 집중력을 길러주세요.

1 후프 골프

- **장소** 강당, 운동장
- **준비물** 공, 숫자 원마커, 후프

진행 방법 🕐

1   2명씩 짝을 지어 후프 1개, 공 1개씩을 가지고 출발선에 선다.

2   후프를 출발선에서 1m 떨어진 지점에 놓고, 1명이 공을 굴려 후프 안에 넣기에 도전한다.

3   공이 후프를 지나 넘어가면 실패이고, 공이 후프 안에 머물러 있어야 성공이 된다.

4 성공하면 후프를 들어 넘겨 바닥에 놓는 방법으로 후프의 길이만큼 더 멀어지게 놓고 다시 도전한다.

5 성공 여부와 상관없이 짝과 한 번씩 번갈아 가며 도전한다.

6 정해진 시간에 출발선에서 가장 멀리까지 후프를 보내 도전하고 있는 짝을 찾아 칭찬한다.

tip

- 공을 후프 중간으로 굴리면 조금만 세게 굴려도 넘어가게 된다. 후프의 양쪽 측면으로 힘을 조절해 굴리면 공이 후프를 따라 돌며 나가지 않는다.
- 이 활동은 운동량이 적은 것을 감안해 실패할 때마다 짝과 함께 정해진 개수만큼 손을 잡고 스쿼트나 점핑잭 등을 하는 방법을 고민하자.

한 걸음 더! 🏃

- 다득점 후프 볼링 게임을 함께 해보자.
  - 후프 10개를 서로 붙여 일렬종대로 바닥에 놓고 그 안에 1~10까지의 숫자 원마커를 넣은 후 출발선에서 굴린 공이 멈춘 후프의 점수를 획득하는 게임
  - 3×3 대형으로 후프 9개를 게임장 중앙에 놓고, 후프 안에 숫자 원마커를 넣은 후 네 곳에 출발선을 표시하여 공을 굴려 후프 안에 멈추면 해당 후프 안의 점수를 획득하는 게임

2 구기 공으로 즐기는 보체

- **장소** 강당, 운동장
- **준비물** 배구공, 농구공, 핸드볼공, 원마커

진행 방법 🕐

1   양 팀으로 나누고 한 팀은 배구공 4개, 다른 한 팀은 농구공 4개를 가지고 준비한다.

2   팀장의 가위바위보로 공격할 순서를 정한다.

3   가위바위보에서 이긴 팀 주장이 나와 표적구인 핸드볼공을 굴린다.

4   진 팀의 1번 친구가 배구공을 굴려 표적구에 가까이 붙인다.

5   이긴 팀의 1번 친구도 농구공을 굴려 표적구에 가까이 붙인다.

6   자기 팀 공을 굴려 상대 팀 공을 쳐 내거나 표적구를 쳐서 이동시키는 전략을 쓸 수 있다.

7   양 팀이 번갈아 4개의 공을 모두 굴린 후 점수를 계산한다. 표적구 가장 가까이에 자기 팀 공을 붙인 팀이 이기고, 그때 상대 팀은 득점할 수 없다. 예를 들어 표적구에 가까운 순서가 '배구공-배구공-농구공-배구공' 순서라면 배구공 팀이 2대0, '농구공-배구공-농구공-농구공' 순서라면 농구공 팀이 1대0, '농구공-농구공-농구공-배구공' 순서라면 농구공 팀이 3대0으로 이긴다.

8   정해진 게임 수만큼 게임을 실시한 후 가장 많은 점수를 획득한 팀을 가린다.

- 동계 올림픽의 컬링과 장애인이 즐기는 '보치아'라는 게임과 규칙과 방법이 거의 비슷하다. 보체 게임 교구를 활용하면 더 좋지만, 학교에 보체 교구가 없다면 학교에 있는 여러 가지 공을 활용해 즐기면 좋다.
- 양 팀 인원이 같지 않을 때는 인원이 적은 팀에서 부족한 인원만큼 더 굴리게 하자.

한 걸음 더!

- 6가지 스포츠(축구, 야구, 농구, 배구, 럭비, 하키)가 그려진 스포츠 빈백을 활용해 같은 규칙과 방법으로 즐겨도 좋다.

― Class 44
고리 컬링

고리를 펀스틱에 걸어 선에 가깝게 붙이고,
컬링처럼 상대 팀 링을 밖으로 쳐 내는 재미있는 게임을 통해
힘 조절 능력과 집중력, 협응력을 길러주세요.

1 링아, 선을 넘지마!

- **장소** 교실, 강당
- **준비물** 펀스틱, 고리

진행 방법 ⏱

1   2명씩 짝을 지어 A, B그룹으로 나눈다.

2   펀스틱과 고리를 1개씩 가지고 출발선에 선다.

3   A그룹부터 출발선에 고리를 놓은 후 그 안에 펀스틱을 대고 준비한다.

4   시작 신호에 따라 펀스틱을 밀어 고리를 목표선에 가장 가깝게 붙이는 순
서대로 순위를 가린다.

5   B그룹도 같은 방법으로 게임을 실시한다.

6   A그룹의 1~3위, B그룹의 1~3위가 게임을 하여 목표선에 가장 가깝게 붙
    인 챔피언을 가린다.

tip

- 앉아서 손으로 고리를 밀어 목표선에 가까이 붙이는 게임을 먼저 해보자.
- 팀전으로 진행해 목표선에 가깝게 붙인 순서대로 1위는 100점, 2위는 90
  점, 3위는 80점 등으로 점수를 정한 뒤 점수의 합이 높은 팀이 이기는 게임
  으로 운영해도 좋다.

한 걸음 더! 🏃

- 링이 선을 넘었을 때 아예 아웃된 것으로 정하면 더 흥미 있는 게임이 된다.

2 펀스틱 링 컬링

- **장소** 교실, 강당
- **준비물** 펀스틱, 고리, 미니 원마커

진행 방법 🕐

1   양 팀으로 나뉘어 펀스틱을 가지고 출발선에 선다.

2   출발선에서 10m 이상 떨어진 지점에 테이프나 미니 원마커로 원을 표시

한다.

3 양 팀 주장의 가위바위보로 공격 순서와 자기 팀의 고리 색을 정한다.

4 밀어낸 고리를 원 중심에 가깝게 붙여야 이기는 게임이다. 진 팀의 1번 친
   구부터 출발선에 연두색 고리를 놓고 펀스틱을 그 안에 넣어 원 안으로
   밀어낸다.

5 상대 팀 1번도 같은 방법으로 펀스틱을 빨간색 고리 가운데 넣고 바닥에
   대고 밀어 원에 넣는다.

6 상대 팀의 고리를 맞혀 밖으로 쳐 내도 되고, 우리 팀 고리를 맞혀 쳐서 넣
   거나 원 안에 넣지 못하도록 방어할 수도 있다.

7 양 팀이 1명씩 번갈아 가며 모두 공격을 끝내면 원 중심에 가까운 팀이
   어딘지 확인하고 점수를 계산한다.

8 원 중심에 가까운 순서가 '연두-빨강-빨강'이라면 연두가 1대0으로 승
   리, '빨강-빨강-연두'라면 빨강이 2대0으로 승리, '연두-연두-연두-빨
   강'이라면 연두가 3대0으로 승리한다.

9 정해진 게임 수만큼 진행한 후 점수를 합산하여 점수가 더 높은 팀이 이
   긴다.

- 한 팀의 인원이 5명을 넘기면 대기시간이 많아져 흥미를 잃을 수 있다는 점을 참고하자.

한 걸음 더! 초.

- 준비운동이나 연계 활동으로 같은 팀원이 던져주는 고리를 핀스틱으로 받아 거는 '돌핀 링 걸기 릴레이' 게임의 변형을 구상해도 좋다.

콕 찍어! 다트 놀이

다트를 이용한 게임 중 501점을 먼저 빼는
흥미진진한 '501점 누가 먼저!' 게임과 더 많은 땅을 따먹어야 승리하는
크리켓 게임을 통해 집중력과 협응력을 길러주세요.

1 501점 누가 먼저!

• **장소** 교실, 강당
• **준비물** 다트, 다트 보드, 기록지

진행 방법 ⏱

1 팀 인원을 4~5명으로 정하고, 다트를 3개씩 나누어 준다.

2 시작 신호에 맞춰 각 팀의 1번 친구가 다트 보드를 향해 다트를 하나씩 던진다.

3 다트 보드에 다트 3개를 차례로 던져 맞힌 점수를 모두 합한 후 501점에서 뺀다.

4 팀의 다음 친구들도 다트를 3개씩 던진 후 현재 점수에서 획득한 점수만큼 점수를 빼 나간다.

5 참가팀 중 501점을 가장 먼저 뺀 팀 순으로 순위를 가린다.

- 친구가 다트 3개를 모두 던지기 전에는 절대 다트 보드 앞으로 나가지 않도록 하고, 점수를 계산할 때는 함께 가서 계산하도록 지도한다.
- 시간에 따라 301점이나 701점 등 목표 점수를 가감하여 진행하자.
- 최근에는 전자 다트가 일상화되어 자동으로 계산이 되어 나와 편리하지만 저렴한 다트를 구입했다면 강당 벽에 설치하여 아이들이 직접 계산하면서 게임을 즐기게 하는 것도 좋다.

한 걸음 더! 🏃

- 이 수업 전 차시로 다트 게임에 대한 유래와 기본동작, 예절 등을 안내하고, 몸풀기 게임으로 가장 일반적인 '카운드 업' 게임을 먼저 실시하길 추천한다. 다트를 3개씩 8라운드 동안 총 24개를 던져서 가장 점수가 높은 친구가 이기는 게임이다.
- 501점을 정확히 맞춰야 끝나는 게임으로 진행하면 어느 팀이 이길지 끝까지 알 수 없어 더 흥미롭다.
- 아이들의 활동량과 집중력을 높이기 위해 교사가 신호를 보내면 '코끼리 코로 3바퀴 빠르게 돌기' 후 다트를 1개씩 던지는 방법으로 운영해 보자.

2 크리켓 게임

- **장소** 교실, 강당
- **준비물** 다트, 다트 보드

진행 방법 ⏱

1 양 팀으로 나누어 가위바위보로 공격할 순서를 정한다.

2 A팀의 1번 친구가 다트 3개를 가지고 출발선에 서서 1개씩 던진 후, B팀의 1번 친구도 같은 방법으로 3개의 다트를 던진다.

3 이 게임은 다트 보드의 15에서 20까지 6개의 숫자 구역과 불(Bull, 정중앙)만 가지고 하는 게임으로 총 7곳의 땅 중 더 많은 땅을 차지하는 팀이 이기게 된다.

4 A팀의 한 친구가 '15', '20', '7'에 다트를 맞혔다면 A팀에서 15와 20구역의 땅을 차지한다. 이후 B팀에서 누군가 15와 20을 맞혀도 그 땅은 A팀 땅이기에 가져갈 수 없다.

5 양 팀이 1명씩 3개의 다트를 번갈아 던져 나간다.

6 먼저 4곳 이상의 땅을 차지하는 팀이 승리한다.

- 정해진 게임 시간 안에 두 팀 다 4곳 이상의 땅을 차지하지 못했을 때는 양 팀 중 더 많은 땅을 차지한 팀이 이기는 게임으로, 양 팀이 1곳도 차지하지 못했을 때는 먼저 1곳을 차지하면 이기는 게임으로 운영하자.

한 걸음 더! ⚊

- 땅 한 곳을 획득하려면 그 땅을 다트로 세 번 먼저 맞혀야 하는 것으로 규칙을 바꾸면 더 재미있다.

Bonus Tip 4

줄넘기 지도 노하우

• • •

줄넘기는 학교에서 아이들의 체력 증진 및 체육 수업 시간에 준비 및 보강 운동으로 가장 많이 사용되는 체육 활동이다. 줄넘기 수업이나 줄넘기를 가르칠 때 몇 가지 참고하면 좋을 팁을 나눈다.

1. 줄넘기 고르는 법

PVC 재질의 줄넘기, 색동구슬 줄넘기 중 활용 용도에 따라 구입하는 것이 좋다. 가벼운 PVC 재질의 줄넘기는 2중(단)뛰기나 난이도 있는 기술 줄넘기용으로 좋지만, 잘못 구입하면 줄끼리 꼬여서 줄을 계속 풀어야 하는 단점이 있다. 그래서 아이들에게는 줄넘기를 넘는 박자나 타이밍을 몸으로 쉽게 체득할 수 있도록 무게감이 있는 색동구슬 줄넘기를 추천한다. 단, 줄넘기 구슬이 크면 줄을 돌릴 때 비효율적으로 힘을 쓰게 되므로 중간 크기의 구슬 줄넘기를 선택하는 것이 좋다.

2. 줄 길이 조절과 시범 보이기

줄넘기 줄은 아이들의 신체에 맞는 적당한 길이로 조정하자. 줄넘기를 하기에 가장 이상적인 줄 길이는 양쪽 손잡이를 잡고 줄의 가운데를 한 발로 밟아 손잡이를 당겼을 때 손잡이가 자신의 명치 부분에 오는 정도다. 줄 길이가 그보다 길면 줄이 늦게 회전하므로 잘 걸리

게 되고, 그보다 짧으면 더 높이 점프해야 넘을 수 있어 길이 조정이 꼭 필요하다. 단, 줄넘기를 잘할수록 줄이 돌아갈 때 머리 위를 스치듯 넘어가게 되어 있다. 줄넘기 실력이 좋은 아이들은 줄 길이를 줄여 배꼽까지 손잡이가 오도록 해도 된다.

저자는 줄넘기를 가르칠 때 이렇게 하면 안 된다는 몇 가지를 시범을 통해 보여준다. 특히 두 팔을 크게 돌려 양발 모아 뛰기를 하는 모습을 오버해서 보여주면 아이들이 재미있어 한다.

줄넘기를 팔을 이용해서 돌리면 전신 운동이 되지만 많은 횟수를 뛰기는 어렵다. 따라서 줄을 넘겨야 하는 처음에는 팔로 줄을 크게 돌리지만 그 이후에는 손목의 회전력을 이용해 돌리도록 안내한다. 그리고 이때, 두 팔을 옆구리에서 멀리 떨어뜨렸다가 옆구리 쪽으로 가까이 붙이면서 팔이 몸에서 떨어질수록 줄이 짧아져 발에 줄이 걸리게 된다는 사실을 이해시킨다.

한 번은 두 발을 앞으로 올리며 뛰고, 한 번은 발꿈치를 뒤로 들며 뛰며 아이들이 잘못하기 쉬운 발동작도 오버해서 보여준다. 2중(단)뛰기를 시켜보면 신기하게도 남자 아이들은 발끝을 앞쪽으로 올리며 뛰고, 여자 아이들은 발뒤꿈치를 뒤쪽으로 과도하게 올리며 뛰는 것을 볼 수 있다. 이렇게 뛰면 발바닥 전체가 바닥에 닿게 될 확률이 높아 오랫동안 줄넘기를 할 수 없고, 줄을 넘는 박자가 일정하지 않기에 줄에 걸릴 확률도 그만큼 높아짐을 안내한다. 줄넘기 줄의 폭은 1cm가 채 되지 않으므로 높이 뛸 필요가 없음을 안내하고, 뒤꿈치를 가볍게 든 채로 수직으로 뛰도록 지도하는 것이 좋다.

3. 긴 줄넘기 지도 팁

긴 줄 가는 줄   긴 줄 오는 줄   긴 줄 바이킹   긴 줄 8자 마라톤

긴 줄넘기를 넘기 전 손잡이를 잡고 줄을 돌리는 방법부터 지도해야 한다. 긴 줄은 '똑, 딱' 하는 시계 소리에 박자를 맞춰 돌리는데, 줄을 돌리는 아이들(저자는 '줄도리'라 칭함)은 줄을 넘는 아이 중 누군가 줄에 걸린 것 같으면 손잡이를 놓아야 한다. 긴 줄을 팽팽하게 잡으면 줄에 걸렸을 때 넘어지기 때문이다. 또 줄을 돌리는 두 사람의 간격이 너무 멀거나 가까우면 줄이 넘어오는 속도가 느려지거나 빨라져 줄에 들어가는 타이밍을 잡기 어렵다. 따라서 5m 이내의 긴 줄일 때는 1.5~2m 정도가 바닥에 닿게 돌리도록 지도한다.

'가는 줄(배웅 줄)'과 '오는 줄(마중 줄)'에 따라 입장과 퇴장 타이밍이 다르다는 것도 지도해야 한다. 가는 줄은 줄에 입장하는 방향에서 볼 때 줄이 위에서 내려와 가는 것처럼 보이는 줄을 말한다. 가는 줄에 입장하는 타이밍은 줄이 위에서 내려와 바닥을 칠 때다. 그 줄을 따라 들어갔다가 줄을 넘자마자 앞으로 걸어 나가면 퇴장이다. 오는 줄에 입장하는 타이밍은 줄이 지면을 맞고 올라와 들어가는 친구 머리 위를 지날 때다. 마찬가지로 줄을 넘자마자 줄 밖으로 나가면 퇴장이다.

4. 긴 줄 8자 마라톤 지도 팁

교육청 단위에서 실시하는 학교 스포츠클럽대회와 학교에서 일반적으로 가장 많이 실시하는 단체 줄넘기 종목이 '긴 줄 8자 마라톤'이다. 줄 한쪽에 일렬로 서 있다가 시작 신호에 따라 긴 줄이 한 번 돌 때 1명씩 연달아 뛰어넘어 통과하고 다시 줄을 서 '8'자 모양이 되도록 연속해 돌면서 실시하는 방법으로 2분 내외를 뛴 횟수의 총합으로 순위를 가리는 종목이다. 대부분의 아이들은 긴 줄의 '가는 줄'과 '오는 줄' 중에서 긴 줄이 바닥을 칠 때 따라 들어가는 '가는 줄'을 편하게 느낀다. 그래서 긴 줄 8자 마라톤 시합이나 대회를 열면 주로 가는 줄로 도전하는 것을 볼 수 있다.

긴 줄 8자 마라톤에서는 제자리 점프가 아닌 이동하는 점프를 하며 줄을 넘어야 한다. 긴 줄 안에서 앞 친구가 그 자리에서 점프하고 나가려 하면 줄에 그 친구 몸이 닿아 걸리거나 그 친구가 막고 있기에 다음 친구가 연속으로 들어갈 수 없게 된다. 그래서 제자리에서 멈춰 점프하지 말고 긴 줄 중앙에서 점프를 시작해 건너편 줄을 돌리는 친구 옆에 착지하도록 지도한다. 또, 긴 줄을 여러 명이 연속으로 뛰어넘게 하기 위해서는 앞 친구가 들어가 점프할 때 뒤의 친구도 미리 걸어 들어가도록 해야 한다.

저자의 경우 긴 줄을 2명이 돌리게 하고, 내 앞에 아이 한 명이 긴 줄에서 점프할 때 내가 걸어 들어가는 것을 보게 한다. 앞 친구가 점프하고 줄이 한 바퀴 돌아오는 짧은 시간 동안 중간까지 걸어 들어갈 수 있다는 것을 아이들이 확인하고 나면 더 쉽게 도전하는 것을 볼 수 있다. 교사는 이후 아이들이 한 명씩 긴 줄에서 점프하여 지날 때 "점프", "점프" 하며 연속으로 줄에 들어가는 타이밍을 안내하면 된다.

"

피구, 축구, 농구, 야구 등 다양한 구기 종목을 아이들
이 좀 더 쉽게 접근할 수 있도록 규칙과 형식을 쉽고 간
단하게 변형한 게임들을 소개합니다. 이 놀이들을 통
해 운동기능의 향상은 물론 민첩성과 협응성, 팀워크
를 다질 수 있어요.

"

Part 5
경쟁 영역
놀이 체육

─ Class 46
도망자를 잡아라!

펀스틱으로 도망가는 짝을 태그하고,
도망가는 공격을 잡기 위해 술래가 계속 바뀌는
신나는 술래 게임을 통해 순발력과 민첩성, 판단력을 길러주세요.

1 공격자와 수비자

- **장소** 강당, 운동장
- **준비물** 펀스틱, 콘

진행 방법 🕐

1   2명씩 짝을 지어 콘으로 표시한 게임장 안에 펀스틱을 1개씩 가지고 들어
    간다.

2   펀스틱을 두 사람 사이에 놓고 가위바위보를 한다.

3   이긴 친구는 수비자가 되어 바로 걸어서 도망간다. 진 사람은 공격자가
    되어 점핑잭(팔 벌려 높이뛰기) 2회를 실시한 후, 펀스틱을 들고 걸어서 쫓

아가 펀스틱으로 태그한다.

4 공격자가 수비자를 펀스틱으로 태그하거나 수비자가 게임장을 벗어나면
   바닥에 펀스틱을 내려놓고 다시 가위바위보 대결을 한다.

5 이긴 사람은 다시 걸어서 도망가고, 진 사람은 점핑잭을 2회 실시 후 펀스
   틱을 들고 다시 쫓아가 태그한다.

6 이런 방법으로 이어서 실시한 후 정해진 게임 시간이 끝나면 수고한 친구
   들을 격려하고 마친다.

- 펀스틱이 없을 때는 손으로 가볍게 태그하는 방법으로 활용하자.
- 점핑잭 대신 버피를 1회 빠르게 한 후 쫓는 방법으로 해도 재미있다.

한 걸음 더! ⫯

- 가위바위보 대결을 처음에만 1회 실시하고, 공격자가 수비자를 펀스틱으로

태그하면 공수가 전환되어 역할이 바뀌는 술래 게임으로 이어가면 좋다.

- 걷기로 하는 대신 이동 방법을 스키핑, 갤러핑, 점핑, 런닝 등으로 바꾸면 다양하게 활용이 가능한 술래 게임이다.

2 잡아라! 술래

- **장소** 강당, 운동장
- **준비물** 원마커, 팀 조끼, 트럼프 카드, 스톱워치

진행 방법 ⏱

1 양 팀으로 나누고 팀 조끼를 입는다.

2 가위바위보로 공격과 수비를 정한다.

3 공격은 도망가는 팀으로 인원이 10명일 때 트럼프 카드를 1(A)~10까지 한 장씩 나누어 받고 각자 번호에 해당하는 순서를 기억한다.

4 수비는 10명일 때 게임장 중앙에 일렬로 원마커 9개를 1.5m 이상의 간격으로 띄워 놓고, 그 위에 1명씩 양옆의 친구와 반대 방향을 보면서 선다.

5 수비 중 원마커에 서지 못한 1명은 쫓아다니며 태그하는 술래를 맡는다.

6 공격은 도망갈 순서인 카드 번호를 각자 기억하고 게임장 테두리에 뒤죽박죽 섞여 아무 곳에나 서 있는다.

7 시작 신호에 맞춰 교사는 스톱워치를 누르고, 공격 팀의 1번 도망자는 "1번"이라고 말하고 게임장 안으로 들어간다.

8 술래는 자기 영역에 도망자가 있으면 빨리 달려가 태그를 시도하고, 도망자가 건너편에 있으면 도망자와 가까운 수비 중에서 등을 보이는 친구 어

깨를 살짝 건드리며 "잡아라!"라고 말한다.

9 어깨를 태그 당한 수비가 새로운 술래가 되고, 기존 술래는 빈 원마커에 서서 대기한다.

10 이런 방법으로 술래를 계속 바꿔가며 1번을 태그하여 아웃시키면 2번 공격이 "2번!" 하고 외치며 게임장에 들어와 도망 다니고 술래는 태그하려고 쫓는다.

11 수비 팀의 술래가 공격 팀의 10번 친구를 태그할 때까지의 기록을 안내한 후 공격과 수비의 역할을 바꿔 실시해 더 오랫동안 도망간 팀이 이긴다.

- 원마커를 밟고 대기하는 수비 간의 간격을 충분히 넓혀서 게임 중 서로 충돌하지 않도록 해주자.
- 양 팀의 인원이 다를 때는 적은 팀에서 1명이 카드를 2장 가지고 2회 동안 도망갈 수 있도록 기회를 주면 된다.

한 걸음 더! 🏃

- 이 게임을 하기 전 인도의 '코코 술래' 게임을 실시해도 좋다. 코코 술래는 수비 팀이 앉아서 대기하고, 양쪽 끝에 말뚝이 있어 술래가 그 말뚝 바깥쪽으로 돌아 건너편 쪽으로 갈 수 있으며, 공격이 3명씩 들어가 술래를 피해 다니는 것 등이 '잡아라! 술래'와 다른 점이다.

— Class 47
팀 대항 잡기 놀이

술래와 도망가는 친구들이 서로를 공격할 수 있어
이전에 느끼지 못했던 재미를 경험할 수 있는 술래 게임을 통해
순발력과 민첩성, 운동신경을 길러주세요.

1 팀전 꼬리잡기 술래

- **장소** 강당, 운동장
- **준비물** 집게 플래그, 팀 조끼

진행 방법 ⏱

1   양 팀으로 나누고 팀 조끼를 나누어 입는다.

2   참가자 전원에게 집게 플래그를 2개씩 나눠 준 뒤 오른쪽이나 왼쪽 옷에 달게 한다.

3   시작 신호에 맞춰 양 팀은 뛰어다니면서 상대 팀의 플래그를 떼고 자신의 플래그를 떼이지 않도록 방어한다.

4 자신의 플래그는 손으로 잡아 방어하거나, 겉옷 등으로 가리지 않아야 한다.

5 획득한 상대 팀의 플래그는 한 손에 잡고 다니다 자기 플래그를 빼앗겼을 때 옷에 달고 참여하거나 아웃된 자기 팀원에게 준다.

6 플래그 2개를 모두 빼앗긴 친구는 아웃되어 게임장 밖에서 대기하다가 여유분 플래그를 가진 같은 팀원에게 "살려주세요!"라고 말해 플래그를 얻어 달고 게임에 다시 참여할 수 있다.

7 정해진 시간 동안 게임을 한 후 더 많은 플래그를 획득한 팀이 이긴다.

• 게임 전에 플래그를 제대로 잘 달았는지, 상대 팀에게 잘 보이는 곳인지 확인 후 실시하는 것이 좋다.

• 상대 팀의 플래그를 몸에서 뗄 때는 신체나 옷을 잡아당기지 않도록 지도해야 한다.

• 양 팀 인원이 많거나 신체접촉이 염려된다면 남자팀끼리 대결 후 여자팀끼

리 대결하도록 운영해도 된다.

한 걸음 더! 🏃

- 양 팀으로 나눠 '왕과 여왕 꼬리잡기' 술래 게임으로 변형해 보자. 상대 팀 몰래 '왕'과 '여왕' 친구를 1명씩 뽑고 그 친구들의 플래그에 왕, 여왕이라고 쓴 뒤 글씨가 보이지 않도록 옷 안쪽에 달고 게임을 시작한다. 왕이나 여왕을 잡은 팀은 보너스 점수를 주거나 일반 병사는 10점이지만, 왕과 여왕은 30점으로 계산하는 방법 등으로 게임을 즐길 수 있다. 또한, 상대 팀 왕이나 여왕을 먼저 잡은 팀이 한 게임을 이기는 방법으로 운영해도 좋다.

2 변형 카바디

- **장소** 강당, 운동장
- **준비물** 집게 플래그, 팀 조끼, 콘, 공

진행 방법 ⏱️

1 가로 12m, 세로 6m 크기의 게임장을 표시하고, 콘을 사용해 중앙선에서 양쪽으로 3m씩을 경계선으로 표시한다.

2 양 팀으로 나누고 팀 조끼를 입은 후 바지 양쪽에 집게 플래그를 단다.

3 양 팀 주장의 가위바위보로 공격 순서를 정한다.

4 가위바위보에서 이긴 팀의 1번 친구가 먼저 상대 팀 영역으로 가서 공격을 시작한다. 공격 시간은 30초로 제한하고, 30초 이상 공격하면 자동 아

웃된다.

5   공격은 한 손에 공을 들고 나머지 손으로 상대 팀을 태그한다. 상대 팀을 태그하는 인원수만큼 득점할 수 있지만, 태그 후에 다시 중앙선을 넘어 자기 영역으로 와야 그 점수가 인정된다.

6   수비는 공격을 피해 게임장을 벗어나거나, 공격에게 태그되면 아웃된다. 단, 공격이 중앙선을 넘어가지 못하고 아웃되면 태그된 수비는 아웃되지 않는다.

7   수비는 경계선 바깥쪽에 있다가 공격이 중앙선을 넘으면 그때부터 공격을 아웃시킬 수 있다. 수비가 공격의 플래그를 빼앗거나, 공을 쳐서 떨어뜨리면 공격이 아웃된다. 이때 공격의 몸을 건드리면 수비가 아웃된다.

8   공격은 양 팀에서 1명씩 번갈아 가며 실시한다. 공격해서 상대 팀을 아웃시킨 점수를 차감하면 자기 팀의 아웃된 친구들을 다시 살릴 수 있다.

9   양 팀 전원의 공격이 끝난 뒤 점수가 더 높은 팀이 이긴다.

tip

• 공격 시간이 끝나기 10초 전부터 교사가 카운팅을 해주는 것이 좋다.

• 공격은 30초의 공격 시간을 충분히 사용해도 되고, 중앙선만 넘어갔다가 바로 넘어와도 상관없다는 점을 게임 전에 안내하여 소심하거나 공격을 두려워하는 친구들이 부담 없이 게임에 참여하도록 독려하자.

한 걸음 더! 🏃

- 태그할 때 손으로 쳐서 맞으면 기분 나쁠 수 있기 때문에 30~40cm 정도로 짧게 자른 펀스틱으로 수비를 태그하도록 해도 좋다.
- 수비가 공격을 아웃시킬 때 몸싸움을 없애기 위해 공격이 수비 영역으로 들어왔을 때 나가지 못하도록 원을 만들어 가두면 아웃되는 것으로 운영해 보자.

— Class 48
짐볼 바운딩 놀이

바운드된 커다란 짐볼을 피하는 술래 게임과
짐볼을 바운드시켜 맞추고 피하는 피구 게임을 통해
민첩성과 순발력, 상황 판단력을 키워주세요.

1 바운딩 짐볼 피하기 술래

- **장소** 강당, 운동장
- **준비물** 짐볼, 콘

진행 방법 ⏱

1   학급이 30명 정도일 때 게임장을 20×20m 정도로 만들어 콘으로 표시
    한다.
2   전체 가위바위보로 술래 2~3명을 정한다.
3   술래는 짐볼을 1개씩 들고 있다가 게임 시작 신호에 따라 도망가는 아이
    들을 쫓아가 바운드시켜 맞힌다.

4 술래는 도망가는 친구들을 짐볼을 던져 직접 맞히면 안 되고, 반드시 원 바운드로 맞혀야 한다.

5 도망가는 친구들은 바운드 안 된 공에 맞으면 그대로 도망가도 된다. 원 바운드 된 짐볼에 맞으면 그 자리에서 버피를 2회 한 후, 그 친구가 술래 가 된다.

6 술래를 피해 도망가다가 게임장 영역을 벗어나는 친구도 버피를 2회 한 후 쫓아온 술래와 역할이 바뀌게 된다.

7 정해진 시간 동안 게임을 한 후, 버피를 가장 적게 실시한 친구들을 찾아 칭찬해 준다.

tip

- 게임 규칙과 방법을 정할 때 신체 활동 과제(버피)를 가장 적게 한 친구들이 칭찬을 받게 된다는 것을 안내해야 술래를 하고 싶어 고의적으로 공에 맞는 아이들이 줄어들고 최선을 다하게 된다.
- 원바운드 된 공을 받아도 맞은 것과 같이 버피 2회 실시 후 술래가 된다.

한 걸음 더! 🏃

- 킨볼이나 빅발리볼도 활용해 보자. 짐볼보다 훨씬 큰 킨볼을 굴려서 도망가 는 아이의 몸에 닿게 하거나 짐볼보다 작은 빅발리볼이나 식스볼 등을 가지 고 도망가는 아이를 쫓아가 스파이크를 해서 맞히는 술래 게임으로 응용할 수 있다.

2 짐볼 바운딩 피구

- **장소** 강당, 운동장
- **준비물** 짐볼, 팀 조끼

진행 방법

1   양 팀으로 나누고 팀 조끼를 입는다.

2   양쪽 게임장으로 나누어 들어가고, 처음부터 밖에 나가 공격하는 공격수를 남, 여 1명씩 정한다.

3   공격수의 가위바위보로 먼저 짐볼을 가지고 시작할 팀을 정한다.

4   게임 시작 신호에 맞춰 짐볼을 바운드시켜 상대 팀을 맞힌다. 한 번 이상 지면에 바운드시킨 공에 상대 팀이 맞거나 그 공을 받으면 아웃되어 나간다.

5   짐볼을 직접 던져 맞히면 아웃되지 않는다.

6   아웃된 친구는 상대 팀 게임장 옆이나 뒤로 나가 공격을 할 수 있다.

7   우리 팀이 바운드된 짐볼에 맞아 아웃되었을 때는 짐볼을 잡을 수 있고, 상대가 바운드시킨 짐볼이 게임장 안에 멈춰 이동하지 않을 때도 잡아 공격할 수 있다.

8 안에서 공을 피하던 팀원 모두가 아웃된 팀부터 밖에서 공격수로 활동한 친구들이 게임장 안에 들어가 공을 피한다.

9 상대 팀 공격수까지 모두 아웃시킨 팀이 1게임을 가져간다.

10 정해진 시간 동안 더 많은 게임을 이긴 팀이 승리한다.

- 게임 초반에는 짐볼 1개로 게임을 하다가 아웃된 인원이 점점 늘어나 피하는 친구들이 줄어들면 짐볼 개수를 2개, 3개로 점차 늘려줘야 게임이 더 빠르게 진행되고 재미도 더해진다.

- 양 팀의 인원수가 다르면 인원이 적은 팀에 부족한 인원만큼 공에 맞아 아웃되어야 할 때 더 참여할 수 있는 기회를 주자.

한 걸음 더! 🏃.

- 짐볼을 직접 던져 상대를 맞추는 게임 중 '파워~업! 짐볼 피구'도 진행해 보자. 상대가 던진 공을 직접 받았을 때 "파워~업!"이라고 말하면 상대 팀 전원의 발을 움직이지 못하도록 제압해 놓은 상태에서 공을 던져 맞힐 수 있는 변형 피구 게임이다.

— Class 49
빈백 슬라이딩 놀이

빈백(콩주머니)을 바닥에 대고 밀어
상대 팀의 발을 맞혀 아웃시키는
흥미로운 피구 게임을 통해 순발력과 민첩성을 길러주세요.

1 전원 발 태그 게임

- **장소** 교실, 강당
- **준비물** 빈백

진행 방법 ⏱

1 참가자 전원이 게임장 안에 들어간다.

2 참가자 모두 빈백 1개씩을 가지고 준비한다.

3 게임 시작 신호에 맞춰 빈백을 바닥에 대고 밀거나 가볍게 바닥에 던져
   슬라이딩시켜 다른 친구의 발을 맞힌다.

4 발을 좌우로 움직이거나 점프하여 빈백을 피한다. 게임 도중 친구가 민

빈백에 발이 맞으면 게임장 밖으로 나가 정해진 신체 활동 과제(스쿼트나 점핑잭 5회 등)를 수행한 후 다시 게임에 참여할 수 있다.

5 정해진 게임 시간이 지난 후 빈백을 가장 잘 피한 친구들을 찾아 칭찬한다.

tip

• 빈백을 던져 상대 몸에 직접 맞히지 않도록 게임 전에 지도하자.

• 게임 전에 빈백을 가장 잘 피한 친구들이 칭찬받는다는 것을 안내해야 최선을 다해 참여하게 된다.

한 걸음 더! 🏃

• 상대가 밀거나 바닥에 던져 밀려오는 빈백을 발로 멈추는 방어를 허용해도 재미있다. 발뒤꿈치를 바닥에 대고 발끝을 세웠다가 누르며 빈백을 멈추는 방법이 좋은데 단, 발로 잡다가 빈백이 옆으로 빠져나오면 그 친구는 아웃이 된다.

2 빈백 슬라이딩 피구

- **장소** 교실, 강당
- **준비물** 팀 조끼, 빈백, 콘

진행 방법 ⏱

1 양 팀으로 나누고 팀 조끼를 입는다.

2 양쪽 게임장으로 나누어 들어가고, 처음부터 밖에 나가 공격하는 공격수를 남, 여 1명씩 정한다.

3 공격수의 가위바위보로 먼저 빈백을 가지고 시작할 팀을 정한다.

4 게임 시작 신호에 맞춰 빈백을 가진 친구는 쪼그려 앉아 빈백을 바닥에 대고 슬라이딩시켜 상대 팀을 맞힌다.

5 점프나 좌우 이동으로 빈백을 피해도 되고, 발끝을 들었다가 내리며 눌러 빈백을 멈춰도 아웃되지 않는다. 단, 발에 맞고 빈백이 옆으로 빠져나오면 아웃된다.

6 게임장 밖에서 공격하는 자기 팀 공격수가 밀어낸 빈백에 맞았을 때는 아웃되지 않는다.

7 게임장 안에서 빈백을 피하던 친구들이 모두 아웃되면 공격수들이 들어가 빈백을 피한다.

8 상대 팀 공격수까지 모두 아웃시킨 팀이 1게임을 가져간다. 정해진 게임 시간 동안 더 많은 게임을 가져간 팀이 승리한다.

tip

- 피구 게임의 빠른 진행과 흥미와 재미를 위해 빈백 개수를 점점 늘려주는

것이 좋다.

- 바닥에 대고 빈백을 밀어내 상대를 아웃시키는 게임의 특성상 게임장 중앙 선은 콘이나 원마커를 놓는 대신 라인 마커로 그리거나 라인테이프로 붙이는 것이 운영상 편하다.

한 걸음 더! 🏃

- 고리를 활용해서 '고리 슬라이딩 피구' 게임으로 적용해도 재미있다.
- 고리와 빈백을 함께 활용해 '콩고(콩주머니+고리) 슬라이딩 피구' 게임을 해 보자.

— Class 50
변형 구기 게임 – 피구

가위바위보 대결에서 이긴 친구는 콘을 들고 안전지대까지 달려가고,
진 친구는 공을 잡아 달리는 친구에게 던져 맞히는
신나는 피구 게임을 통해 판단력과 순발력, 민첩성을 길러주세요.

1 가위바위보 피구

- **장소** 강당, 운동장
- **준비물** 접시콘, 폼피구공, 작은 고깔콘, 미니 점수판, 팀 조끼

진행 방법 ⏱

1   양 팀으로 나누고 팀 조끼를 입은 후 팀별로 게임 순서를 정한다.

2   양 팀의 1번 친구들이 출발선(안전지대)에 서고, 시작 신호에 맞춰 가위바
    위보를 한다.

3   이긴 친구는 공격자가 되어 중앙으로 달려가 놓여 있는 고깔콘 중에서 1
    개를 들고 안전지대를 향해 달려온다.

4 진 친구는 수비자가 되어 자기 쪽과 가까운 접시콘 위 폼피구공을 들어 도망가는 상대를 향해 공을 던진다.

5 공격자가 안전지대로 공에 맞지 않고 들어가면 공격자 팀이 1점을 획득한다.

6 수비자가 공을 던져 안전지대를 넘어가기 전에 공격자를 맞히면 아웃되어 수비자 팀이 1점을 획득한다.

7 공격자가 안전지대로 들어간 후에 공에 맞거나, 공격자가 안전지대로 들어가기 전 머리를 맞으면 공격자는 아웃되지 않는다.

8 다음 친구들도 같은 방법으로 게임을 이어가 그때마다 공격수나 수비수 팀에서 1점씩 획득한다.

9 양 팀의 모든 친구들이 게임을 한 후, 점수가 높은 팀이 승리한다.

- 학년이나 아이들의 운동 능력에 따라 공격자와 수비자가 콘과 공을 들고 공격과 수비를 하는 거리를 조정해 주는 것이 바람직하다.
- 공격이 콘을 들고 안전지대를 향해 달려갈 때 공을 피해 앉거나 불규칙하게 이동해 피할 수 있지만, 도망가는 한계선을 정해줘야 한다.
- 공격과 수비를 하는 친구들을 제외한 나머지 친구들은 대기하고 관람하는 시간이 많은 게임이다. 그 친구들의 운동량을 늘려줄 수 있는 고민이 필요하다. 점수를 얻지 못한 팀은 그때마다 푸시업 2개씩 실시하기 등으로 해결해 보자.

한 걸음 더! 🏃

- 가위바위보 대결 결과에 따라 공격과 수비의 역할을 바꿔 보자. 이긴 친구가 공을 들고 맞히는 역할을 하고, 진 친구가 콘을 들고 안전지대를 향해 달려 나오는 역할을 하게 된다.
- 가위바위보 대결 후 이긴 친구가 '참참참' 좌우 공격을 하여 그 승패에 따라 게임을 해도 재미있다.

2 나 혼자 산다 피구

- **장소** 강당, 운동장
- **준비물** 접시콘, 폼피구공, 작은 고깔콘, 팀 조끼

진행 방법 🕐

1 학급을 3팀으로 나누고 팀 조끼도 3색으로 나누어 입는다.
2 각 팀의 1번 친구들이 출발선(안전지대)에 선다.
3 시작 신호에 맞춰 3명이 가위바위보 대결을 한다.
4 혼자 이기거나 지면 그 친구는 공격자가 되어 달려가 중앙의 고깔콘 중에서 1개를 들고 안전지대를 향해 달려온다.
5 나머지 2명은 수비자가 되어 자기 쪽과 가까운 접시콘 위의 폼피구공을 들어 도망가는 공격을 향해 공을 던진다.
6 공격자가 2개의 공에 맞지 않고 안전지대로 피해 들어가면 공격자 팀이 1점을 획득한다.
7 수비자가 공을 던져 안전지대를 넘어가기 전에 공격자를 맞히면 먼저 맞

한 수비자 팀이 1점을 획득한다.

8   다음 친구들도 같은 방법으로 게임을 이어가 그때마다 공격수나 수비수 팀에서 1점씩 획득한다.

9   3팀의 모든 친구가 게임을 한 후, 점수가 높은 순으로 순위를 정한다.

- 킨볼 수업에 활용하는 킨볼 3색 조끼와 킨볼 3팀 점수판을 그대로 활용하면 좋다.
- 수비수 2팀이 공격수를 동시에 맞히는 상황도 나오게 된다. 이때에는 수비수 2팀 모두 1점씩 얻는 것으로 정한다.
- 이 게임에서 공격은 2개의 공을 피해야 하기 때문에 콘을 가지고 안전지대로 돌아오는 거리를 조금 더 앞당겨 주는 것이 좋다.

한 걸음 더! 🏃

- 점수 계산을 달리하여 게임을 운영해 보자. 공격수가 2개의 공을 모두 피하고 안전지대로 들어간 경우는 공격 팀이 2점을 얻고, 공격수가 1개의 공은 피하고 1개의 공에 맞았을 경우는 공격 팀이 1점, 맞힌 수비 팀도 1점을 얻는다. 공격수가 2개의 공에 모두 맞았을 경우는 맞힌 양쪽 수비 팀이 모두 1점을 얻는다.

— Class 51
변형 구기 게임 – 축구1

축구를 잘하는 상대 팀 친구를 메시로 지목해 정해진 영역에서만 축구를 할 수 있게
규칙을 정해 보세요. 축구를 잘 못하는 친구들이 상대적으로 공을 다룰 기회를 더 많이 갖게 되는
독특한 축구 게임을 통해 민첩성과 협응력, 심폐 지구력을 길러주세요.

1 메시 드리블 게임

- **장소** 강당, 운동장
- **준비물** 축구공, 콘, 스캐터볼 밴드 또는 고무 밴드

진행 방법 🕐

1   콘으로 15×15m 게임장을 표시한 후 그 안에 참가자 전원이 축구공을 1
    개씩 가지고 들어간다.

2   스캐터볼 밴드를 2개씩 나누어 주어 손목에 차고 시작한다.

3   게임 시작 신호에 맞춰 자기 축구공은 발로 지키면서 드리블하고, 다른
    친구 축구공은 게임장 밖으로 차 낸다.

4   자신의 축구공이 상대의 방해로 게임장을 벗어나게 되면 그 친구는 게임장 밖 정해진 곳에 손목에 차고 있던 밴드 1개를 빼놓고 온다.

5   게임장 밖으로 공이 2번 나가서 밴드 2개를 모두 빼놓은 친구도 마지막 한 번의 기회를 더 갖는다.

6   정해진 게임 시간이 지난 후 밴드를 지켜낸 친구들을 칭찬해 준다.

- 자기 공을 게임장 한쪽에 놓고, 멀리까지 나와 상대방 공을 차 내는 것은 반칙으로 정한다.
- 고학년의 경우 일반적으로 남녀의 축구 기능에 차이가 있기 때문에 남, 여 학생을 분리하여 게임을 진행하는 것이 바람직하다.

한 걸음 더! 🏃

- 밴드가 없어도 게임을 운영할 수 있다. 게임장 밖으로 공이 나갔을 때 '체력 충전소'로 이동하게 해서 축구공을 발 사이에 놓고 양쪽으로 주고받는 기능 익히기 연습을 10회 실시한 후 밴드를 1개 차고 들어오게 한다. 게임 후 밴드를 안 차고 있거나 적게 찬 친구를 칭찬하는 방법으로 변형할 수 있다.

2 메시 구역 축구

- **장소** 강당, 운동장
- **준비물** 팀 조끼, 축구공, 라인기 또는 원마커

진행 방법 🕐

1   양 팀으로 나누어 팀 조끼를 입는다.

2   각 팀별로 상대 팀 친구 중에서 축구를 가장 잘하는 '메시' 친구를 정한다.

3   각 팀의 영역에 라인기나 원마커로 지름 4~5m의 원을 표시한 후 상대 팀에게 지목당한 메시들을 각각 그 안에 들어가게 한다.

4   양 팀 주장의 가위바위보로 축구공을 먼저 가지고 시작할 팀을 정한다.

5   시작 신호에 맞춰 공을 뒤쪽으로 내주며 메시 축구 게임을 시작한다.

6   메시를 제외한 모든 아이들은 일반 축구 게임과 같은 방법으로 축구를 하고 축구를 할 때 메시 구역을 들어가거나 지나가는 것도 허용된다.

7   메시는 메시 영역 안에서만 축구를 할 수 있다. 패스와 드리블, 슛 모두 그 안에서는 가능하지만 그 영역을 벗어나면 반칙이 되어 상대편 프리킥을 진행한다.

8 후반전에는 또 다른 친구를 메시로 정해 메시 역할을 바꾼다. 전반전 메시는 자유롭게 축구를 하게 한다.

9 전, 후반 정해진 게임 시간이 종료되면 더 많은 골을 넣은 팀이 이긴다.

- 게임 전에 메시 축구 게임을 하는 이유를 알아본 후 실시하자. 메시로 뽑힌 친구는 축구 기능이 뛰어나니까 좁은 공간에서도 자기 실력을 발휘할 수 있는 기회를 갖고, 나머지 친구들은 메시가 없을 때 축구공을 더 많이 다루어 볼 수 있는 기회를 가져보기 위함이라고 말해주자.
- 중학년까지는 남, 여학생이 함께 축구 게임을 진행해도 되지만, 고학년은 축구 기능의 차이와 안전상의 문제로 남, 여학생을 분리하여 운영하는 것이 좋다.

한 걸음 더! 🏃

- 학급에 축구를 잘하는 아이들이 여럿이라면 양 팀에서 메시를 2~3명씩 정해 메시 영역에서만 활동하게 하자.

― Class 52
변형 구기 게임 – 축구 2

게임장을 반씩 나누어 남, 여 팀으로 대결하여
남자 팀과 여자 팀 점수를 합해 승패를 정하는 변형 축구 게임을 통해
민첩성과 협응력, 심폐 지구력을 길러주세요.

1 헤딩 술래

- **장소** 강당, 운동장
- **준비물** 축구공, 콘

진행 방법 ⏱

1   전체 가위바위보를 통해 술래를 2명 정한다.

2   콘으로 만든 15×15m 게임장에 참가자 전원이 들어간다.

3   시작 신호에 맞춰 술래는 축구공을 1개씩 두 손으로 들고 아이들을 쫓아
     가 공을 자기 머리 쪽으로 띄워 헤딩을 하여 맞힌다.

4   공에 맞은 친구는 게임장 밖 '체력 충전소'로 이동해 축구공을 들어 공중

에 띄우고 헤딩을 5회 실시한다. 헤딩은 연속으로 해도 되고, 1개씩 5번을 채워도 된다.

5 헤딩 후 그 친구도 게임장 안에 축구공을 들고 들어가 또 한 명의 술래가 되어 다른 친구들을 쫓아가 헤딩으로 맞힌다.

6 점점 늘어나는 헤딩 술래들을 피해 도망 다니다가 정해진 게임 시간이 지나면 헤딩한 공을 가장 잘 피한 친구들을 칭찬한다.

- 축구공보다 배구공이나 풍선공, 탱탱볼 등 헤딩할 때 충격이 덜한 공을 선택하는 것이 좋다.
- 공에 맞아 아웃된 친구들이 1명 이상이면 체력 충전소에서 짝을 지어 1명이 공을 머리 위로 띄워주면 다른 친구가 헤딩을 할 수 있도록 하자.

한 걸음 더! ⚡

- '반반 축구'에서는 헤딩으로 골을 넣으면 득점을 높게 평가해 주자.
  - 남학생이 발로 차서 골 : 1점, 여학생이 발로 차서 골 : 2점
  - 남학생의 헤딩 골 : 5점, 여학생의 헤딩 골 : 10점

2 반반 축구

- **장소** 강당, 운동장
- **준비물** 축구공, 팀 조끼

진행 방법 ⏱

1   학급을 양 팀으로 나눈 뒤 각 팀의 조끼를 입고, 팀 내에서도 남학생과 여학생을 각각 팀으로 구분한다.

2   게임장 중앙선을 기준으로 영역을 둘로 구분해 한쪽 영역에서는 남학생 두 팀이, 다른 한쪽 영역에서는 여학생 두 팀이 자기 영역 골대에만 공을 넣는 축구 게임을 동시에 진행한다.

3   양 팀의 골키퍼를 1명씩 뽑아 각 영역의 골대를 골키퍼 2명이 지킨다.

4   양 팀 남, 여학생 주장의 가위바위보로 이긴 팀이 중앙선 센터에 공을 놓고 자기 팀한테 차면서 시작한다.

5   남, 여학생 모두 게임장 중앙선 너머로 공이 넘어가도록 드리블하거나 킥을 하면 공이 아웃된 선 밖에서 양손으로 드로인하여 게임을 이어간다.

6   골키퍼 2명은 골대를 지키고 있다가 상대 팀이 슛을 하면 그 공을 막아내야 한다. 상대 팀 골키퍼가 막을 때 방해하면 그 골은 무효가 된다.

7   우리 팀이 슛한 공이 골인되면 상대 팀이 그 공을 들고 중앙선으로 가서 자기 팀에게 차주면서 다시 시작한다.

8   전반전이 끝나면 후반전에서는 양쪽 게임장 구역을 남, 여학생이 바꿔 실시한다.

9   전, 후반전이 모두 끝나면 같은 팀 남, 여학생이 넣은 골의 숫자를 더해 더 많은 골을 넣은 팀이 이긴다.

- 고학년의 경우 일반적으로 남녀의 축구 기능에 차이가 있기 때문에 남, 여학생을 분리하여 게임을 진행하는 것이 바람직하다.
- 교사 혼자 양쪽 게임장의 축구 게임을 한번에 심판보기는 쉽지 않다. 그럴 때는 남학생들은 대체적으로 축구 룰을 다 알기에 자기들끼리 하도록 하고 여학생 쪽 심판을 교사가 보거나, 참관 학생이 있으면 여학생 팀들 게임을 심판을 보게 하고 남학생 게임의 심판은 교사가 보도록 하자.

한 걸음 더! 🏃

- 양쪽 게임장 모두 골키퍼 없이 운영해 골이 많이 나도록 해도 된다. 이때에는 골대 주위에 경계를 표시해 그 안에서는 양 팀 모두 수비를 할 수 없게 하자.
- 게임 전에 양 팀에서 깍두기 친구(축구를 잘 못하는 친구)를 상대 팀에서 1~2명씩 정해 그 친구가 골을 넣으면 더블 점수로 인정해 주고, 축구를 잘하는 친구 중 골을 넣은 친구는 도움(어시스트)만 가능하도록 변형해 보자.

— Class 53
변형 구기 게임 – 축구3

공을 들고 뛰는 럭비에서
공을 지면에 놓고 차고 달리는 축구로 바뀌는 재미있는 '럭비 축구'를 통해
순발력과 협응력, 심폐 지구력을 길러주세요.

1 공 다리 사이 점핑 릴레이

- **장소** 강당, 운동장
- **준비물** 축구공, 콘

진행 방법 🕑

1 팀별로 출발선에 축구공을 1개씩 가지고 선다.

2 출발선과 10m 이상 떨어진 지점에 팀별로 콘을 1개씩 놓아 반환점으로
   삼는다.

3 각 팀의 1번은 축구공을 양발 사이에 끼우고 있다가 출발 신호에 맞춰 점
   핑으로 뛰어 반환점을 돌아온다.

4 점핑으로 오가는 도중 공이 발에서 빠지면 그 자리에서 공을 잡아 발 사이에 다시 끼우고 출발한다.

5 반환점을 돌아 다음 주자와의 거리가 1m 정도 되었을 때 양발 사이에 공을 낀 채로 앞으로 다리를 들며 점프하여 다음 주자가 바로 잡도록 띄워준다.

6 다음 주자가 뜬 공을 바로 잡지 못하면 잡을 때까지 도전해야 한다.

7 다음 주자들도 같은 방법으로 반환점을 돌아와 다음 주자에게 양발로 점프하여 공을 띄워주는 방법으로 게임을 이어간다.

8 팀의 모든 친구가 가장 먼저 게임을 끝낸 팀 순으로 순위를 정한다.

- 학년에 따라 축구공 대신 양발 사이에 끼워 점프해도 빠지지 않는 공을 선택하여 활용해도 좋다.
- 앞 주자가 점핑을 3회 연속 시도했는데 다음 주자에게 공을 띄워 패스하지 못할 때는 바로 다음 주자가 나가는 것으로 규칙을 정해도 된다.

한 걸음 더! 🏃

• 반환점을 향해 갈 때는 점핑으로 가고, 반환점을 돌아올 때는 축구 드리블로 오게 하자. 다음 주자에게 공을 전달할 때는 양발 사이에 넣고 점핑으로 띄우거나, 한 발을 공 밑에 넣어 띄우는 방법도 활용해 보자.

2 럭비 축구

• **장소** 강당, 운동장
• **준비물** 축구공, 라인기 또는 접시콘, 팀 조끼

진행 방법 ⏱

1 양 팀으로 나누어 팀 조끼를 입는다.

2 전반전에는 양 팀 여학생이 럭비 축구 게임을 할 때, 남학생은 양쪽 끝 선에 서서 공을 받아 득점을 만들어 주는 역할을 한다.

3 축구 게임장 양쪽 끝 선에서 안쪽으로 5m 정도에 라인기나 접시콘으로 골 에어리어를 표시한다.

4 가위바위보로 어느 팀이 먼저 공을 가지고 시작할지 정한다.

5 시작 신호에 따라 이긴 팀의 공을 가진 친구는 허리를 숙여 다리 사이로 뒤에 있는 친구에게 공을 전해준다.

6 공을 손에 든 친구는 상대 팀 지역을 향해 걷거나 달릴 수 있다. 단, 공을 들고 이동할 때 상대 팀에게 태그되면 공의 소유권은 상대 팀에게 넘어간다.

7 공을 든 친구를 상대 팀이 태그하려고 할 때 공을 지면에 내려놓고 축구

로 바꾸면 태그를 해도 소용이 없다.

8 축구를 하다가 공을 양발로 띄워 잡아 들고 달려도 되고, 우리 팀에게 공을 띄워 패스할 수도 있다. 우리 팀이 띄운 공을 상대 팀이 공중에서 가로채는 것도 가능하다.

9 상대 팀원이 공을 가지고 달릴 때 태그에 성공하면 그 자리에서 허리를 숙여 다리 사이로 우리 팀에게 공을 연결해 주면서 게임을 다시 이어간다. 공을 다리 사이로 전달해 주는 동안 뒤쪽에서 태그하여 공을 빼앗는 것은 반칙이다.

10 골 에어리어 밖에서 손으로 던진 공을 끝 선에 서 있던 우리 팀원이 받으면 1점을 획득하고, 발로 찬 공을 직접 받으면 3점을 획득한다.

11 후반전에는 남, 여학생이 역할을 바꿔 실시하여 전, 후반 경기 후 점수가 더 높은 팀이 승리한다.

tip

- 태그를 하는 동시에 공격수의 손에서 공이 떠나 패스를 하면 태그가 인정되지 않고 계속 게임을 이어간다.
- 학년이나 축구 기능 수준에 따라 공을 받는 골 에어리어의 간격을 줄이거나 늘려주자. 단, 골을 넣는 경험을 많이 갖게 하는 것이 필요하다.
- 집게 플래그를 활용하여 태그하는 대신 공을 가진 친구의 플래그를 떼면 공의 소유권을 가져오도록 해도 좋다.

한 걸음 더! 🏃

- 축구 경험이 상대적으로 부족한 여학생들의 활약을 위해 게임 방법과 득점을 달리 운영하자. 양 팀의 남, 여학생을 혼성으로 하여 A, B팀으로 나누고 A팀이 던진 공을 B팀이 잡아 득점을 만들어 준다. 이때 남학생이 던진 공을 남학생이 잡으면 1점, 남학생이 던진 공을 여학생이 잡거나, 여학생이 던진 공을 남학생이 잡으면 2점, 남학생이 찬 공을 남학생이 잡거나, 여학생이 던진 공을 여학생이 잡으면 3점, 남학생이 찬 공을 여학생이 잡거나 여학생이 찬 공을 남학생이 잡으면 4점, 여학생이 찬 공을 여학생이 잡으면 5점으로 운영한다.

— Class 54
변형 구기 게임 – 농구 1

골대를 들고 있는 인간 골대 친구에게 공을 던져
여러 가지 방법으로 득점할 수 있는 변형 농구 게임을 통해
상황 판단력과 신체 밸런스, 지구력 등을 길러주세요.

1 무빙 바스켓 숏 릴레이

- **장소** 강당, 운동장
- **준비물** 농구공, 팀 조끼, 무빙 바스켓 골대, 원마커

진행 방법 ⏱

1 팀별로 팀 조끼를 나누어 입는다.

2 각 팀은 숏을 쏘는 출발선에 일렬로 서고 1번 친구가 공을 들고 준비한다.
 팀에서 1명은 5m 떨어진 원마커에 서서 무빙 바스켓 골대를 들고 준비
 한다.

3 시작 신호에 맞춰 1번이 허리를 왼쪽으로 돌려 뒤로 공을 전하면 뒤에 선

친구들도 같은 방법으로 끝에 있는 친구까지 전달한다.

4 맨 끝까지 공이 전달되면 이제 오른쪽으로 전달하는 방법으로 다시 맨 앞
   친구까지 전달한다.

5 공을 받은 1번이 인간 골대 친구가 들고 있는 골대를 향해 슛한다.

6 인간 골대 친구는 날아온 공을 골대를 움직여 통과시키거나 받아 골을 만
   든다. 공이 들어가면 1번은 2번에게 공을 주고 맨 끝으로 이동하고, 2번
   친구가 같은 방법으로 허리를 돌려 공을 뒤로 전달한다.

7 슛한 공을 인간 골대가 받지 못하면 뒤에 선 친구들에게 공을 전달했다가
   받아서 다시 슛에 도전한다.

8 같은 방법으로 도전해 팀 전원이 골을 넣은 순서가 빠른 팀 순서대로 순
   위를 정한다.

tip

• 슛하는 곳과 인간 골대의 위치는 원마커로 표시하고, 학년이나 아이들의 운
  동기능에 따라 거리를 조절해 준다.

- 골을 넣으면 팀 전원이 환호하면서 골을 넣은 친구가 맨 끝으로 이동하며 서로 하이파이브하는 것으로 규칙을 정해 게임 분위기를 끌어 올려 주자.
- 인원이 다를 때는 적은 팀에서 부족한 인원만큼 더 도전한다.

한 걸음 더! 🏃

- 슛하기 전, 공의 전달 방법을 바꿔 보자. 제일 앞 친구부터 공을 머리 위로 들어 뒤로 넘겨 맨 끝 친구가 전달받은 후, 맨 앞 친구에게 직접 공을 갖다 주거나 모든 친구가 다리를 벌리면 뒤에서부터 다리 사이로 공을 굴려서 맨 앞 친구에게 전달하게 한다.
- 시작 신호에 따라 제일 앞 친구가 공을 가지고 자기 팀을 반시계 방향으로 한 바퀴 빠르게 돌고 슛을 하여 골인이 되면 공을 들고 인간 골대 친구를 한 바퀴 돈 후 2번 친구에게 공을 패스한다. 2번 친구도 같은 방법으로 게임을 이어가게 한다.

2 변형 무빙 바스켓볼

- **장소** 강당, 운동장
- **준비물** 농구공, 팀 조끼, 무빙 바스켓 골대, 원마커

진행 방법 ⏱

1 양 팀으로 나누고 팀 조끼를 입는다.
2 양 팀 게임장을 표시하고, 인간 골대 친구는 무빙 바스켓 골대를 들고 지

름 5m 원 중심에 원마커를 밟고 선다.

3 이 변형 농구 게임에서는 3의 법칙이 3가지 적용된다. 우선 공은 3초 이내에 패스해야 한다. 그렇지 않으면 그 자리에서 상대 팀 공이 된다. 또 양 팀 모두 공을 가지고 있는 친구와 3m 이상 떨어져야 한다. 같은 팀이 3m 이내에 있을 때 패스하면 반칙으로 상대 팀에게 공이 넘어간다. 마지막으로 3회 이상 패스가 된 공을 슛했을 때만 골인으로 인정이 된다.

4 공을 잡으면 드리블은 할 수 없고, 패스만 가능하다.

5 인간 골대는 360도를 돌며 같은 팀이 던진 공을 받아내 득점을 만든다. 인간 골대가 원마커에서 한 발이 나와 공을 받으면 1점, 인간 골대가 원마커에 두 발이 그대로 있는 상태에서 받으면 2점을 얻는다.

6 정해진 시간 동안 게임을 하여 더 높은 점수를 획득한 팀이 이긴다.

tip

• 무거운 농구공을 활용해 게임하면 손가락에 잘못 맞아 부상 당할 수 있기에 가볍고 부드러운 소프트발리볼이나 포스퀘어 공을 추천한다.

• 학급 인원이 많을 때는 남, 여로 나누어 진행하는 것이 좋다. 몇 가지 팁을 주자면 양 팀 남학생끼리 시합할 때 인간 골대를 여학생으로 정하고 나머지 여학생들은 게임장 밖에서 응원하다가 밖으로 나온 공을 안에 있는 같은 팀 원에게 패스하도록 하자. 남자팀이 획득한 점수와 여자팀이 획득한 점수를 더해 승패를 가르자. 이런 방법으로 운영하면 자기 팀 응원과 코치를 저절로 하는 효과가 생긴다.

한 걸음 더! 🏃

- 3점 슛을 넣을 수 있는 기회도 주자. 인간 골대 친구 주변의 5m 밖에 더 큰 원을 표시하여 거기서 슛하여 인간 골대가 받거나, 원마커 밖에 인간 골대 친구가 있다가 원마커 안으로 뛰어들며 공을 받아내면 3점 슛으로 인정한다.

— Class 55
변형 구기 게임 – 농구 2

팀 전원이 리더가 되어 친구들과 공을 주고받고, 농구 능력이 부족해도 슛을 할 수 있는
기회를 얻게 되는 농구 게임을 통해 누구나 공과 친해지게 됩니다.
신체 밸런스와 심폐 지구력은 덤으로 기를 수 있는 재미있는 농구 게임들을 소개합니다.

1 모두가 리더 패스

- **장소** 강당, 운동장
- **준비물** 원마커, 농구공 또는 소프트발리볼

진행 방법 🕐

1   5명씩 한 팀으로 정한다.

2   팀별로 출발선과 3m 떨어진 지점에 각각 원마커를 1개씩 놓는다.

3   각 팀 1번 친구가 리더가 되어 공을 가지고 원마커를 밟고 있다가 시작

신호에 따라 출발선에 서 있는 2번 친구와 공을 주고받는다.

4 뒤의 친구들도 리더와 차례대로 공을 주고받은 뒤 그 자리에 쪼그려 앉아 있다가 맨 끝 친구가 리더에게 공을 주면 일어난다.

5 리더와 공을 주고받아야 다음 친구로 이어갈 수 있다. 공을 받지 못하면 받을 때까지 반복한다.

6 리더가 나머지 친구들과 차례로 공을 주고받는 데 성공하면 공을 가지고 출발선으로 돌아와 2번 친구에게 공을 주고 줄 끝으로 간다.

7 그러면 2번이 앞의 원마커로 이동하여 새로운 리더가 되고 같은 방법으로 게임을 이어간다.

8 팀 전원이 리더가 되어 팀원들과 가장 먼저 공을 주고받은 팀 순으로 순위를 정한다.

tip

- 팀별로 인원이 같지 않을 때는 인원이 부족한 팀의 리더와 마지막 친구가 부족한 인원만큼 패스를 더 주고받아야 한다.
- 학년이나 패스 기능에 따라 리더와 공을 주고받는 출발선 거리를 조정해 운영하자.

한 걸음 더! 🏃

- '모두가 리더 패스 2'로 변형해 보자. 4명씩 팀을 정해 리더와 나머지 3명은 3m씩 떨어져 마주 보고 선다. 리더가 공을 가지고 시작해 한쪽 끝, 가운데에 있는 친구와 각각 공을 주고받고 줄 끝 친구에게 공을 패스하면 그 친구

가 새로운 리더가 된다. 앞에서 공을 주고받은 2명은 원래 리더의 양옆으로 이동해 새로운 리더와 마주 보고 선다. 이런 방식으로 팀의 리더가 가로로 선 친구들과 패스를 주고받으며 자리를 이동해 모두가 계속 리더가 되어 패스를 하게 되는 특징이 있다.

2 나 슛할 거야! 찜 농구

- **장소** 강당, 운동장
- **준비물** 농구 또는 넷볼 골대, 팀 조끼, 농구공

진행 방법 ⏱

1   양 팀으로 나누고 팀 조끼를 입는다.
2   양 팀은 상대 팀 선수 중에서 '나 슛할 거야' 친구를 1명씩 정한다.
3   양 팀에서 1명씩 나와 게임장 중앙선에 서고 신호에 맞춰 점프 볼로 자기 팀에게 공을 주며 시작한다.
4   이 게임에서 모든 친구는 공을 드리블할 수 없고, 패스만 가능하다.
5   상대 팀이 가까이에 와서 공을 빼앗으려고 할 때 한 발을 축으로 한 발을 움직이는 피벗을 하여 공으로 상대 팀을 태그하면 그 친구는 게임장 밖으로 나가야 한다.
6   공으로 태그 당한 친구는 아웃되어 정해진 운동 과제(바닥에 오른손 드리블 10회, 왼손 드리블 10회)를 실시한 후 다시 게임에 참여할 수 있다.
7   팀원끼리 패스하여 '나 슛할 거야' 친구에게 공이 주어졌을 때 그 친구는 "나 슛할 거야!"라고 크게 말하고 슛을 한다. 상대 팀은 슛을 방해하지 않

도록 비켜줘야 한다.

8 게임에 참여하는 모두가 패스와 슛을 할 수 있지만 '나 슛할 거야' 친구가 슛을 해서 골인이 되면 더블 점수를 획득한다. 일반 친구들이 골을 넣으면 2점을 얻지만 '나 슛할 거야' 친구는 4점을 얻는다.

9 정해진 시간 동안 게임을 하여 더 높은 점수를 획득한 팀이 이긴다.

- 공을 잡아 상대를 태그 하려다 손에서 공이 떨어진 채 상대에게 전해지면 아웃이 아닌 빼앗긴 것임을 안내한다.
- 고학년이라면 남, 여학생 간의 운동기능 차이를 생각하여 양 팀 여학생이 전반전, 남학생이 후반전을 실시한 후 점수를 합산하여 승패를 가리자.
- 상대 팀이 정하는 '나 슛할 거야' 친구는 키가 작거나 농구를 잘 못하는 친구일 확률이 높다. 2회의 공격 시도 중 1회는 꼭 이 친구들에게 패스가 전해져 슛할 기회를 주도록 규칙을 정해도 좋다.

— Class 56
변형 구기 게임 – 야구 1

가위바위보로 베이스를 이동하여 빈백을 획득하고,
공격은 물론 수비도 득점을 할 수 있는 변형 킥런볼 게임을 통해
끝까지 최선을 다하는 마음, 순발력과 집중력, 팀워크와 단결력을 키워주세요.

1 가위바위보 베이스 돌기

- **장소** 강당, 운동장
- **준비물** 야구 베이스 또는 원마커, 빈백

진행 방법 🕐

1   홈베이스에서 일정한 거리를 떨어뜨려 1루, 2루, 3루를 표시한다.

2   홈베이스 주변에 참가자 전원이 모인다.

3   시작 신호에 맞춰 일대일로 만나 가위바위보 대결을 한다.

4   이긴 친구는 1루로 가고, 진 친구는 다른 친구와 만나 이길 때까지 대결
한다.

5 1루에 있는 친구들은 1루 친구들끼리 일대일로 만나 가위바위보 대결을 한다. 이긴 친구는 2루로 가고, 진 친구는 다른 친구와 대결을 하여 이기면 2루로 갈 수 있다.

6 2루와 3루에서도 같은 방법으로 진행한다. 3루에서 이겨 홈베이스에 도착하면 홈베이스에 준비된 빈백 1개를 획득한다.

7 빈백 3개를 획득한 친구들이 5명 정도 나오면 게임을 끝내고 그 친구들을 칭찬해 준다.

- 학급 인원이 10명 이하면 적용하기 힘든 게임이다. 소인수 학급이라면 옆반과 함께 수업할 때 진행해 보자.
- 아이들이 유산소 운동을 더 많이 하길 기대한다면 루와 루 사이의 거리를 더 떨어뜨리거나 획득해야 하는 목표 빈백 개수를 늘려주자.

한 걸음 더!

- 티볼공을 홈, 1루, 2루, 3루에 각각 준비해 놓고 홈에서 2명씩 가위바위보 대결을 하여 이긴 친구는 1루로 가고 진 친구는 공을 홈에서 1루로 던져 준다. 1루에서도 또 다른 친구와 만나 가위바위보 대결을 해서 이긴 친구는 진루하고 진 친구는 공을 던져주는 방법으로 운영한 뒤 먼저 홈까지 온 친구들을 칭찬해 주자.
- 홈과 각 베이스에서 가위바위보를 할 때 푸시업 자세로 엎드려서 한 손으로 실시하도록 하면 근지구력도 기를 수 있다.

2 수비도 득점, 변형 킥런볼

- **장소** 강당, 운동장
- **준비물** 야구 베이스 또는 원마커, 공, 팀 조끼

진행 방법

1 양 팀으로 나누고 팀 조끼를 입는다.
2 양 팀 주장의 가위바위보로 공격과 수비할 팀을 정한다.
3 공격 팀은 1루 쪽 반원이 끝나는 지점에 일렬종대로 남-여-남-여 순으로 번갈아 선다.
4 공격 팀 1번 타자가 나와 준비하고 있다가 공격 신호에 맞춰 홈베이스 위에 있는 공을 찬다.
5 공격 팀 타자는 공을 찬 후, 공격 팀이 서 있는 1루 쪽을 향해 달려 자기 팀 주위를 2바퀴 돌고 나서 수비 팀 공보다 먼저 홈베이스를 밟아야 1점

을 획득한다. 단, 2바퀴를 기준으로 1바퀴를 더 돌아 홈베이스에 도착하
게 되면 그만큼 추가 득점이 가능하다.

6 수비 팀은 수비 지역 반원 밖에 흩어져 있다가 공격 팀 타자가 찬 공을 잡
는다. 공이 지면에 떨어지기 전에 잡으면 타자는 아웃되고 수비 팀이 1점
을 획득한다.

7 타자가 찬 공을 수비가 바로 잡지 못했을 때는 공을 잡은 수비는 그 자리
에 서고, 나머지 수비들이 그 앞에 일렬종대로 서서 다리를 양옆으로 벌
리고 다리 터널을 만든다. 공을 든 친구가 공을 그 사이로 굴리면 맨 앞 친
구가 전달받아 홈베이스로 질주한다. 타자보다 먼저 도착하면 타자를 아
웃시킬 수 있다. 타자를 아웃시킬 때마다 수비 팀이 1점을 획득한다.

8 전원 타격제로 공격 팀 전원이 공격하고 나면 공수가 교대된다.

9 정해진 횟수 동안 더 높은 점수를 획득한 팀이 이긴다.

tip

- 홈베이스는 공격과 수비용으로 1개씩 별도로 두어 홈을 향해 들어올 때 서
로 충돌하지 않도록 하는 것이 바람직하다.
- 학년이나 아이들의 야구 능력에 따라 공격이 자기 팀을 돌아야 하는 바퀴수
를 증감하거나 공격 팀이 서 있는 위치를 멀거나 가깝게 이동하는 등의 조
절이 필요하다.
- 수비를 할 때 맨 끝에서 굴린 공이 중간에 옆으로 빠져나왔을 때는 공이 다
리를 이미 통과한 친구들이 다시 앞으로 굴려 그 사이를 끝까지 통과하게
해야 하는 것으로 규칙을 정하자.

한 걸음 더! 🏃

- 게임에 숙달되면 수비가 굴리는 공을 차고 달리거나 '파워발야구'와 같이 플레이트 위로 올라온 공을 지면에 떨어지기 전에 차고 달리는 발야구로 변형해 보자.

- 공을 잡은 수비가 홈을 바라보거나 홈을 등지고 서서 일렬로 선 수비 팀의 머리 위로 공을 전달하여 맨 끝 친구가 공을 가지고 홈으로 오는 방법으로 수비 방법을 변형해 보자. 이때에는 공격이 자기 팀을 돌아야 하는 기본 바퀴 수를 최소 2바퀴 이상으로 하는 것이 좋다. 또 공을 잡은 수비가 공을 다리 터널 아래로 굴린 후, 맨 앞으로 달려가 통과한 공을 받아 들고 달려 홈으로 와서 수비하는 방법으로 운영해도 좋다.

─ Class 57
변형 구기 게임 - 야구 2

공을 던지고 받는 수비가 빠른지 공을 치고 달리는 공격이 빠른지 겨뤄
점수를 낼 수도 아웃될 수 있는 티볼 게임을 통해
순발력과 집중력, 팀워크를 길러주세요.

1 나 잡아봐! 공과의 경주

- **장소** 강당, 운동장
- **준비물** 티볼공, 글러브, 야구 베이스 또는 원마커

진행 방법 🕐

1   4명씩 한 팀으로 두 팀을 만든다.

2   1루, 2루, 3루, 홈이 각각 15m 이상 떨어진 사각형으로 게임장을 만들고
    야구 베이스를 공격과 수비용으로 각각 2개씩 놓는다.

3   공격과 수비를 정한다.

4   공격 1번은 공격용 홈베이스를 밟고 있고, 수비 팀 전원은 글러브를 끼고

각 루에 선다. 공은 홈베이스 수비가 들고 준비한다.

5   시작 신호에 맞춰 공격 1번은 재빨리 1루, 2루, 3루를 돌아 홈으로 달려 온다. 이때, 홈베이스 수비는 티볼공을 1루수에게 던지고, 1루수는 2루수 에게, 2루수는 3루수에게, 3루수는 홈으로 공을 이어 던진다. 이때 공을 받으면 반드시 베이스를 밟고 다음 루로 던지도록 지도해야 한다.

6   공격이 수비가 전달하는 공보다 먼저 홈에 들어오면 1점을 득점하고, 수 비가 이어 던진 공이 먼저 홈에 도착하면 공격은 아웃되어 수비가 1점을 득점한다.

7   다음 공격도 같은 방법으로 게임을 이어가고, 공격 팀 4명의 공격이 모두 끝나면 공격과 수비를 바꿔 실시한다.

8   두 팀 중 더 높은 점수를 득점한 팀이 이긴다.

tip

• 글러브가 익숙하지 않은 아이들은 두 손으로 공을 잡는 방법도 허용해 주 자.

• 학년이나 남녀의 운동기능 차이를 고려하여 공을 던지고 받는 루와 루 사이 의 간격을 적절히 조절해 주자.

한 걸음 더! 🏃

• 수비가 공을 던져주다가 놓쳐 공이 뒤로 빠졌을 때 공격이 한 바퀴를 돌아 홈베이스를 밟은 후 1루까지 달렸다면 2점, 2루까지 달렸다면 3점을 획득 하는 방법으로 운영할 수 있다.

2 공보다 빠르게 티볼

- **장소** 강당, 운동장
- **준비물** 티볼 세트, 팀 조끼

진행 방법 🕐

1   양 팀으로 나누고 팀 조끼를 입는다.

2   양 팀 주장의 가위바위보로 공격과 수비를 정한다.

3   티볼 베이스를 1루, 2루, 3루 각각 2m 정도씩 떨어뜨려 안과 밖으로 2개 씩 놓는다.

4   양 팀 타순은 남-여-남-여 또는 여-남-여-남 순서로 하도록 한다.

5   신호에 맞춰 공격 팀 1번 타자가 타격하며 게임을 시작한다. 타자가 남학 생일 경우 타격을 한 후 바깥쪽에 있는 1, 2, 3루 베이스를 밟고 홈까지 달 려와야 1점을 획득한다.

6   수비가 날아오는 공을 직접 받으면 타자는 아웃된다. 단, 안타가 되면 안 쪽에 있는 1, 2, 3루 베이스로 공을 연결해 공격보다 공이 먼저 홈에 도착 해야 타자를 아웃시킬 수 있다.

7   타자가 여학생일 때는 공을 타격한 후 안쪽 1, 2, 3루 베이스를 돌아 홈으 로 온다. 수비는 바깥쪽으로 공을 연결해 홈까지 보내야 한다.

8   공격이 타격 후 1-2-3-홈까지 한 바퀴를 돌고 1점을 얻은 뒤 수비가 이 어 던진 공이 뒤로 빠지거나 홈까지 오지 않았을 때 1루까지 가면 2점, 2 루까지 가면 3점, 3루까지는 4점, 다시 홈까지 돌아오면 홈런으로 5점까 지 획득할 수 있다.

9   공격이 1바퀴를 돌고 1루에 도착해 더 달리지 않는다는 의사를 표시하면 1루까지 달린 2점을 획득하지만, 의사를 표시하지 않은 채 멈춰있거나 다

음 루로 달리다가 공이 홈에 먼저 도착하면 아웃되어 점수를 낼 수 없다.

10 전원 타격제로 실시하여 공격 팀 전원이 타격을 마치면 공격과 수비 팀이 역할을 바꾼다. 양 팀 중 더 높은 점수를 획득한 팀이 이긴다.

- 강당이라면 수비 팀 베이스를 구르기 매트로 하여 수비가 수비를 유리하게 할 수 있도록 해보자.
- 양 팀에서 찬스 제도를 남녀 1명씩 활용할 수 있게 해보자. 남학생(여학생) 찬스일 때는 공격 팀 남학생(여학생) 전원이 타격한 찬스 친구 뒤로 따라 달려 공보다 먼저 홈에 들어오면 들어온 숫자만큼 점수를 얻는다. 단, 찬스를 사용했을 때에는 공격 전원이 1바퀴만 달릴 수 있다.

한 걸음 더! 🏃

- 공격이 타격한 공이 안타가 되었을 때 1-2-3-홈으로 공을 돌리는 것과 함

께 3루와 가까운 쪽으로 타격하면 거꾸로 3-2-1-홈 순으로 공을 연결해 타자를 아웃시킬 수 있도록 변형해 보자.

— Class 58
변형 구기 게임 – 배구

실수를 용납하지 않는 서바이벌 배구 게임,
남학생은 노바운드지만 여학생은 원바운드가 허용되는 빅발리볼 게임을 통해
민첩성과 순발력, 팀워크를 길러주세요.

1 서바이벌 배구 게임

- **장소** 강당, 운동장
- **준비물** 빅발리볼, 미니 원마커

진행 방법 ⏱

1 학급을 남, 여학생으로 나누고 남자팀 2팀, 여자팀 2팀으로 나눈다.

2 게임장의 각 팀 영역에 미니 원마커로 각각 지름 3~5m 정도의 원을 표시
   한다.

3 전체 가위바위보로 첫 공을 누가 가지고 시작할지 정한다.

4 첫 공과 중간에 새롭게 시작할 때의 공은 아래에서 위쪽으로 던져주며 시작한다.

5 모든 참가자는 배구의 언더패스와 오버패스를 이용해 다른 친구에게 패스해야 한다.

6 손으로 쳐서 다른 친구에게 전해준 공이 짧아서 원 안에 떨어졌거나 다른 친구 키를 훌쩍 넘기면 그 친구는 원 안에 들어가 앉는다.

7 공이 밖으로 나가거나 원 안에 떨어졌을 때는 그 공과 가장 가까운 친구가 주워 친구에게 공을 언더로 던져주며 다시 시작한다.

8 원 안에 들어가 앉아 있는 친구들이 많아지면 게임 중간에 서로 공을 주고받다가 공을 스파이크하여 원 안의 친구들을 맞힐 수 있다.

9 스파이크한 공이 원 안에 있는 친구 몸에 맞고 나가면 던진 사람은 무사하지만 원 안의 누군가가 공이 떨어지기 전에 받으면 그 친구는 살아나와 게임에 참여하고 스파이크한 친구는 원 안으로 들어간다.

10 첫 공을 던져주거나 중간에 짧게 패스한 공을 원 안에 있는 친구가 잡으

면 그 친구가 살아나와 게임에 참여하고, 잘못 전해준 친구가 원 안에 들어간다.

11 원 밖에 최종 2명이 남았을 때 누군가 1명이 실수로 공을 잘못 전해주면 그 친구 혼자 원에 들어가고 모든 친구가 원 밖으로 나와 다음 게임을 이어간다.

12 남녀 양쪽 팀에서 끝까지 살아남은 친구들을 칭찬해 준다.

tip

- 이 게임의 적당한 참여 인원은 7~8명 정도이다. 참가 인원에 따라 팀 구성이나 원 표시 등은 적절하게 운영하자.
- 첫 공이나 중간에 새롭게 시작할 때의 공은 패스 능력의 향상을 위해 양옆 사람에게 던지지 못하게 하고, 원 안에 들어간 친구들이 많아지면 안전을 위해 원에서 일정한 간격으로 떨어져 게임하도록 지도한다.
- 원 안의 친구들이 실수한 공을 잡기 위해 원 밖으로 나오거나 무릎을 펴서 공을 받지 않도록 지도해야 한다.

한 걸음 더! 🏃

- 시범을 보일 때 다른 친구가 잘못 전해준 공도 전후좌우로 이동하여 최선을 다해 살릴 수 있다는 것을 안내하여 희생과 배려를 실천하도록 해보자.

2 남녀 차별 빅발리볼

- **장소** 강당, 운동장
- **준비물** 네트, 빅발리볼, 팀 조끼

진행 방법 ⏱

1 양 팀으로 나누고 팀 조끼를 입는다.

2 양 팀 주장의 가위바위보로 먼저 서브할 팀을 정한다.

3 서브는 양 팀 게임장 중앙에서 언더로 상대 팀 코트에 넘기며 시작한다.

4 상대 팀에서 넘어온 공은 5회 이내에 상대 진영으로 넘겨야 한다. 이때 블로킹이나 네트 플레이도 횟수에 포함된다.

5 남학생은 노바운드로 게임해야 하지만, 여학생은 원바운드가 허용된다. 자기 팀 남학생이 받지 못한 원바운드된 공도 여학생이 살릴 수 있다.

6 자기 팀 코트로 넘어온 공을 5회 안에 넘길 때 1번 이상 여학생 손을 거치지 않으면 상대 팀이 1점을 득점한다.

7 네트에 신체 일부가 닿으면 상대 득점이고, 서브는 점수를 얻은 팀에서 순서를 정해가며 번갈아 실시한다.

8 1세트 15점을 먼저 획득하면 이기고, 코트를 바꿔서 게임을 이어간다.

9 3세트 중 2세트를 이기는 팀이 게임에서 승리한다.

tip

- 서브 연습을 게임 전에 충분히 실시한 후 손으로 공을 던져주는 대신 게임장 중앙에서 언더서브로 넘기는 방법으로 운영해도 좋다.
- 남녀 모두 원바운드를 모두 허용해도 되고, 일반 배구 게임과 같이 3회 이내

에 넘기는 빅발리볼 게임으로 진행해도 된다.

한 걸음 더! 🏃

- '모두 터치 원바운드 빅빌리볼' 게임으로 변형해 보자. 5대5 게임일 때 5명
  이 한 번씩 공을 쳐서 반드시 5회에 넘기는 빅발리볼 게임으로, 이때에는 1
  회 칠 때마다 원바운드가 가능하게 한다.
- 여러 아이들이 공격과 수비를 번갈아 가며 경험하도록 15점 중 한 팀이 8점
  이 되면 양 팀의 전위와 후위가 서로 자리를 바꾸는 것을 규칙으로 정해도
  좋다.

— Class 59
변형 구기 게임 – 핸드볼

상대편에게 패스되는 공을 막을 수 없고,
골대도 계속 바뀌는 추크볼 게임을 통해
순발력과 민첩성, 협동심과 책임감을 길러주세요.

1 바운드 누가 더 많이!

• **장소** 강당, 운동장
• **준비물** 바운더, 핸드볼공, 원마커

진행 방법 🕐

1   바운더 앞에 원마커로 지름 3m의 반원을 표시한다.

2   양 팀으로 나누고 바운더 정면에 팀별로 일렬로 선다.

3   양 팀의 1번은 공을 가지고 있다가 시작 신호에 맞춰 바운더에 공을 바운드시킨 후 튕겨 나온 공을 받아 다음 친구에게 전달한다.

4   공을 전달한 1번은 줄 끝으로 간다. 이런 방법으로 모든 친구가 돌아가면

서 연습한다.

5　다시 1번의 차례가 되어 1번이 바운더에 공을 튕기고 한쪽으로 빠져 뒤로 가면 다음 친구가 그 공을 받는다. 모두 같은 방법으로 연습한다.

6　이제 '바운드 누가 더 많이!' 게임을 시작한다. 정해진 시간 동안 바운더에 튕기고 다음 친구가 받은 공 개수를 세서 더 많이 공을 이어받은 팀이 이긴다. 이때 공을 받지 못하고 떨어뜨린 것은 제외한다.

tip

- 이 게임을 위해서는 일반 핸드볼 공보다는 탄성이 강한 폼재질로 된 핸드볼 공을 추천한다.
- 오른손으로 던질 때 반대 발인 왼발이 나가도록 지도하고, 익숙해지면 같은 손 같은 발이 나가는 방법으로도 연습해 보자.
- 바운더에 공을 튕길 때 힘 조절을 잘하고, 다음 친구를 배려해 잘 전달해야 팀이 좋은 결과를 얻는다는 점을 지도한 후 실시하자.

한 걸음 더! 🏃

- 반원 안쪽으로 점프하여 바운더에 공을 튕기고, 다음 친구가 그 공을 받으면 바로 점프하여 이어가도록 해보자. 점프하며 공을 튕기기 때문에 공을 바운드시키는 힘 조절이 더 필요하다. 또한 바운더의 한쪽으로 치우쳐 점프해야 공을 바운드시키는 친구가 그 공에 맞지 않게 된다.
- 추크볼 게임에서 공격을 유리하게 전개하려면 바운더 중앙에서 공을 튕기

는 것보다 바운더 측면에서 공을 튕겨 공이 떨어지는 낙하지점을 예상할 수 없도록 하면 좋다. 마지막 연습은 측면에서 점프하여 튕기고, 반대쪽 측면에서 그 공을 받아내 다시 공격하는 방법을 연습한다.

2 어느 골대로 슛할까? 추크볼

- **장소** 강당, 운동장
- **준비물** 바운더, 핸드볼공, 원마커, 팀 조끼

진행 방법 ⏱

1 남자 A, B팀, 여자 A, B팀으로 나누고 팀 조끼를 입는다.

2 남자 A, B팀이 먼저 게임장에 들어오고 여자 A, B팀은 밖에서 응원한다. 골대로 사용할 바운더는 게임장 양쪽에 하나씩 놓는다.

3 양 팀 주장의 가위바위보로 공을 가지고 시작할 팀을 정한다.

4 시작 신호에 따라 이긴 팀은 자기 팀과 가까운 바운더가 있는 게임장 밖에서 안으로 공을 던져 주며 시작한다.

5 패스는 3회까지 가능하나 게임장 밖에서 처음 던지는 패스는 횟수에 포함되지 않는다. 그리고 게임장 밖에서 시작했을 때 첫 슛은 상대편 쪽 바운더에 해야 한다.

6 공을 받은 후 이동은 3걸음까지 가능하고, 상대편에게 패스가 전해질 때 공을 가로채거나 못 받도록 방해하면 반칙이다.

7 우리 팀이 서로 패스하다가 공을 놓치면 바로 상대 팀 공이 되고, 이때부터는 양쪽 바운더 중 어느 곳에 슛을 하든지 상관없다.

8 우리 팀이 슛한 공에 상대 팀이 맞거나 상대 팀이 그 공을 잡다 놓치면 우리 팀 득점이 된다. 상대 팀이 공을 잡으면 동일한 골대에 다시 슛할 수 있다. 한쪽 골대에는 3회까지 슛이 가능하고 이후에는 3회 내에 패스하여 건너편 골대에 슛을 해야 한다.

9 우리 팀이 바운더에 튕긴 공이 게임장 지면에 떨어졌을 때는 우리 팀이 득점한다. 그러나 우리 팀이 바운더에 튕긴 공을 우리 팀이 받거나 우리 팀 신체 부위에 맞고 떨어졌을 때, 우리 팀이 바운더에 던진 공이 바운더에 맞지 않고 뒤로 빠졌을 때, 우리 팀이 바운더에 튕기고 그 공이 게임장 밖으로 나가거나 반원 안에 떨어졌을 때는 상대 팀이 득점한다.

10 A팀이 득점하면 B팀 전원은 게임장 안과 밖에서 점핑잭 5회를 실시한다.

11 남자 A, B팀 게임이 끝나면 그 점수를 그대로 이어받아 여자 A, B팀이 실시하여 더 높은 점수를 획득한 팀이 승리한다.

- 우리 팀이 슛했을 때 상대 팀이 공을 받지 못하도록 시야를 가리거나 막고 있다가 공을 피하면 상대 팀이 득점하는 것으로 정하자.
- 우리 팀이 슛하여 바운더의 프레임에 맞는 것도 상대 팀이 득점하는 것으로 정하는 것이 좋다.
- 득점을 허용했을 때 팀 전원이 신체 활동 과제를 함께 수행하도록 운영하여 게임에 더 몰입하고 서로 코치하며 협력하는 분위기를 만들자.

한 걸음 더!

- 추크볼에 킨볼 규칙을 더해 3팀이 즐길 수 있다. 3팀으로 나눈 후 공격하기 전에 공을 받아야 할 상대 팀을 호명한 후 슛하여 그 팀이 받지 못하면 나머지 두 팀이 득점하는 방법으로 운영한다.
- 고깔콘 4개 위에 추크볼 바운더를 수평이 되도록 올린 후, 던지는 방향에 따라 공이 어디로 튈지 모르는 변형 추크볼 게임을 즐길 수 있다.

Class 60
변형 구기 게임 - 럭비

왕 카드를 가진 친구가 공을 가지고 상대 팀 영역으로 들어가는 것에 성공하면
두 배로 득점을 하는 신나는 변형 럭비 게임을 통해
순발력과 심폐 지구력, 희생정신과 협동심을 길러주세요.

1 왕과 여왕 꼬리잡기

- **장소** 강당, 운동장
- **준비물** 집게 플래그, 팀 조끼

진행 방법 ⏱

1 양 팀으로 나누고 팀 조끼를 입는다.

2 양 팀 전원은 집게 플래그를 양쪽 허리에 찬다.

3 팀원들끼리 모여서 왕과 여왕을 정하고 그 친구들은 '왕'과 '왕비'라고 쓰
   인 플래그를 보이지 않게 안쪽으로 찬다.

4 시작 신호에 맞춰 양 팀은 게임장에서 서로 쫓아다니며 상대 팀 플래그를
   떼어 낸다.

5 떼어 낸 플래그는 한 손에 들고 게임하다가 자기 플래그를 상대 팀에게 떼이면 손에 있는 플래그를 다시 차고 게임에 참여할 수 있다.

6 달려 있던 플래그 2개를 모두 잃은 친구는 게임장 밖에 나가서 스쿼트를 10회 한 후, 안에 있는 자기 팀 친구들에게 살려달라고 말한다. 여분의 플래그가 있는 친구는 반드시 아웃된 팀원을 살려줘야 한다.

7 정해진 시간 동안 게임을 실시한 후, 팀별로 모여 자기 팀 플래그 개수를 센다.

8 일반 플래그는 10점으로 계산하고, 왕이나 여왕 플래그는 20점으로 계산하여 더 높은 점수를 획득한 팀이 이긴다.

- 일대일 대결만 허용하되, 한눈을 팔고 있을 때는 다른 친구가 플래그를 떼어가도 되는 것으로 규칙을 정한다.
- 쫓아오는 상대를 피해 게임장을 벗어나면 쫓아오는 상대에게 플래그 1개를 떼서 주고 게임에 참여하도록 한다.
- 역전이 가능하도록 왕과 여왕 플래그에 더 높은 점수를 배분해도 좋다.

한 걸음 더! ☃.

- 왕과 여왕을 먼저 아웃시키는 팀이 이기는 게임으로 운영해 보자.
- 글씨가 쓰인 플래그 부분을 안쪽으로 차면 왕이나 여왕이 누군지 잘 안 보이기 때문에 이때는 가짜 왕과 여왕을 세워 운영하는 전략도 활용하게 된다.

2 왕을 잡아라! 럭비

- **장소** 강당, 운동장
- **준비물** 집게 플래그, 럭비공, 팀 조끼, 트럼프 카드

진행 방법 🕐

1 양 팀으로 나누고 팀 조끼를 입는다.

2 양 팀 전원은 집게 플래그를 양쪽 허리에 찬다.

3 팀원들끼리 모여서 왕과 여왕을 정한 후, 그 친구들에게는 트럼프 카드의 왕 카드를 1장씩 준다.

4 양 팀 주장의 가위바위보로 먼저 공격할 팀을 정한다.

5 시작 신호에 맞춰 이긴 팀 1명이 자기 팀 게임장 끝 선에서 럭비공을 자기 다리 아래로 뒷사람에게 전해주면서 시작한다.

6 공을 가지고 상대 팀 지역으로 달려가다가 상대 팀원에게 플래그를 떼이면 그 자리에서 공의 소유권이 상대 팀에게 넘어간다. 공을 빼앗으면 상대 팀 쪽을 보고 서서 자기 다리 아래로 뒷사람에게 전해주며 게임을 이어간다.

7 우리 팀원에게 패스를 전해줄 때는 뒤나 앞으로 전해줘도 상관없다.

8 공을 패스받아 들고 상대 팀 끝 선을 돌파하는 것에 성공하면 1점을 얻는다. 이때, 득점자가 왕이나 여왕이라면 가지고 있던 카드를 모두에게 보여주고 2점을 획득한다.

9 정해진 시간 동안 더 높은 점수를 득점한 팀이 승리한다.

- 왕이나 여왕이 득점하면 이후에는 견제를 받게 되기 때문에 왕 카드를 다른 친구에게 줘서 왕이나 여왕을 중간에 바꾸게 하면 더 재미있다.
- 공을 가진 친구의 손에서 공이 떠난 시점과 상대 팀이 플래그를 뗀 시점이 비슷할 때는 성공한 패스로 인정하여 계속 게임이 이어지는 것으로 약속하자.

한 걸음 더!

- '태그 럭비 게임'으로 변형해 보자. 플래그가 준비되지 않았을 때는 공을 가진 친구를 상대 팀이 태그하면 태그된 지점에서 공의 소유권을 가져오는 방법이다.

— Class 61
변형 구기 게임 – 하키

고리 사이에 펀스틱을 걸고 드리블과 패스, 슛을 하여
상대 팀 골대에 골을 넣는 펀스틱 고리 하키 게임을 통해
집중력, 심폐 지구력, 팀워크를 길러주세요.

1 고리 지그재그 드리블

- **장소** 강당
- **준비물** 펀스틱, 고리, 콘, 팀 조끼

진행 방법 ⏱

1   양 팀으로 나누고 팀 조끼를 입는다.

2   출발선에 팀별로 일렬종대로 서서 펀스틱을 1개씩 들고 준비하고, 그 앞
     에 팀별로 콘을 1.5m 간격으로 5개 정도 세워둔다.

3 출발 신호에 맞춰 펀스틱을 고리 사이에 넣고 드리블하여 콘을 지그재그로 통과한다.

4 콘을 모두 통과하고 나서 펀스틱을 고리 사이에 넣은 채 다음 주자에게 밀어 보낸다.

5 다음 주자는 슬라이딩되어 오는 고리를 발로 멈춘 후, 같은 방법으로 펀스틱으로 고리를 지그재그 드리블하여 콘을 통과한다.

6 다음 주자들도 같은 방법으로 릴레이를 이어가 가장 먼저 끝낸 팀 순으로 순위를 정한다.

- 발로 고리를 멈출 때 발뒤꿈치를 지면에 대고 발끝을 들었다가 누르며 멈추도록 지도한다.
- 펀스틱으로 드리블할 때 한 손이나 두 손 모두 사용하는 것이 가능하며, 아이들 수준에 따라 콘과 콘 사이의 거리를 조절해 준다.

한 걸음 더! 🏃

- 운동량이 더 많은 방법으로 운영해 보자. 한 팀을 양쪽으로 엇갈리게 나누어 서게 하고 콘을 양쪽에 모두 배치한다. 양쪽에서 1명씩 출발해 콘을 지그재그로 드리블하여 통과한 후 밀어주면 다음 친구가 바로 발로 멈춰 다시 출발하게 한다. 이때에는 정해진 횟수를 먼저 왕복한 팀이 이기는 게임으로 운영하자.

2 펀스틱 고리 하키

• **장소** 강당
• **준비물** 펀스틱, 고리, 팀 조끼, 플로어볼 골대

진행 방법 ⏱

1 양 팀으로 나누고 팀 조끼를 입는다.

2 전원이 펀스틱을 하나씩 들고 게임장에 들어간다.

3 양 팀에서 1명씩 나와 중앙선에 고리를 놓고 시작 신호에 따라 경기 개시 방법인 '불리(Bully)'를 한다. 펀스틱으로 바닥을 1회 치고, 펀스틱끼리 부딪치는 것을 3회 반복한 후 먼저 고리를 자기 팀 쪽으로 빼내 경기를 시작한다.

4 펀스틱을 고리에 넣고 이동하는 드리블은 3초까지만 허용된다. 3초 이상 드리블하면 그 자리에서 상대 팀이 펀스틱으로 고리를 밀어주며 시작한다.

5 발로 고리를 멈출 수 있고, 상대 팀이 슛한 고리를 발로 막아낼 수도 있다. 발로 고리를 차서 패스하는 것은 반칙이지만, 진행 중에 발에 맞는 것은 상관없다.

6 상대가 가진 고리를 빼앗기 위해 상대 다리 사이로 펀스틱을 넣으면 반칙이다.

7 팀원끼리 고리를 패스하다가 상대 팀 골대에 고리를 밀어 슛한 고리가 들어가면 득점이 된다. 득점이 나오면 중앙선에서 '불리'로 다시 경기를 시작한다.

8 정해진 시간 동안 더 많이 득점한 팀이 이긴다.

- 아이들의 활동량을 높이면서 재미있게 즐기기 위한 적정 인원은 5명 정도라는 것을 고려해서 운영하자.
- 갑자기 회전하며 드리블할 때 충돌의 위험이 있을 수 있다는 것을 게임 전에 지도하여 안전사고에 대비하자.
- 강당의 벽을 활용하여 드리블이나 패스를 할 수 있다는 점도 안내하자.

한 걸음 더! 🏃

- '해리포터 고리 하키' 게임으로 변형해 보자. 1인당 펀스틱을 2개씩 가지고 진행하는 놀이로, 펀스틱 1개는 다리 사이에 끼우고 나머지 1개로 고리 하키 게임을 하는 방법이다.

Bonus Tip 5 ——

아이들이 좋아하는 피구, 더 재밌게 활용하려면!

• • •

2015 개정 체육과 3, 4학년 교육과정에서 '피하기 경쟁'이 없어졌다. 자세한 이유는 알 수 없으나 피하기 경쟁의 대표 구기인 피구 종목의 단점 때문이라고 생각한다. 하지만 교육과정에서 피구가 빠졌다고 해서 학교 현장에서 아이들이 가장 즐겨 하는 피구 게임이 사라질 가능성은 희박하다.

일반적인 피구 게임이 가진 단점은 분명하다. 상대에게 공을 던져 맞히고 기뻐하는 것 자체가 교육적이지 못하고 머리나 얼굴을 향해 공을 던져 맞으면 큰 부상으로 이어질 수도 있다. 학급의 운동기능이 우수하거나 목소리가 큰 아이들이 공을 독식하여 여러 아이들이 공을 던져볼 기회도 제한된다. 하지만 어떤 종목과 수업 내용에 문제가 있다면 그것을 개선해 나가야 하는 것도 체육 교사들의 몫이라고 생각한다. 수업에서 활용할 때는 건강 영역의 민첩성 기르기, 목표를 향해 공 던지기 등으로 재구성하여 실천할 수도 있다. 조금 더 재미있고 안전하게 피구 게임을 할 수 있는 방법을 몇 가지 소개한다.

1. 안전하고 다양한 교구의 사용

여러 가지 교구를 사용하여 누구나 두려움 없이 피구 게임에 참여할 수 있게 해주자. 공과 함께 다양한 피구 게임 교구를 활용하면 더욱 신나게 즐길 수 있다. 스포츠 피구공보다 폼 재질의 '폼볼' 등을 활용하면 공에 맞았을 때 고통이나 충격이 덜하다. 또 헝겊으로 된 원반인 '닷(돗)지비', 커다란 짐볼 등은 일반 공에 비해 폭신해서 아프지 않고 크기와 모양, 움직이는 방식이 일반 피구공과 달라 보는 재미가 있다. 바닥에 대고 밀어 슬라이딩시키는 방식으로 공 대신 고리나 빈백을 사용하면 안전사고를 최소화할 수 있다.

안전한 폼볼 　 큰 크기로 즐기는 짐볼 　 바닥에 대고 밀어서 즐기는 빈백과 고리

2. 변형 피구 놀이 즐기기

스파이크 피구 　 닷지비 격추 피구 　 공주 왕자 피구

날아오는 공에 공포심을 가지고 있는 아이들을 위해 방어가 쉬워 상대적으로 두려움이 덜한 피구 게임을 시켜주자. '손바닥 피구(무한도전 피구)'는 상대 팀이 던진 공을 손바닥으로 방어할 수 있지만 다른 신체 부위가 공에 맞으면 아웃되는 규칙이 재미있다. 공을 던져 상대를 맞혀도 아웃되지 않는 '바운딩 피구'는 공을 굴리거나 1번 이상 바운드시켜야 상대를 아웃시킬 수 있어 공에 맞아도 충격이나 두려움이 적다.

배구의 스파이크 방식으로 공을 손으로 쳐서 상대를 아웃시킬 수 있는 '스파이크 피구'는 커다란 빅발리볼을 사용해 보는 재미가 있고, 상대가 날린 닷지비를 몸에 맞기 전 펀스틱을 활용해 떨어뜨려 방어하는 '닷지비 격추 피구'는 펀스틱으로 닷지비를 쳐서 떨어뜨리는 재미를 느낄 수 있다. 교실 책상을 뒤여 만든 다각형의 게임장에서 공을 손으로 쳐서 무릎 이하만 맞힐 수 있고 손으로 방어가 가능한 '가가볼' 피구 게임은 교실 체육 수업에서 꼭 실천해 봐야 할 변형 피구 게임 중 하나다.

'공주 왕자 피구'는 각 팀의 공주와 왕자를 뽑아 공주가 맞으면 팀의 여자 전원이, 왕자가 맞으면 팀의 남자 전원이 아웃되는 방식의 게임이다. 또 남자는 남자를, 여자는 여자를 공으로 던져 맞혀야 하는 '수호천사 피구'에서는 몸이 빠른 남자 아이들이 먼저 아웃되기에 남자 아이들이 공을 잡아도 여자 아이들에게 패스를 하게 되고 여자 아이들에 의해 게임 승패가 결정이 나서 '여인천하 피구'라고도 불린다. 남녀 간 힘의 차이에도 불구하고 함께 피구를 즐길 수 있다는 장점이 있다.

3. 피구의 아웃 규칙 변형하기

일반 피구 게임의 '아웃 제도'를 공에 한 번 맞을 때마다 실점으로 계산해 실점이 많은 팀이 패하는 것으로 하는 '실점 제도', 공에 맞으면 정해진 신체 활동 과제를 수행한 후 자기 팀 점수를 1점씩 올리는 방법으로 운영하여 점수가 더 낮은 팀이 이기는 '점수제' 피구 등으로 바꿔보자. 또 스캐터볼의 밴드나 고무밴드를 준비해 손목에 3개씩 차고 게임을 시작해 공에 1번 맞을 때마다 1개씩 벗어놓는 방법으로 운영하면 최소한 3번은 피구 게임에 더 참여하게 할 수 있다. 이렇게 아웃 규칙을 변형하면 공을 잘 못 피하거나 운 나쁘게 시작하자마자 공에 맞아도 게임에 계속 참여할 수 있고 공을 던지는 기회를 더 많이 갖게 된다.

양수쌤 추천
i-Scream
놀이 체육 교구

스포츠 빈백

숫자 원마커

인성 팀 조끼

미니 점수판

풍선공

미니 양면 원마커

교실 네트

숫자 접시콘

펀스틱

「이 도서의 국립중앙도서관 출판예정도서목록(CIP)은
서지정보유통지원시스템 홈페이지(http://seoji.nl.go.kr)와
국가자료공동목록시스템(http://www.nl.go.kr/kolisnet)에서 이용하실 수 있습니다.
(CIP제어번호: CIP2020008628)」

한 방에 끝내는 놀이체육수업 40분

1쇄 발행 2020년 3월 31일
6쇄 발행 2024년 3월 15일

글·사진 김양수

발행인 윤을식
그림 김영곤

펴낸곳 도서출판 지식프레임
출판등록 2008년 1월 4일 제2023-000024호
전화 (02)521-3172 ㅣ **팩스** (02)6007-1835

이메일 editor@jisikframe.com
홈페이지 http://www.jisikframe.com

ISBN 978-89-94655-81-9 (03370)